文春文庫

0（ゼロ）から学ぶ「日本史」講義

中世篇

出口治明

文藝春秋

0（ゼロ）から学ぶ「日本史」講義 中世篇

目次

第3章 鎌倉幕府の虚実

第4章 モンゴル戦争と悪党

第7章 下剋上の時代へ

第8章 中世篇まとめ 天皇、公家そして武家

はじめに

本書は、『0から学ぶ「日本史」講義』の第2巻、中世篇です。

ところで、中世とは何でしょうか。いつからいつまでを指すものでしょうか？　歴史の世界では、古代・中世・近世・近現代（あるいは近代と現代）と分ける四区分法が多く用いられていますが、もともとはヨーロッパ史の概念です。ルネサンスの人文主義者が、古代ギリシャ・ローマの文明を理想化してそれを再生したのがルネサンスであり、その間の古代文明が中断された暗黒時代を中世と呼んだのが始まりです。当然、日本史にそのまま当てはまるものではありません。

それに、時代区分は必ずしも必要なものではありません。歴史は連続していますので年号で区分しても問題はないと思います。実際、僕は現在『人類5000年史』シリーズを執筆中ですがここでは第一千年紀、第二千年紀などと、編年体を採用しています。

では、何故日本史ではこの区分を選んだのかといえば、すっかり定着した呼称で分かりやすいからです。また、この区切り方によって見えてくることもあるためです。

日本史に対する現在の標準的な見解は、最新の岩波講座『日本歴史』（二〇一三〜一六年）に反映されていると思います。本書もそれに準拠し、藤原道長の嫡男である頼通が五十年以上も摂政・関白の地位にありながら外戚となることができず（娘に皇子が生まれなかったのです)、藤原氏を母としない後三条天皇が即位した一〇六八年を、中世の始まりとしています。

つまり、これを期に摂関政治の時代が終わり、院政と武士の時代が始まったのです。寺社の強訴を朝廷が押さえられなくなったとき、「院」は律令体制の枠外にあるおかげで、自由に武士を操り武力で鎮圧することが出来ました。この時代は、公家・武家・寺社などの権門が分立していました。それら権門が有する荘園と公領が、荘園公領制と呼ばれるように、並び立っていたのです。

やがて戦国大名が登場して、土地は領国化され、領邦国家が形成されます。それらの領邦国家を征服、従属させて統一政権を指向したのが織田信長でした。信長の登場は大きな時代の画期であり、それ以降は近世と捉えるべきでしょう。従って中世は、「一〇六八年の後三条天皇の即位から一五六八年の信長の入京まで」の五百年間を指すのが妥当です。

古代の日本は、必要以上に大唐世界帝国を意識していました。日本という国号、天皇という称号、律令、平城京や平安京、『日本書紀』、みんな唐に見せるためのものでした。しかし唐が衰退していくと、そんな意識は薄れていきました。なにしろ、天皇という称号すら村上天皇を最後として江戸時代後期の光格天皇が復活させるまで使われていませんでした。当時は後醍醐「天皇」と呼ぶ人は誰もいなかったのです。ですから、中世の天皇家を王家と呼ぶのは正しいのです（ただし本書では、分かりやすさを重視して天皇という称号を便宜的に使用しています）。

そして迎えた中世はとても面白い時代になりました。それは、現代の日本の原型が形造られた時代だからです。村落の佇まい、住居の形態、茶道や生け花、鈴木大拙が『日本的霊性』の中で日本人の心の支柱として重視した浄土教や禅、能や狂言から始まる芸能など、日本の文化や伝統のほとんど全てが中世に胚胎しています。ロックンローラーのような「バサラ大名」や海民の共和国を創った倭寇など、個性にあふれた逞しい日本人が育った時代でもありました。平清盛が本格的に輸入を始めた宋銭が流通し、わが国が初めて貨幣経済に目覚めて高度成長をスタートさせた時代でもあったのです。僕は日本の歴史の中では中世が一番好きです。

かつては中世＝封建社会と理解されていました。封建制度は、君主が諸侯に土地の領有統治権を与え、諸侯が貢納や軍事奉仕の臣従義務を負い、君主や諸侯の地位が世襲されるシステムで、古代中国や中世ヨーロッパに見られるものです。鎌倉幕府における源頼朝と御家人の関係は封建制に似てはいますが、幕府の権力が公家や寺社の荘園公領には及んでいないので、中世を封建社会と呼ぶのは適切ではないでしょう。現在では封建制の議論は下火になっています。

本書は「週刊文春」での連載に加筆修正したものです。フィクションと史実は異なるものという立場に立ち、可能な限り史実に忠実に、中世の通史を書いてみました。読者の皆さんの忌憚のないご意見をお待ちしています。（宛先）hal.deguchi.d@gmail.com

なお、本書の刊行に際しては、文藝春秋の高市尚之さん、田中貴久さん、神長倉伸義さんに大変お世話になりました。本当にありがとうございました。

二〇二三年二月

立命館アジア太平洋大学（ＡＰＵ）学長　出口治明

第1章

院政の始まり

①　中世の扉をひらいた唐宋革命

かつては中世というとどんよりと停滞した暗いイメージがありましたが、実はものすごく面白い時代です。土地から離れて自由になった人々が縦横に動き、外国から宋銭をはじめいろんなものが入ってきて経済が成長し、強い中央権力も存在しなかったので力のある者が自由に争い、戦いにもめげずに人々がたくましく生き抜いた時代でした。日本の文化や伝統のほとんどが、この時代に始まっています。

中国の圧倒的な影響力

外国との交流も広がりました。とはいっても、中世の始まりの頃、ヨーロッパやアメリカのことは誰も知りませんでしたから、世界は、せいぜいインドまでが想像力の及ぶ範囲でした。院政期に成立したといわれる『今昔物語』を見ても、天竺（インド）、震旦（中国）、本朝（日本）という構成で説話が集められています。インドはあまりにも遠く、中国が今のアメリカ以上の圧倒的な影響力を持っていました。

その中国では、大唐世界帝国が九〇七年に滅びたあと、幾つもの王朝が短期間に交代する五代十国時代を経て、九六〇年に宋が建国されます。

この時代は「唐宋革命」と呼ばれる大変動期でした。その流れが日本に波及して、中世を形作って行きます。それはいったいどんな革命だったのでしょうか。ざっと、おさらいしておきましょう。

宋の繁栄をもたらした第一の要因は、北方の強国キタイ（契丹）への懐柔策。お金や絹布を贈ることによって戦を避けて南北が棲み分けるシステム（澶淵の盟）が奏功しました。いわばＯＤＡです。これによって三百年の平和の基礎を築き、産業や文化を発展させました。

【政治・軍事革命】宋はまず科挙の最後に殿試という皇帝による直接面接制を導入し、忠誠心に厚い優秀な官僚を集めました。それによって皇帝独裁制が確立し、貴族や外戚は政治の中枢から排除されました。また、藩鎮（節度使）という地方の有力者の勢力を削ぎ、軍事権も皇帝が独占します。

【農業革命】宋の時代に、チャンパ王国（今のベトナム中部）からチャンパ米という長粒種の稲が入り普及します。チャンパ米は収穫が早いので、長江周辺では米と麦の二毛作が可能になりました。それによって食料生産がいわば二倍になり、人口も倍増しました。それまでは漢や隋・唐時代の五、六千万人がピークでしたが、宋の時代には人口が一億人近くにまで膨れ上がったのです。

【三大技術革命】羅針盤と印刷術、それに火薬の発明が三大技術革命です。いずれも宋代に完成しました。唐代に黒色火薬が使われ始め、宋代には火器として戦争に用いられました。

マルコ・ポーロも驚いたジャンク船

【海運革命】唐から宋に移る頃にジャンク船が登場します。この船は竜骨が無く、その代わりに船体に穴が開いても浸水を一部の区画に留める水密隔壁が内部に設けられていました。

この構造は当時のヨーロッパの船にはなかったもので、後にマルコ・ポーロ（と呼ばれる誰か）が驚いた様子で詳細に記述しています。さらにタールのような塗料で防水加工を施し、遠洋航海が可能になりました。先にあげた羅針盤とセットでこのジャンク船は海運革命の武器になったのです。

中国の海への進出は、唐の後期にトゥプト（吐蕃）やウイグルなどとの争いによって「草原の道」が閉ざされ、交易のためには海に向かうしかなくなったという事情もありました。

広州、泉州、明州（今の寧波）などの大きな港湾都市がこの時代に整備されました。

【飲茶革命・火力革命】唐代の七六〇年にすでに『茶経』という本が出版されていますが、当時のお茶は貴族階級が嗜むものでした。宋の時代に入ると広く市民がお茶を飲むようになります。そのため茶碗などの陶磁器の需要が急増し、生産も大規模になりました。有名な窯業都市の景徳鎮は、この時代の景徳という年号（一〇〇四〜〇七年）からつけられたものです。宋の青磁や白磁は、色彩豊かな唐三彩に対して、すっきりした美しさで知られています。

また、石炭やコークスが燃料に使われ始めたのもこの時代で、それによって陶磁器の生産性が高まり、食べ物を高温で炒めたり揚げたりする、現代の私たちが食べている中華料理の原型ができあがりました。

【都市文化革命】唐の都の長安は人口百万人といわれた世界有数の大都市でしたが、城壁に囲まれ、夜になると門が閉じられて出入りができない、全体としては暗い街でした。しかし宋の都の開封（かいほう）は運河に向かって開かれた都市ですから、夜でも出入り自由。商人を中心に、人々が夜遅くまで活動し、国際ビジネスに従事するユダヤ人街もありました。茶館が立ち並び、講談や芝居、大道芸人が市民の人気を博していたのです。『清明（せいめい）上河図（じょうがず）』という絵巻にその様子が見事に描かれています。

【仏教革命】唐の時代は、龍門石窟の盧遮那仏（るしゃなぶつ）（長い間武則天がモデルと思われていました）に代表されるような、国家を鎮護し、また国家に保護される仏教が中心でした。武則天は全国に大雲経寺をつくらせました。奈良の大仏や国分寺などはこれらを真似たものです。しかし国家による保護と弾圧（三武一宗の法難）は紙一重です。

そこでこの時代には、国家に頼ることなく自力で信者を獲得しようとする浄土教と禅が盛んになります。「南無阿弥陀仏」と唱えれば救われると説くシンプルな浄土教は庶民層に、生きることとの意味を問うなど難しい理屈の多い禅は士大夫（したいふ）層に広まりました。士大夫とは、科挙によって官僚を輩出するようになった地主、読書人階層のことです。

ここで布教に大きな役割を果たしたのが木版印刷です。

木版印刷は唐代には始まっていましたが、唐代後期以降、爆発的に普及し、活字印刷術が発展しました。信者を広く得るためにはアジビラや宗教文書の大量印刷が必要だったので、逆にいえば、宗教が印刷術を発展させたのですね。これは十六世紀の西洋（宗教改革時）も同じです。また、印刷術の発達で書物が廉価になったことで、読書人階層の拡大、科挙制度の充実におおいに寄与しました。

日本的なるものの原点

このような唐宋革命の日本への影響の中で一番大きいのは、禅と浄土教でしょう。

鈴木大拙は『日本的霊性』の中で「それなら霊性の日本的なるものとは何か。自分の考えでは、浄土系思想と禅とが、最も純粋な姿でそれであると言いたいのである」と書いています。日本人の心性をつくったといわれるこの二つともが、宋から日本に伝わったものです。

日本文化といえば必ず言及される茶道も、お茶の葉を固めたものを削って飲む宋の粉茶の習慣を継ぐものです。「わび・さび」という美意識も、宋の青磁や白磁のシンプルで飾らない美しさと関連しているようです。わが国で後世に確立される能狂言や講談、人形浄瑠璃や歌舞伎なども開封に花開いた文化の影響を色濃く受けています。

開封の都で大衆の間に大人気を博した、包拯（ほうじょう）という名裁判官が強欲な役人や金持ちを懲らしめる講談は、後の日本の大岡越前守の物語の原典になっているといわれています。

科挙の確立で貴族たちを排除した近代的な宋に対して、日本では貴族の藤原氏が天皇の外戚となって権力を握る古代的なシステムを採っていたのですが、さすがにその摂関政治にも終わりが見えてきます。

それでは摂関政治から院政への移行期をみていきましょう。

②野性のエネルギーを失った藤原氏

摂関政治は、「此世をば我世とぞ思ふ望月の欠けたる事も無しと思へば」と詠った藤原道長とその息子、頼通(よりみち)の時代に頂点に達します。しかし不思議といえば不思議なことに、そこから藤原氏の栄華は急激に衰えていきます。なぜそんなことになったのでしょう。

道長は甥の伊周(これちか)との権力争いに勝って九九五年に内覧、九九六年に左大臣になってから、実は二十年以上もその地位のまま摂政関白に就くことなく過ごします。これは、摂関政治の下でも大きな権力を保持していた太政官のトップの地位(左大臣)にこだわったからだと思われます。

一〇一六年、後一条天皇が即位すると、道長は外祖父としてついに摂政に就任します。ところが翌年には二十六歳の頼通に摂政の位を譲ってしまうのです。とはいっても、道長は「大殿(おおとの)」として権力を手放さず、一〇二七年に死ぬまで頼通を後見しました。

想像してみるに、道長はもう親族間の争いを繰り返したくなかったのではないか。自分のお父さんの兼家が伯父さんの兼通(かねみち)と摂政の地位を争って険悪な仲になったのを見ていましたし、自分も兄の道隆、道兼や道隆の子どもの伊周と争った。もうそんな浅ましい姿は見たくないと思い、早く長男の頼通に位を譲り、また、娘二人に三人の皇子を産ませていましたから、この皇子を順番に天皇に就けていけば五十年ぐらいは安泰だ、という親心で頼通を後見していたのだと思います。

後三条天皇の即位

しかし、裏を返せば、こういうしっかりした、絶対的な体制をつくってしまったら、頼通の兄弟たちはもう争う余地がなくなるのです。お父さんが兄貴に位を譲って後見しているわけですからね。

そうすると、これまで親族同士でバトルロワイヤルを行ない勝者が地位を得てきたという、藤原氏の野性のエネルギーが消えてしまう。しかも、頼通は一〇六七年まで五十年も後一条、後朱雀、後冷泉天皇の摂政、関白を続けながら、自分の娘の誰一人として皇子を産むことができなかった。この偶然によって摂関政治が終わったということも結果論としてはいえるのですが、むしろ道長、頼通があまりにも圧倒的な正統政権をつくってしまったがために、他の兄弟が「俺が、俺が」と互いを蹴落とすようなエネルギーを失ったのが摂関政治の終わりを招いた、と僕は見ています。

頼通は自分の一人娘、寛子(かんし)を後冷泉天皇に入れて、皇子を産ませようとしました。そのとき東宮、つまり皇太子だったのが、後冷泉天皇の弟、尊仁(たかひと)親王です。この親王は二十三年間も東宮でいましたが、その間は不遇の一語に尽きます。

尊仁親王を最悪の場合のスペアとして皇太子に置いておき、頼通は天皇の外戚の地位を守ろうとその間必死に寛子に肩入れする。そうすると、当然ながら頼通と尊仁親王の仲は冷え切ります。その頼通が、さすがにもうあかん、と諦め、関白を辞任したのが一〇六七年。翌年、尊仁親王が後三条天皇として即位することになりました。

後三条天皇は、宇多天皇以来百八十年振りの、お母さんが藤原氏ではない天皇です。父は後朱雀天皇、母はその中宮、皇后で三条天皇の皇女禎子内親王（陽明門院）でした。もっとも母方のお祖母さんは藤原道長の娘、妍子なので、藤原氏との関係は他の天皇と変わらないという人もいますが、この時代の皇族は二代もさかのぼれば藤原氏と縁がない人は誰もいなくて、その中ではお母さんが藤原氏でないのはやはり大変な違いになります。だからこそ、頼通も執拗に娘に皇子を産ませようとしたのでしょう。

権威をつけるために

そこで後三条天皇が何を考えたかといえば、自分には後ろ盾がないということです。そうすると、何らかの手立てで自分に権威をつけなければならない。これはちょうど、桓武天皇と同じ立場です。

桓武天皇はお母さんが朝鮮から来た渡来人の一族で後ろ盾がなかったので、権威づけのために無理に頑張って都を造営したり蝦夷征伐を行ないました。坂上田村麻呂の活躍が有名ですね。

同じように後三条天皇も蝦夷征伐を行ない、大江匡房などの優秀な中級官僚を集めて、藤原氏の権力に対抗しようとします。藤原氏はなんでこんなに権力を持っているんやろ、と考えたら、つまりは膨大な荘園を持っているからだ、という結論になる。じゃあ、自分も王家（天皇という中国向けの称号は、村上天皇以降使われなくなっていました）として藤原氏に対抗できるぐらいの大荘園領主になって自前の財源を持たなければならない、と考えたのです。

一〇六九（延久元）年、荘園整理令が出されます。その内容は、まず四半世紀前の一〇四五年以降に新しくできた荘園は認めない。そんなものは国家の領土を切り取ったものだから認めへんで、ということです。また、それ以前からの荘園であっても、券契（けんけい）という証拠文書がないものは認めへんで、政府が召し上げるで、というようにして、王家の荘園を増やそうとしたので

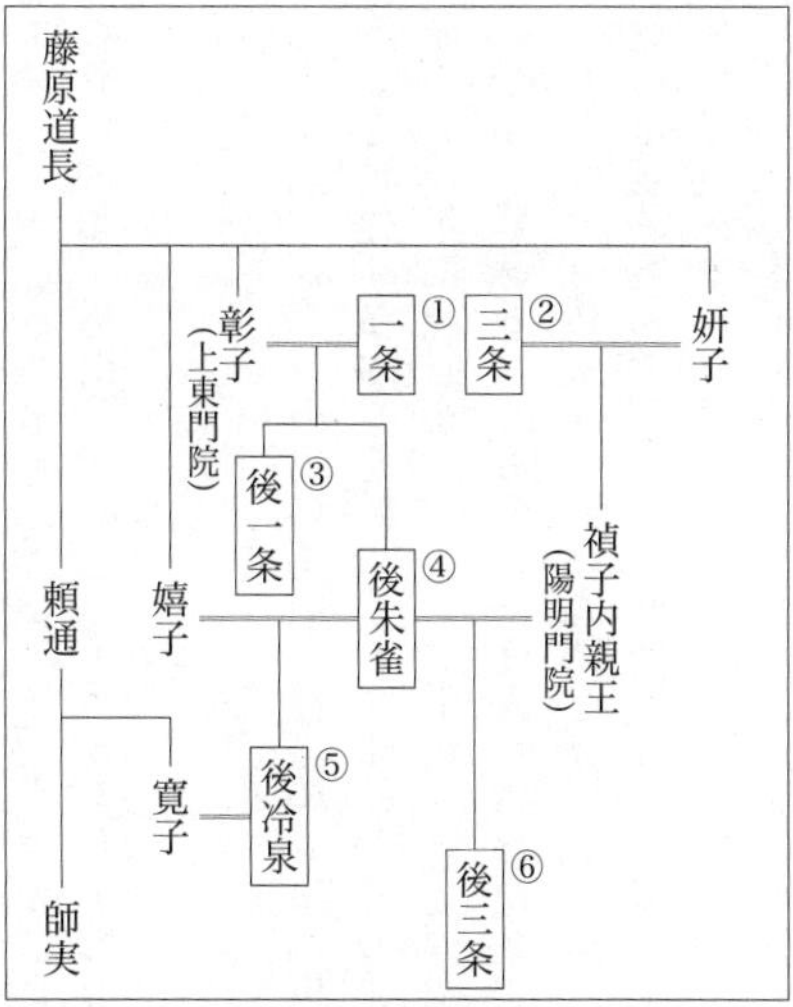

後三条天皇は180年ぶりの藤原氏の母を持たない天皇だった。○数字は天皇即位順

す。そのため、政府に荘園文書の審査機関である記録荘園券契所（記録所）が設置されます。そして、国司と荘園領主にそれぞれ書類を提出させ厳しくチェックしました。

一律課税は枡の制定から

この百年ほど前から、天皇の居所である内裏が度々火災に遭い、後三条天皇も仮の住まいを転々としていました。そこで内裏を再建する事業を始めるのですが、その費用を賄うために、一国平均役というのを一〇七一年に課します。これは平たく言えば、一律課税です。それまで税金は公の土地（公領）に課されるもので、荘園からは税金が取れなかったのです。それを、もう関係あらへんで、内裏をつくるためとか神社を建て直すとかの公の目的があったら、荘園の免税は認めへんで、という画期的な政策で、十一世紀の中頃から始まり、やがて制度化されていきました。

全国一律に課税するとなると、まず作物の収穫量を確定しなければなりません。ところがこの時代には、全国共通の枡（ます）がありませんでした。荘園はまた荘園ごとに独自の枡を使っている。そこで、いわば度量衡の統一のために宣旨（せんじ）枡が制定されました。「後三条天皇は、みずからの御所で砂や米を入れて試したうえで、宣旨によって国家公定枡を制定したといわれている」（美川圭『後三条天皇』）そうです。

要するにまず土地台帳をつくり、新しい荘園は召し上げ、古いものでも証文が整っていなければ全部整理した。それでもまだ残った荘園には一国平均役を課して、王家の財政基盤を強化し藤原氏に対抗しようとしたのだと思います。

早い譲位の原因

さて後三条天皇は、一〇七二年、東宮貞仁親王（白河天皇）に天皇の位を譲ります。在位わずかに四年九カ月、まだ三十九歳の若さでしたし、譲位後、院庁が設置されて後三条院がそこで政務をとったため、これを院政の始まりと見る向きもあります。後三条が摂関の影響を排除して天皇親政を行なったことと、院政との関係をどう見るかは難しい問題ですが、それを明らかにする間もなく後三条は譲位の翌年に崩御しました。近年では病のための譲位という説が有力です。

このため、普通には次の白河天皇が上皇となってからが院政の時代とされています。そこには親子、男女の複雑な関係が絡んでいました。次項ではその辺りの事情をみていきたいと思います。

③ 院政の開始

一般に院政は白河上皇の頃からはじまったとされています。

後三条天皇は白河天皇に譲位して院庁を設置しましたが、わずか五カ月後に崩御します。白河天皇は一〇七二年から一〇八六年まで在位し、第二皇子で八歳の善仁親王を皇太子にすると、その日のうちに譲位して堀河天皇として即位させます。白河院は父の後三条が望んでいた異母弟（実仁親王、輔仁親王）よりも、実子に継がせたかったのです。つまり、我が子かわいさが院政のスタートになったのです。

とはいうものの、堀河天皇の摂政、藤原師実（藤原頼通の子）は白河天皇時代の腹心であり、堀河天皇も優秀だったので、この天皇の時代には白河院政が機能することはありませんでした。しかし、堀河天皇が一一〇七年に二十九歳の若さで崩御し、第一皇子の宗仁親王が五歳で鳥羽天皇として即位すると、本格的な白河院政の幕が開きます。

本来、幼帝を支えるのは摂政の役目ですが、藤原氏側では師実の嫡男師通が早逝し、後継の忠実が若かったこともあってミスを重ね、白河の怒りを買って、いわば偶然に本格的な白河院政が始まることになったのです。

女院が握っていた権力

もう一つ、院政の始まりに関して注目しておきたいのは、上東門院彰子の存在です。彰子は藤原道長の娘で、一条天皇の中宮となり、後一条、後朱雀という二人の天皇を産んでいます。一条天皇の皇后になった伊周の妹、定子と天皇の寵を争い、定子に清少納言が仕え、彰子には紫式部が仕えたことはよく知られている通りです。

女性の院は道長の姉の東三条院詮子（一条天皇母）が最初で、上東門院は二人目です。当時の女院は上皇（院）に準じる立場として、大きな権力を握っていました。東三条院は道長の内覧就任を命じ、上東門院は頼通の後に、弟の教通の関白就任を命じています。

女院が摂政関白の任命権を実質的に握っていた。考えてみれば、女院ができることが院にできないはずがない。これが摂関政治から院政へ移る上で大きな意味を持ったのではないかと思います。平安時代も女性が強かったのです。

院政に移行すると、政治が安定します。天皇の外戚としての藤原氏の権力は、頼通を見ればわかるように、皇室に入れた娘に男子が産まれなかったら失われてしまう。それに対して上皇は、天皇の実父ですから、一〇〇パーセント権威があって、娘が男の子を産むかどうかという偶然に左右されることがない。

また、天皇といえどもやはり律令に拘束されますが、上皇は律令を超えた「治天の君」として専制的な権力を振るったのです。上皇の意志は院宣や院庁から出される院庁下文によって示されました。中国のように律令を常にアップデートする体力（及び必要性）がなかったことも院政に幸いしました。

摂関時代には、太政官の陣定（じんのさだめ）や、天皇の前での御前定（ごぜんさだめ）や殿上定（てんじょうさだめ）という会議で政治が行なわれていたのですが、それがやがて白河院（一〇九六年に出家して法皇）の院御所での議定で決定されるようになっていきます。中世を通じて朝廷の行政機構は整理・縮小が進みましたが、それは大国、中国を真似た律令制をわが国の身の丈に合わせていくプロセスでもありました。

天皇と太上天皇（上皇）の力関係を見ると、飛鳥〜奈良時代は、太上天皇、辞めた天皇のほうが実態としては権力を握っていました。ところが、律令によって政府の組織が整備されると、政府を握る現役の天皇が強くなって「二所朝廷」ができてしまう。二重権力状態となって、太上天皇と天皇が喧嘩する。

それが平城（へいぜい）太上天皇の変（薬子（くすこ）の変）を起こしてしまったのを見た嵯峨天皇が、大将が二人いるのはまずいなと、天皇に一元化したのです。太上天皇は政治はやらへんで、遊ぶで、取締役相談役なんかあかんで、というわけです。

その間隙を縫って「摂関政治」が完成しました。天皇のお父さんが何もしないのだったら、外祖父の私たちが顧問として政治をやりましょうと。これが摂関政治です。

摂関政治が進むにつれ、天皇の幼帝化も進みました。幼帝なら政治に口を出せないからです。それからまた時が経ち、摂関政治が道長、頼通でピークを越して天皇が幼いのでまた太上天皇が政治をやるで、と揺り戻したのが院政だと思います。

白河が何をやったかといえば、まず自分の根拠地となる居所がなかったら困りますから、法勝寺を建てます。

平安京の二条大路の東の外れに、八角九重塔をもつ大寺院が、白河天皇在位期間の大半を費やして建設されます。これは十四世紀に至るまで、王家の菩提寺になります。

さらにその周囲に六勝寺（法勝寺、尊勝寺、最勝寺、円勝寺、成勝寺、延勝寺）と呼ばれる王家の御願寺が造営される。

要するに後三条、白河は、藤原氏の真似をしていくのです。

彼らが持っている膨大な荘園を自分も持ちたいので、荘園整理令を出して王家の荘園を増やす。それから、藤原氏は興福寺という菩提寺を持っているので、自分たちも欲しいと思って法勝寺を作る。その後、伏見に鳥羽殿という離宮を整備し始めます。これは白河天皇が譲位してからの院御所という建前でしたが、法勝寺が興福寺に相当するものなら、鳥羽殿は藤原頼通がつくった宇治の平等院に擬せられるものでしょう。

「待賢門院」対「美福門院」

白河が一一二九年に崩御したあと、堀河天皇は早くに亡くなっていましたから、院政の二代目、鳥羽院が立ちます。

鳥羽の子どもの三人が天皇になりました。崇徳天皇、近衛天皇、後白河天皇です。崇徳天皇のお母さんの璋子が有名な待賢門院です。

この人は白河の養女として白河の寵姫、祇園女御（ぎおんのにょうご）にも可愛がられ、鳥羽天皇に嫁いで崇徳を生んだのですが、驚くべき噂がありました。璋子が白河と密通し、その結果生まれたのが崇徳だというのです。『古事談』という鎌倉時代初期の説話集に書いてありますが、真偽は不明です。しかし醜聞になってはいたので、藤原忠実は嫡男忠通（ただみち）と璋子との縁談を断り、ここでも白河の不興を買いました。

　鳥羽天皇は、院政を布（し）いている白河という怖いお祖父さんが生きている間は璋子を大事にするしかなかった。白河にしてみれば、かわいい璋子の子どもを早く天皇にしようと鳥羽天皇から崇徳天皇に譲位が行なわれる。

　ところが白河が死んでしまうと、美福門院得子（びふくもんいんなりこ）が鳥羽の寵愛を一身に集めることになります。鳥羽にしてみれば、自分で見つけた得子のほうがかわいいわけです。だから今度は得子の子どもの体仁（なりひと）（＝近衛）に崇徳天皇から譲位させます。

成善提院所蔵

白河上皇

しかし近衛天皇も早く崩御してしまったので、しかたなく崇徳の弟の雅仁（＝後白河）を天皇にします。後白河天皇も璋子の子どもです。

得子は後白河の子どもの守仁（＝二条）を養育し可愛がっていたので、本当は二条天皇に直接譲位させたかったのですが、お父さんが天皇になっていないと具合が悪いので、後白河にワンポイント・リリーフをさせたわけです。だから後白河天皇の在位期間はとても短い。

一一五五年に即位して、一一五八年には二条に譲位してしまう。ところが後白河院は長生きして、その院政は一一九二年まで続きます（間に高倉院政が一年挟まります）。いわゆる院政は白河、鳥羽、後白河の三代によって行なわれたのですが、そこには璋子と得子という二人の女性と、白河、鳥羽の複雑な人間関係が絡んでいました。これが保元の乱、平治の乱につながっていきます。

ここで院政期の文化について簡単に触れておきましょう。三上皇はいずれも仏教を篤く信仰していました。摂関時代から盛んになった浄土信仰は末法思想とあいまって地方にも広がりを見せ、遠く陸奥の中尊寺や白水阿弥陀堂、九州豊後の富貴寺大堂などが建てられました。

都では仮名書きの『栄花物語』や『大鏡』などの歴史物語、『将門記』『陸奥話記』などの軍記物語や多くの絵巻物（『源氏物語絵巻』『伴大納言絵巻』『信貴山縁起絵巻』『鳥獣戯画』などが有名）が作られました。前述した『今昔物語』もこの時代の産物です。

④ 荘園の作り方

中世とはどういう時代だったのか、一言でいえば、中世は権門体制の時代です。権門とは力があり特権のある家門（権門勢家）のことです。

公家権門、つまり藤原氏が政治を担う。寺家権門、興福寺や延暦寺のような大寺院が護持、お祈りをする。それから新興の武家権門が治安を担う。この三者がいわば分業していた。王家を上にして、公家、寺家、武家という有力権門がわが国を取り仕切っていたと考えられています。

その権門の経済的基盤であり、鍵となるのが荘園です。かつては、次のように考えられていました。

律令体制が崩れ、摂関政治が行なわれるようになると、在地の開発領主である地方の有力者たちが、国司の租税取り立てから逃れるために、大貴族や大寺院などに土地を寄進しました。例えば藤原道長に寄進して、国司から役人が税を取りにきたとき「この土地は道長さんのものやで」とはねつける。いわゆる不輸の権（政府への租税が免除される権利）を主張するわけです。

そして都の大貴族は名義を貸して、お礼を受け取っていたのですね。道長の時代のナンバー2、藤原実資も日記『小右記』で「みんな寄進されて道長の土地になってしまう」と嘆いていました。

しかし、実際の荘園は開発領主の「下」からの寄進で成立することはほとんどなく、むしろ「上」から政策的に設定されることが多かったようです。また、摂関期には荘園はさほど生まれておらず、本格的に荘園が生まれるのは院政の時代からだったことも最近では明らかになってきています。

中世の領域型荘園

院が「ここは俺の荘園やで」と院庁（いんのちょう）下文（くだしぶみ）を出して、一定の地域を大きく囲ってしまう。これを「立荘（りっしょう）」といいます。

その領域には、持ち主が必ずしも定かでないいくつかの荘園のほかに山林や野原だけではなく名田などと呼ばれる公領や住人たちも含んでいるのですが、それらを一緒くたにして「この辺は王家の土地やで」とお触れを出してしまうのです。

こういうものが白河院政の後半から鳥羽院政期にかけて特にたくさんでてきます。

例えば白河院であれば、前項でお話しした待賢門院璋子を喜ばせるため、

「璋子に土地をやるで。どこが欲しい？」

「お義父さん、私、奈良が好きだわ」

「じゃあ奈良の一部をやるわ」

と言って、奈良のどこどこは「璋子のものやで」という下文を出すわけです。

鳥羽院の時代になったら、今度は美福門院得子が、

「璋子さんはあんなに土地を持っているのに、私にはほとんどない」

「よしよし、お前にはもっと持たせてやろう」

ということで、女院領ができていく。もちろんその土地に有力者が住んでいたらまずいのですが、誰のものかわからへんとか、誰の所有か争っているとかいう土地だったら、院、天皇、女院、摂関家、大寺院などの中央の権門が「俺のものや」と宣言してしまえば認められるという形で、荘園が作られていったわけですね。

一例を挙げれば、白河天皇の中宮賢子と皇女郁芳門院を弔うために建てられた円光院と無量光院のために、牛原荘（福井県）と山鹿荘（熊本県）が立荘されています。

美川圭さんの『院政』によれば、牛原荘は二百町（約二〇〇ヘクタール）以上の、山鹿荘も二郡にわたる広大な荘園であったそうです。

中小ゼネコンの地上げ⁉

また、実際に土地を開発した開発領主についても、昔は在地の有力者（武士）だと考えられていました。

ここから後に御家人が出てきたと理解されていたのですが、大田文という院政期に成立した土地台帳を丁寧に分析したら、開発領主は在地の有力者ではなくて、どうやら都に住んでいた中下級の貴族が主体であったらしいのです。

藤原氏の間でバトルロワイヤルが行なわれて、負けたほうは落ちぶれていく。「摂政、関白はもう道長、頼通の家系しかなれへんわ。俺たちはもう都では偉くなれへんな。じゃあ金儲けをしよう」と考えた中下級の貴族たちが中心です。

京都には各地の情報が入ってきますから、どこどこの土地では所有権をめぐって争いがあるなどということがすぐにわかる。京都での政府の役人との付き合いが物をいうわけです。そして地方に人を遣わしたり、自分で出向いて行ったりする。今で言えば東京の小さいゼネコンが地方の地上げに出向いて行くような感じです。

荘園史の最新の研究をまとめた『荘園史研究ハンドブック』には次のように書かれています。

〈開発の主体となるものは、下級都市貴族、山僧その他の高利貸的存在、地方官人など多様である。つまり一定の財力と人脈（または権力）さえあればだれでも出身を問われずに村落内に入り込み、開発を展開することができたのであった〉〈「開発領主」は、本人が元々持ち合わせていたコネクション等を利用して、京につながりを保持し、また実際に京と地方を頻繁に行き来していたのであった〉

とにかく王家の方は、藤原氏に優る富を持たなければあかんということで、中央からどんどん立荘していった。

在地の開発領主が権門に寄進したというよりは、白河院や鳥羽院が自分が金持ちになるために、またガールフレンドのために、「ここは俺のものや」と、訴訟記録などを見ながら、持ち主がはっきりしないところなどを分捕っていったのです。

　この時代のあり方を荘園公領制と呼んでいます。王家や大貴族や大寺院が持っている荘園と、国司が管理している公領が並び立っている。ではその割合はどれぐらいだったのか。実は、大田文を分析すると五対五で、ちょっと公領のほうが多い。

　もちろん、荘園のほうが多いという説もありますが、これから研究が進めば実態が明らかになっていくでしょう。もっとも受領の遥任（現地へ赴任しない）が進み、知行国制が広がることで、荘園と公領は次第に同質化していきました。なお、院政期から広がった知行国制とは有力貴族等が特定の国の知行権を獲得して収益を得た制度で、知行国主は国司を実質的に任命し（近親や近臣がなるケースが多数）、国家に納入する年貢等を除いて全てを自らの収益とすることができました。十三世紀には、全国の三分の二が知行国化していたといわれています。

　この時代は、王家、公家、寺社といった権門が（後には武家も加わります）、相互補完または競合しながら荘園公領制を通じて農民（農奴）を支配していました。権門体制は逆に見れば、地方の人々が自らに有利な「権門」を選択することが許された時代でした。集権化とは真逆で、人々は多様な結びつきを持ち、一種の流動性を備えていたのです。

土地からお金へ

　このように長い間、日本では土地を押さえるのが富の源泉だったのですが、やがてそうではない要素が出てきます。

　それは中国のお金の影響です。「唐宋革命」のところで説明したように、宋では人口が五千万人から一億人に増えました。ということは、経済規模も倍になるわけです。そうするとお金の量も増えて、宋銭が大量につくられました。それがやがて日本やベトナムに入ってきます。

　日本では古代に和同開珎（わどうかいちん）など（皇朝十二銭）をつくってはいましたが、十分な量の貨幣を製造する能力もなければ、流通させる能力もなかった。もちろん、都の人以外は貨幣なんか知らない。京へ行った人がお金を持ち帰って、「これはお金というもので、都ではこれで饅頭が買えるんやで」と話したところで、田舎では誰も饅頭を売ってくれません。

　お金は大量に供給されないと、お金の意味がみんなにはわからない。

　そこへ、平清盛（きよもり）の英断によって宋銭が大量に輸入、供給され始めます。人口一億の国で余ったものが、当時、中国の一割ぐらいの人口もなかった日本にどんどん入ってくるわけですから、みんながお金というものを認識して、お金が流通するようになります。

　こうした貨幣経済が日本で初めて成立するのが中世です。

　そうすると、土地だけにこだわるのではなく、今度はお金を使って儲けてやろうという、「悪党」などという連中が出てくるのです。この人たちが世の中を変えていくのですね。ただ、それはもう少し後の話になります。

⑤「武士」は京都生まれ

中世の歴史を考える上では、まず、「武士」って誰や、という問題がすごく大きいと思います。

かつて僕たちが学校で教わったのは、地方の有力者が自分で汗水たらして農地を開墾し、その土地を守るために武装したのが武士の始まりだ、という話でした。高校教科書にも、そのような記述が出ています。

〈10世紀に国司が国内支配を強化する中で、各地に成長した豪族や有力農民は勢力を拡大し、国司に対抗する時は、武装して弓矢をもち、馬に乗って戦う武士となった〉（『新日本史』山川出版社）

こういう考え方を、「在地領主制論」と呼びます。これは戦後石母田正（いしもだしょう）さん（一九一二～八六）によって提唱されたもので、例えば関幸彦さんの『武士の誕生』でもそう書かれています。

〈石母田の領主制理論は、マルクス主義の立場から武士を都市貴族＝荘園領主に対抗しうる在地領主と規定し、これを中世への唯一の推進主体と認識することで、理論的な道筋を明らかにした。石母田の領主制理論は一九六〇年代以降も、大枠としては支持されていた〉

でも、今では研究が進んで、この考え方は下火になっています。代わって優勢になったのが「職能論」で、これはごく簡単に述べると、武士は京都で生まれた、という考え方です。

平安時代は、王家という権門と、藤原氏のような有力貴族の権門、それに延暦寺や興福寺、春日大社などの寺社の権門が並立していた時代だとすると、そういう人々は極端にいえばあくどいこともかなりしているわけですから、誰かに守ってもらう必要がある。そこで武力を専門とする職能が始まった、「京武者」が誕生した、というのです。

武士は都の芸能人だった

これを示す史料として、川合康さんは『源平合戦の虚像を剝ぐ』の中で大江匡房編纂『続本朝往生伝』を示しています。ここで武士は管絃・和歌・医方などの諸道・諸芸の一つとして数えられている。また同じ時代（十一世紀）の『新猿楽記』（藤原明衡(あきひら)著）には、猿楽見物にやってきた人々の所能（職業）の一つとして、大工や僧侶、商人と並んで「天下第一の武者」も挙げられていて、川合さんは、〈武士が特殊な芸能（技能）をもつ職能者と見られていたことがわかる〉と書いています。

『新猿楽記』の記述については木村茂光さんも、〈ここに記された武者には在地領主としての性格はまったくない〉（『中世社会の成り立ち』）と指摘しています。

つまり地方の在地の人間が武士となり、その後に京都へ上ってきたのではなく、京都の有力な権門が用心棒を雇ったのが武士の始まりだ、というわけです。シンプルに述べれば、白河院が〝天下三不如意〟として嘆いた「賀茂河の水、双六の賽、山法師」のうち、平安中期から盛んになった寺社の嗷訴（南都・興福寺と北嶺・延暦寺の僧兵）を抑えるため、院が武士の武力に頼ったのです。

それは武士の具体的な戦闘技術や、武器そのものを見てもわかるのですね。

これは川合さんの本に書かれていることですが、武士に欠かせない技能は、馬を自在に操りながら弓矢を射ることでした。馳射・騎射・笠懸・流鏑馬などとさまざまに呼ばれていますが、これはそれまでの歩兵中心の戦法からの転換であり、馬を活用した機動的な盗賊団などに対応するための、政府による軍制改革に基づいていたのです。

だから木村さんも、〈一人前の百姓の資格として「腰刀」を所持し危険から身を守る＝自衛する能力が不可欠であった。しかし、彼らが所持した腰刀と武士が帯した太刀や弓とを同じ武力であると評価することはできまい〉（前掲書）と指摘しているのです。

そして、武士が着込む大鎧はもともと騎兵用で、京都の貴族社会で完成したものであり、京都の工人の高度な技術を不可欠とする製品でした。弓も、木弓に竹を貼り合わせて改良したものが使われましたが、この合せ弓というのは、まず宮廷の正月行事に用いられていたのです。そもそも馬上から弓矢を射るという技自体、宮中の端午の節会（五月五日）などに天皇臨席のもとで披露されたパフォーマンスだったんですね。

こういうところから見ても、武士は京都が起源で、王家や貴族たちの用心棒として発生したと考えていいと思います。その意味では、在地領主制論者が想定していたような、都の支配階級の古い体制を突き崩していこうとするダイナミックな民衆の尖兵というよりは、武士は権力者側の一員であり、軍事貴族と呼ばれるのにふさわしい存在だったようです。京都でそういう地位を得たうえで、

「地方の荘園が荒らされているから、ちょっと片付けてこい」

と命じられて、押領使や追捕使というかたちで派遣されるようになっていった。

これは荘園の成り立ちについて、地方から寄進されたというよりは、院などが上から下文を発してつくっていった面が強いという、前項の話と同様の議論になっています。桃崎有一郎さんはさらに一歩進めて、王臣子孫×現地豪族×伝統的武人輩出氏族（もしくは蝦夷）のかけ合わせが武士を生んだと説明しています（『武士の起源を解きあかす』）。

中国を真似た源氏の姓

武士の代表が源氏と平氏です。

源氏という名前がどこから来たのかといえば、中国の北魏の政治家だった源賀（四〇七〜七九）からです。源賀は、もとは禿髪破羌という名前でしたが、北魏の太武帝に仕えたとき、太武帝が、

「お前の一族と俺の一族（鮮卑拓跋部）はもとは一緒やったから、お前に源という姓をつけてやろう」

と源の姓を与えたという故事があるのです。北魏、隋、唐と続く拓跋国家は日本にとっては憧れの対象の世界帝国でしたから、その初期の故事を引いて、天皇家から枝分かれしているのだから、ということで源氏と名づけたのだと思います。平城京の名も北魏の都、平城から来ていましたよね。

源氏には二十一流あるといわれています。中でも一番家格の高いのは、村上天皇の血筋の村上源氏で、室町時代に足利義満（清和源氏）が氏長者（うじのちょうじゃ）になるまでは、村上源氏がずっと氏長者、本家だったようです。

平氏の名前は、おそらく平安京の平から取っているのではないかというのが、学界の通説だと思います。桓武天皇の血筋の桓武平氏が一番有名ですが、全部で四流ぐらいしかなくて、二十一流もある源氏に比べると少数派だったのですね。

源氏や平氏、それに藤原氏、橘氏というのが姓で、源平藤橘が姓の代表といわれていますね。これに対して名字（苗字）があります。

名字はどうしてできたのか。例えば藤原氏でも、結局、道長から頼通に続く系統が本流になりましたね。そうすると、同じ藤原姓でも本流とそうでない人を区別しないといけない。そこで本姓は藤原でも、近衛、九条、二条、一条、鷹司などと名字をつくっていったのです。もっとも、この五摂家は全て嫡流ですが。

鎌倉幕府の執権になった北条氏ももともと平氏ですが、他の平氏と区別するために北条と名乗ったのだと思います。源氏も足利氏とか新田氏などの名字に分かれていきます。

そのように、最初に住みついたところの地名（一所懸命の地）などをもとにして名字ができていったと考えたらいいと思います。よく古代の氏（姓）から中世の家（名字）へといわれたりしていますね。ただ明治時代になって法律で名字だけに決められたので、姓と名字を区別する考えはなくなってしまいました。

軍事貴族の源氏と平氏は、前九年合戦、後三年合戦などの戦いを経て、武士の棟梁の地位を占めるようになっていきます。次項ではそのいきさつをみてみましょう。

⑥ 前九年、後三年合戦の神話化

源氏が武士の棟梁としての地位を固める上で重要だったのが、前九年合戦、後三年合戦（前九年の役、後三年の役とも）で手柄をあげたことだといわれています。源頼義と義家がえらい頑張ったで、と。

十一世紀の半ば、東北地方（奥州）では土着の豪族、安倍氏が陸奥国奥六郡（岩手県北上川流域）各地に柵と呼ばれる城砦を築き、大勢力を誇っていました。ついには朝廷に対する貢租や徭役（夫役）も怠るようになったため、一〇五一年（後冷泉天皇、藤原頼通の時代です）、陸奥守だった藤原登任が当主の安倍頼良を数千の兵で攻撃しますが、敗北してしまいます。そこで藤原登任が更迭され、後任の陸奥守に就いたのが河内源氏の源頼義です。

このとき後冷泉天皇の祖母である上東門院（藤原彰子）の病気快癒祈願のために大赦が行なわれました。安倍氏も赦されて、安倍頼良は源頼義を歓待し、名が同音なのをはばかって安倍頼時と改名までしています。

その後しばらく両者は喧嘩をするわけでもなかったのですが、一〇五六年に、頼義の部下が何者かに襲撃される事件が起こり、頼義は安倍頼時が背後にいるとして兵を挙げ、ここに前九年合戦が始まります。

しかし頼義は兵糧や兵士の不足に悩まされ、戦線は膠着します。一〇五七年に頼時は伏兵に討たれて死亡しますが、安倍貞任が後を継ぎ、黄海で源頼義軍を大敗させます。頼義は息子の義家らと、わずか数騎で脱出したといわれています。頼義が兵力の回復に努める間、安倍氏側は衣川の南にまで勢力を伸ばし、独自の徴税をも行なうようになったんですね。

衣河合戦の名場面

失脚寸前にまで追い込まれた頼義は一〇六一年に至って、出羽の豪族・清原氏に助けを求めます。清原氏は安倍氏とは以前から交流があり、内部事情に通じていましたから、その援助を受けられるのは願ってもないことだったのです。三千の頼義軍に対し、清原氏の援兵は一万余を数えました。そして翌年頼義軍に合流するや、安倍氏側の衣河（川）柵、鳥海柵を次々に陥落させます。

この合戦においてはいくつかの名場面が伝えられています。その白眉ともいえそうなのが衣川での安倍貞任と源義家の対決です。関幸彦さんの『武士の誕生』でもこう紹介されています。

〈安倍氏の生命線は衣河柵だった。貞任と義家の名場面はその衣河での合戦のおりのことだ。『古今著聞集』（巻九）には、衣河柵をすてて逃げる貞任に向かい、弓をかまえつつ「衣のたてはほころびにけり」と歌いかけたところ、貞任は「年をへし糸のみだれの

くるしさに」と上の句を即座に返したという。感じ入った義家は、即興のその歌心に免じて貞任を逃がしたというのだ〉

清原軍介入から約二カ月後の九月十七日、陸奥国厨川柵（くりやがわのさく）で安倍貞任は敗死し、前九年合戦が終結します。

当時蝦夷と呼ばれていた地方豪族の安倍氏を陸奥守の源頼義がようやく倒したわけですから、京都の政府は「よくやった」と褒美を与えるのが普通でしょう。ところが、ほとんど何もしていないんです。頼義のほうは、「頑張ったんだから何かくれませんか」と申し出ているんですが。

最近の研究では、頼義が意図的に安倍氏を朝廷に対する反逆者として描き出し、戦わざるを得ない立場に追いやって滅亡に導いた、私闘に近いものだという説が強いようです。朝廷ではそういう頼義の魂胆をある程度察していたらしい。

岩手大学教授の樋口知志さんは『前九年・後三年合戦と奥州藤原氏』の中でこう書いています。

〈戦端が開かれた天喜四年以降、頼義は直ちに安倍氏〝追討〟のための宣旨下給を要求したが、都では国家首脳部の間で衆議がまとまらず、かえって頼義側の行動に疑念が抱かれることすらあった。しかし頼義はひたすら独断で戦局を拡大、既成事実を積み重ね、強引なやり方で自らの軍事行動に対する朝廷の支持を取り付けようとする〉

最終的には宣旨が下るのですが、頼義に対する視線は厳しく、合戦の後で頼義が恩賞として望んだような地位は与えていないのです。

むしろ頼義に加勢した清原武則（たけのり）のほうが厚く報われて鎮守府将軍に就き、奥六郡を与えられて奥州の覇者となりました。功績を考えれば当然です。

後三年合戦へと続く不信

清原武則の孫の真衡（さねひら）が清原氏の当主となっていた一〇八三年（白河天皇の時代です）、真衡の養子の婚礼があり、真衡の叔父・吉彦（きみこ）秀武が祝いの品（砂金）を持参したのに真衡が囲碁に夢中になって無視したことから、秀武と組んだ真衡の異母兄弟、清衡（きよひら）、家衡（いえひら）と真衡の戦が勃発したと伝わっています。後三年合戦の開始です。

そこにちょうど源頼義の息子、義家が陸奥守となって下向して来るのです。真衡は義家を歓待し、義家は真衡に加勢します。しかし真衡はまもなく出陣中に急死し、義家は清衡、家衡と和睦して、二人に奥六郡を分け与えます。

ところが家衡はこの裁定に不服で、一〇八六年、今度は家衡と清衡、義家連合軍との合戦になります。出羽国沼柵に籠った家衡は清衡、義家軍を追い返すことに成功します。

この間、朝廷は、義家の行動が私欲に基づくものではないかという不信感を抱いていたようです。義家は中央政界で孤立し、家衡には叔父の清原武衡（たけひら）が加勢したこともあって、危うい立場に置かれました。

しかし、翌一〇八七年の出羽国金沢柵の戦いで、義家側は初めは攻めあぐねたものの、兵糧攻め作戦が功を奏して、金沢柵は陥落します。このときに義家は講和も助命も許さなかった。家衡、武衡ら四十八人を梟首（きょうしゅ）しています。その理由を樋口知志さんは、〈自身の失脚や没落を回避するためには敵将を全て斬り、合戦の事情に関して自方の言い分以外を抹殺せねばならないと考えたためと推察される〉（前掲書）と論じています。

結局、これも前九年合戦と同じ構図です。清原氏の内紛に乗じておのれの利益を図った私戦であると朝廷に断定されて、義家は恩賞を得るどころか陸奥守を解任されてしまいます。その後の奥州は、勝ち残った清衡の天下となります。配下の武士へも政府からは何も出ないから、義家は自弁で報奨を与えなければならなかった。もっとも、それが却って義家への忠節を生むことになったともいえますけれど。

じゃあ、こんな私利私欲の戦いが、なぜ源氏が武家の棟梁になって行く途上の華々しい経歴のように語られるのかといえば、後に源頼朝（よりとも）が政権を獲ってから、頼義から頼朝に続く河内源氏である自分たちが棟梁やで、本流やで、と自称するためにつくった神話なのだと思います。

その点、平氏はどうかといったら、平将門（まさかど）の乱を平定したのが平貞盛（さだもり）ですね。その後、平貞盛の四男、維衡（これひら）が伊勢守等を歴任して伊勢国に地盤を築き、伊勢平氏の祖となって、そこから清盛の系統が出てくるので（巻末の平氏系図を参照）、平氏の場合は無理に神話をつくらなくても、将門の乱を抑えた功臣やで、ということがファクトとしてあったわけです。

源氏の場合はそういうファクトがなかったので、前九年、後三年合戦をフレームアップして、先祖は英雄やで、ということにしたのですね。

この平氏と源氏が、いよいよ都の政争に直接かかわる事態が生じます。次項ではその保元の乱のいきさつをみていきますが、その前に、奥州の状況を簡単に整理しておきます。

勝ち残った清衡は、藤原秀郷の後裔である藤原経清と安倍頼時の長女である有加一乃末陪の間に生まれた子どもです。前九年合戦で夫が処刑され、兄弟の安倍貞任も殺害された有加一乃末陪は敵将、清原武則の子である清原武貞に幼い清衡を連れて再婚し、家衡を産みました。出羽の清原武貞は、陸奥の安倍氏と結びつくことで『俘囚の長』の地位を確かなものにしようとしたのです。武貞にはすでに長男真衡がいたのですが、この兄弟三人の争いが後三年合戦になったのは、前述した通りです。

清衡は、実父の姓である藤原に復して奥州藤原氏の祖となりました。一〇九四年頃には平泉に居を移し、一一〇八年に中尊寺の造営を始め、奥州藤原氏三代百年の栄華の基礎を築きました。

その繁栄を支えた財力は、砂金と十三湊を拠点とする大陸との北方交易によるものでした。平泉は人口で京都に次ぐ大都市だったといわれており、中尊寺金色堂には、清衡、基衡、秀衡の三代のミイラが遺されています。

第2章

平氏政権の実態

⑦ 保元の乱を招いた王家と藤原氏の内紛

〈時は、保元元年（一一五六）七月十一日払暁。鶏鳴とともに、けたたましい蹄の音が、京の市中に響き渡った。六百余騎の軍兵が、鴨川を渡って、崇徳上皇方が陣どる白河北殿に攻めかかったのである。（略）突進する騎馬のいななき。空気を切り裂いて飛ぶ無数の矢。落馬する武者と噴出する血汐。今は亡き白河法皇によって、元永元年（一一一八）に造られた院御所白河北殿の周辺は、またたく間に凄惨な殺戮の巷となった。院御所が戦場になるなど、いまだかつてないことである〉

立命館大学教授の美川圭さんが『院政』で描き出した、保元の乱開始の有様です。時代が転換するとどろきが聞こえてきそうですね。鎌倉時代初期の史論書『愚管抄』は、このときから「ムサ（武者）ノ世ニナリニケル也」と指摘しました。つまり、中世は「武士の時代」でもあったのです。

縁談を断った摂関家

ただし、白河北殿を攻めた平清盛と源義朝が保元の乱の主役というわけではありません。乱の一番の要因は、藤原氏の内紛だと思います。

宇治の平等院を建てた摂政関白藤原頼通の曾孫に、藤原忠実という人がいます（巻末の藤原氏（北家）系図1参照）。一〇九九年に二十二歳の若さで内覧に就任しています。内覧というのは関白に準ずる地位です。

ところが一一二〇年に白河院から内覧を停止されてしまいます。二十年間も握っていた権力を失って、「運が尽きたのだ」と語ったそうですが、この原因のひとつと思われるのが、嫡男忠通の縁談です。

実は白河から、養女の璋子を忠通のお嫁さんにどうや、といわれていたのです。前に触れたように、白河は自分の養女の璋子を可愛がっているという噂があって、お手付きは嫌だと思った……のかどうかは、はっきりしませんが、忠実はこの縁談を断りました。白河は激怒しますよね。本当に手を付けたかどうかはともかく、目の中に入れても痛くないようなかわいい養女を嫁にやるといっているのに断るとは、お前は何様や、と思いますよね。もちろんその他にも、摂関家荘園をめぐる軋轢などもあったようですが、とにかく忠実は内覧を停止され、宇治で謹慎生活を強いられることになりました。

それでも嫡男の忠通は翌一一二一年に関白になることができました。しかし困ったことに忠通にはなかなか子どもが生まれないのです。忠実は、摂関家が断絶したら大変だと心配して、次男の頼長を忠通の養子にします。つまり後継ぎを確保したのです。

頼長という人は才気あふれる人だったようで、漢学や仏教に打ち込んで「日本第一大学生（だいがくしょう）」（『愚管抄』）と呼ばれる一方、『台記（たいき）』という日記に稚児（ちご）や舞人や武士、貴族と男色を嗜んだことを赤裸々に書いていた有名人です。左大臣だったことから「悪左府」と呼ばれたりしますが、悪という字には魅力があるという意味が含まれています。

ところが、忠通に、年を取ってから子どもができ始めるのです。『愚管抄』を書いた慈円もそのひとりです。『愚管抄』は一級の史料ですが、出自から同母兄弟である九条家を持ち上げていることが指摘されています。忠通は弟の頼長よりも自分の子どものほうがかわいいと思って、弟との養子縁組を解消しようとします。

しかし、父親の忠実のほうは、次男の頼長を猫可愛がりしている。

「お前、なにいうてんのや。こんなかわいい弟と、お前のまだ海のものとも山のものともわからん赤子と、どっちが大事や」

ということで、なんと忠通を義絶してしまう。氏の長者として譲っていた摂関家の荘園や家産、武力、興福寺管理権などを全部、一一五〇年に取り上げて、「お前はもう俺の子どもやない」と宣告する。すごいお父さんでしょう⁉

そして氏の長者になった頼長は翌一一五一年に内覧に就任します。白河は一一二九年に亡くなり、このときは鳥羽院政になっていました。忠実は鳥羽院にゴマをすって権力を回復していたんですね。それでも鳥羽は白黒をつけるのが嫌で、忠通も関白の地位にとどめたので、内覧と関白が同時に存在するという異常事態になってしまいます。

皇太子か皇太弟か

これと絡んで保元の乱のもう一つの要因になったのが、王家の複雑な事情です（巻末の王家系図1参照）。

　白河はものすごく権力欲の強いお爺さんで（しかも長生きしたので五十七年間も君臨）、忠実に袖にされたあの養女の璋子を今度は孫の鳥羽天皇の奥さんにするのです。これが待賢門院です。待賢門院璋子は崇徳天皇と雅仁親王（後白河天皇）を産みました。

　鳥羽はお祖父さんの白河が生きている間は待賢門院を大事にしました。だって、「治天の君」白河が誰よりも可愛がっている養女をないがしろにしたら、権力が自分に回って来ないかもしれないですからね。

　でも白河が死んだら、待賢門院を捨てて、美福門院得子に入れあげる。この辺のいきさつは前述した通りです。美福門院は体仁親王と、暲子という女の子を産みました。

　一一四一年に崇徳天皇が退位し、三歳の体仁親王が即位します（近衛天皇）。なんでそうなったかは、すぐにわかりますね。美福門院が「私の産んだかわいい体仁を早く天皇にしてちょうだい」と頼んだからです。

　体仁は崇徳の腹違いの弟ですが、母親の美福門院が身分の低い出自なので、崇徳の養子として育てられていました。そのほうがスムーズに天皇になれるのです。だから皇太子だったわけです。ところが、近衛天皇の即位の宣命には「皇太弟」と書いてありました。

　この意味がわかりますか？　天皇の位を退いた上皇が院政を布くためには、天皇の直系尊属でなければならない。つまり自分の子どもが天皇を継いでいないとダメなのです。

崇徳は皇太子に天皇を継がせて院政を行なうつもりだったのでしょう。だからこそ二十三歳の若さでの譲位に同意したのだと思います。しかし弟が継いだということでは、院政ができなくなる。崇徳は巧妙に排除されたのです。これも美福門院が鳥羽院をそそのかしてやったことです。なにしろ崇徳は自分のライバル、待賢門院の子どもですからね。

変わり者の天皇

美福門院の望み通りに即位した近衛天皇は、しかし病弱で、一一五五年に十七歳で亡くなります。

その次の天皇を誰にするかについては、三人の候補がありました。崇徳の子どもの重仁親王、崇徳の弟である雅仁親王の子どもの守仁親王、それに近衛天皇の姉の暲子です。このときは女性でも天皇になれる可能性がありました。雅仁親王は白拍子と遊んだり、今様という流行歌を集めたりばかりしている変わり者だったので、蚊帳の外に置かれて

美福門院の意に従って、皇位継承者を決めた鳥羽院

いました。

ところが、その子の守仁は美福門院が可愛がって、養子にしていた。ここで重仁を天皇にしたら、せっかく排除した崇徳がまた出しゃばるかも知れないので、守仁を天皇にしたい。それには父親が天皇になっていないと具合が悪いので、対象外だったはずの雅仁親王をつなぎとして即位させました。それが後白河天皇です。

これで崇徳はまた激怒します。

「俺は皇太弟問題で一度煮え湯を飲まされた。今度は重仁が天皇になるはずだった。そうすれば俺の院政が始まる。それなのに、また弟が天皇になるのか！」

このタイミングで、なんと鳥羽が崩御します。それによって事態は保元の乱になだれ込むのです。次項で乱の顚末をみていきましょう。

⑧ 中世日本のラスプーチン　信西

保元の乱は、「崇徳上皇と藤原頼長のグループ」対「後白河天皇と藤原忠通のグループ」の衝突でした。

崇徳上皇方の陣取る白河北殿を、後白河天皇側の平清盛、源義朝、源義康の六百騎が襲った戦闘は、一一五六年（保元元年）七月十一日の夜明けとともに始まり、午前八時頃には後白河側の勝利として決着しました。

出家して権力の道へ

このとき後白河天皇側を実質的に指揮していたのが信西（しんぜい）というお坊さんでした。俗名を藤原通憲（みちのり）といって、藤原南家の傍流ですが、学問や芸能の知識が豊富で、諸道に達する才人といわれていました。

面白いことにその才気を最も高く評価したのが、保元の乱で敵方となる藤原頼長だったのです。学才があっても低い出自ゆえに出世できない通憲が出家を望むと、頼長は「世間があなたを尊重しないのは天がこの国を滅ぼそうとするようなものだ」と話して、通憲と手を取り合って涙を流したと伝わっています。

もっとも、出家して「信西」となると、却って官位の序列を超えて活躍することができたのです。出家者同士として来世について語り合うこともあってか、鳥羽の信任を得、最側近の政治顧問のような地位を占めるまでになります。そして帝政ロシア末期の宮廷を操った怪僧ラスプーチンを彷彿とさせるような働きをするようになります。

これはどういうことかといえば、院政は律令制の外にありますね。律令に則った政治だったら、摂政関白とか太政大臣、左大臣、右大臣にならなければ政治に関与できないのに、院政では官位が低くても、院に気に入られたらあっという間に権力を握ってしまうのです。

例えば、もう少し後のことですが、後白河院の寵臣、藤原信頼の牛車と関白忠通の牛車が町中でぶつかって喧嘩になったとき、忠通が後白河に叱られて「しばらく謹慎せえ」と言い渡されるという事件が起きています。関白のほうが叱られたんですよ。いわば、総理

王家

後白河天皇 × 崇徳上皇

‖

藤原信西

摂関家

藤原忠通 × 藤原忠実、頼長

平氏

平清盛 × 平忠正、平家弘

源氏

源義朝 × 源為義、為朝

武士

「保元の乱」では一族が敵味方に分かれ、争うことに

大臣の車が上皇の侍従の車とぶつかって、上皇から「お前、俺のかわいい侍従の車にぶつけて何しとるんや。謹慎せえ」と総理大臣が怒られるような、滅茶苦茶な話です。下剋上というのが院政期から始まっていることがよくわかります。

元木泰雄さんの『保元・平治の乱』に綿密に描かれているように、崇徳・頼長と後白河・忠通の危ういバランスは、鳥羽の権威によって辛うじて維持されていたのですが、鳥羽の死去によってそのタガが外れてしまいます。

信西は素早く源氏や平氏の武士を動員します。実のところ、この手配は鳥羽逝去の一カ月前から始まっているんですね。七月二日に鳥羽が亡くなると、五日には検非違使（いわば警視庁）と諸国国衙（国司の役所）の武士にも動員を命じて畳みかけます。

また八日には後白河から綸旨を出させて、藤原忠実、頼長が荘園から武士を動員するのを停止させました。これは「摂関家謀反」を諸国に伝えることにもなりました。さらには頼長の屋敷に信西側の武士が乱入し、頼長の命で「怨敵調伏」の祈禱を行なっていた僧を捕え、謀反が露見したとして、頼長の肥前国（佐賀県）への配流を決定、と矢継ぎ早に信西の先手が打たれていきます。

父を殺し、墓を暴く

保元の乱は崇徳上皇・頼長側が仕掛けたという説もありますが、むしろ、妻が後白河の乳母だった信西が上手に後白河を担ぎ、崇徳側が反乱を企てているという話を吹き込んだのでしょう。信西の情報操作によって、忠実・頼長はもう崇徳に付くしか方法がなくなってしまいました。

後ろ盾の鳥羽院を失った信西が自分の権力を維持するために、この際、邪魔者を全部潰してしまおうと挑発したのが保元の乱だと理解したほうがいいと思います。信西の意思ははっきりしていて、厳しい戦後処理を行ないます。出家して降伏した崇徳上皇は讃岐国（香川県）へ配流になります。上皇や天皇の配流は奈良時代の恵美押勝の乱における淳仁天皇以来、四百年ぶりのことです。

頼長は重傷を負いながら奈良近くに辿り着き、父親の忠実に面会を求めるも拒否され、翌日死亡しました。かつて手を取り合って泣いた信西は、頼長の墓を暴いて検視するよう命じたのです。

崇徳・頼長方の武士には死刑が執行されました。平清盛は叔父忠正とその一族を、源義康（足利氏の祖）は平家弘とその一族を、源義朝は父為義とその一族を、それぞれ斬ったのです。朝廷の命による公的な死刑は、八一〇年（大同五年）の平城太上天皇の変以来でした。

それから信西は「保元の新制」といって、宣旨七ヵ条を出し、「王土王民思想」をうたいました。簡単にいえば、「全国の土地は全て治天の君のものである」という宣言でした。

忠実が瀕死の息子頼長の面会を拒んだのには、乱に中立であると装って摂関家の財産を守ろうとする意図があったと思われます。忠実、忠通にしてみれば、信西のような成り上がり者に、道長以来築いてきた藤原嫡流の荘園を取られてたまるかというわけです。忠実は危ういところで重罪を免れ、忠実の所領は忠通に引き継がれることになりました。

なぜ信西が摂関家の所領を狙ったのか。それは後白河には自分の荘園、経済力がなかったからですね。

女院の財力

近衛天皇の姉に天皇候補となった暲子（しょうし）という人がいます。この人は美福門院の子どもですが、后の位を経ない最初の女院となりました。八条院です。母親の美福門院はおねだり上手で、鳥羽はどんどん荘園をつくっては美福門院に与えていました。鳥羽が逝去した後、美福門院が引き継いだ王家の荘園のほとんどと、美福門院がおねだりして貰った自分の荘園は、全部この八条院が継承して、八条院領になります。これは全国に二百二十カ所ぐらいありました。

王家の荘園を全部、皇位を経ない女院の暲子に与えることまで鳥羽院に認めさせた美福門院の能力はすごいの一語に尽きます。

ということは、後白河は天皇になっても、財産が何もないわけです。後白河についた信西もそれでは困るので、全国の土地は天皇のものやで、ということにして、後ろ盾の後白河に経済的基盤をつくってやろうとしたのが保元の新制の狙いだったのでしょう。

その後白河の荘園を長講堂領と呼んでいます。これは何かといえば、摂関家の荘園のうち、頼長の領地を没官領として取り上げて、後白河領にしたのです。これは後のピーク時で百八十カ所ぐらいといわれています。

こうして王家の財産は八条院領と長講堂領の二つの流れになりました。ものすごく荒っぽくいえば、この八条院領が後に皇統の大覚寺統の財産になり、長講堂領が持明院統の財産になったといわれています。王家の財産がここで二つに分かれたことは記憶にとどめておいたらいいと思います。

それも、保元の乱と信西の暗躍によって成り立ったことです。信西はこの後、権力をほしいままにしていきます。しかしそれは同時に、彼自身の滅亡への道でもありました。

⑨ 平治の乱——生き残った清盛

保元の乱に勝利した信西は、内裏再建に取り組み、翌年にはそれを実現します。実務能力も優れていたんですね。

そして息子たちを次々に重要な地位に就けていきます。一一五七年（保元二年）には内裏造営の恩賞が行なわれ、俊憲は左少弁・五位蔵人（くろうど）、貞憲は少納言・兵部権少輔・正五位下、成憲（しげのり）は遠江守・正五位下、脩憲（ながのり）は美濃守・従五位上となりました。

院の近臣は実務官人系と大国の国司（受領（ずりょう））系とに分かれていたのですが、信西の一族にはその両方が揃うことになりました。これは極めて異例で、他の院の近臣たちを圧倒する権勢です。それだけに、これまでの特権を失うことを恐れた諸家の反発を買うことになりました。

仏と仏の評定

一一五八年（保元三年）の二条天皇（守仁親王）の即位に際して、有名な「仏と仏の評定（ひょうじょう）」が起こります。美福門院が後白河を天皇にしたのは、二条天皇実現の露払いをさせるためでしたから、後白河はもうここでお役御免にして守仁親王に譲位させようということを、美福門院と信西の二人で決めたのです。どちらも仏門に入っていたので、

「仏と仏の評定」といわれたのでしょう。

この言葉は平安時代の貴族、平信範の日記『兵範記（ひょうはんき）』に出てくるのですが、これには、仏に帰依した身でなぜこんなに政治に首を突っ込むんだ、といった、ネガティブなニュアンスがあります。いずれにせよ、ここから後白河院政派と二条親政派の対立が芽吹きます。

白河にしても鳥羽にしても、それから後白河もですが、院政を主導した人たちは、「治天の君」として長い間実権を握りつつも、ガールフレンドを連れて熊野詣に何十回も行ったりして、あまり政治をきちんとやっていないようにも見えます。そこに待賢門院や美福門院など怪物的な女性が現われ、信西というラスプーチンのような怪僧が暗躍する。

野性的なエネルギーに溢れていて面白い時代ですが、これではもはや摂関家など形無しですね。

後白河は、上皇になっても王家の荘園の大部分は美福門院と娘の八条院に握られているし、とても「治天の君」と呼べるような権力はありません。美福門院も政治の実務にはあまり関わらなかったので、もっぱら信西が執政することになりました。

すると、「信西は有能だといっても、何様じゃい。たかが藤原南家の成り上がり者やないか」という反発が、院近臣からも、摂関家やその周辺の貴族からも出てきて、院政派、二条親政派を問わず反信西連合のようなものが形成されてくるのです。

かわいい男のクーデター

その動きを主導することになるのが、藤原信頼(のぶより)です。後白河が腹心として重用した人物です。

信西はやり手であるだけに、何でも勝手に決めてしまう。保元の新制の宣旨もおそらく信西が書いて「はい、サインしてください」と後白河に押し付けたんだと思います。それに比べて後白河は信頼のことがかわいかったんですね。後白河と信頼の間には男色関係があったといわれているぐらいです。もっともこの時代は男色はそんなに珍しいことではなかったのですが。

信頼は藤原道長の兄、道隆流の出身で、祖父も父も散位（職掌がない）ながら公卿になっています。信西よりはるかに名門の貴族の家柄なので、信西の増長を許せなかったのでしょう。反信西派を率いてクーデターを起こします。平治の乱の勃発です。

このとき信頼は、一門が武蔵と陸奥を知行国としていた関係で、東国を地盤としていた源義朝と結びます。これは必ずしも悪い判断ではなかったと思います。平清盛は信西と近い関係だったので、この対立軸は自然の成り行きでした。

一一六〇年（平治元年）一月十九日深夜、源義朝中心の軍勢を権中納言藤原信頼が率いて、後白河の院の御所、三条東殿を襲撃します。夜討ちして火をかける戦法は、東国で戦に慣れた義朝のプランであったと思います。保元の乱はまだ京の鴨川の東外れでの戦でしたが、これは京の市中での初めての合戦になりました。

三条東殿にいた後白河は、源氏の武士によって連れ出され、二条天皇の住む内裏の中に幽閉されます。信頼の軍勢が狙ったのは、後白河に仕えていた信西一族でした。しかし、御所警備の武士や官人、女房まで殺されたにもかかわらず、信西の一族は逃げおおせます。

信西自身は襲撃を予知して、近江のあたりに前もって逃げていたようです。けれども、もはや匿ってくれるところもないと覚悟したのか、地面に穴を掘らせ、その中に入って読経していたと伝わっています。源氏の兵が迫ると自決しました。しかし兵は死体を掘り出して頸を斬り、京へ持ち帰って獄門に晒したのです。一代の梟雄(きょうゆう)の最期でした。

日本第一の愚か者

このとき、平清盛は二十人足らずで熊野詣に出かけており、紀伊田辺のあたりにいました。京での異変のニュースを聞いて仰天し、「筑紫に逃げようか」と口走ったりしたようですが、紀伊の武士たちの援助で約一週間で京に戻ることができました。

そして、ここが賢いのですが、後白河院と二条天皇を六波羅の自分の屋敷に連れてきてしまうのです。天皇をキープしさえすれば、相手側が朝敵だということになるのです。

気がついたら院も天皇もいなくなっていたので、藤原信頼と源義朝はびっくり。義朝は、

「日本第一の愚か者を頼りにしてこんなことをしでかしてしまった」

と信頼を詰（なじ）ったそうです。

信頼は何も言い返すことができなかった。反信西連合の仲間である叔父の藤原惟方（これかた）が天皇脱出の手引きをしたと知って、なおさらショックだったのでしょう。反信西連合とはいっても、信頼と義朝の強引なやり方を嫌い、二人が権力を握るのを快く思わないメンバーがいたということです。二条親政派にとっては、信西を倒したことで信頼は用済みになったのでしょう。

追い詰められた信頼は自ら鎧を着込み、義朝とともに六波羅の攻撃に向かいます。貴族でありながら、武門に近い感覚を持った人でした。しかし、味方の離反が相次ぎ、あえなく清盛の軍勢に敗北します。

信頼は仁和寺（にんなじ）に逃げ込みますが、平経盛に拘束され、六条河原で斬首されます。保元の乱で

『平治物語絵巻』三条殿焼討巻（模本）

は武士は処刑されたものの、貴族は配流にとどめられたのに、今度はそれでは収まらなかったんですね。

源義朝は六波羅で討ち死にするつもりだったところ、腹心の家来に説得されて東国へ落ち延びようとします。途中、叔父と次男を失い、尾張で家来の縁者を訪ねますが、案内された湯殿で裏切られたことに気づき、主従ともに自害したと伝わります。こうして平治の乱は二十日で片がつきました。

義朝の子どもの頼朝と義経は池禅尼（平清盛の継母）のとりなしなどもあって命を助けられます。でも、この処置は菩提を弔うためのごく普通のことでした。中国の春秋時代と同じです。いずれにせよこれで河内源氏の勢力はほぼ壊滅します。

保元の乱に次ぐ平治の乱でも最終的に生き残ったのは、平清盛でした。清盛はここから平氏政権へと飛躍していくことになります。

⑩東西の巡礼の流行

院政期に盛んになった熊野詣は、意外なほどスペインのサンティアゴ・デ・コンポステーラの巡礼と共通点があります。

まず小山靖憲さんの『熊野古道』を主に参照しながら、熊野詣の意味を探ってみましょう。

熊野には九〇七年に宇多上皇が初めて参り、それから一二八一年に亀山上皇が最後に参るまで、上皇が百回近くもお参りしています。白河上皇が九回、鳥羽上皇が二十一回、後白河上皇が三十四回、後鳥羽上皇が二十八回も参っている。ほぼ毎年参っているような感じです。

上皇や女院の熊野詣は「熊野御幸(ごこう)」と呼ばれていますが、白河上皇などは、晩年には鳥羽上皇と待賢門院璋子を同道したいわゆる三院御幸という派手なデモンストレーションを何度もやっています。

上皇たちのピクニック

これは何故かといえば、院政を行なう上皇は法令に縛られないんですね。天皇は律令制に組み込まれていますから、政務を放り出して好き勝手に出かけるわけにはいきませんが、律令には上皇の規定がありませんので、気ままな振る舞いができるわけです。だからこれは上皇がガールフレンドを連れて遊びに行ったんだと考えるのが一番分かりやすいと思います。熊野には温泉もあるし、ピクニック気分で行くにはちょうどよかったのじゃないでしょうか。

それから、この時代には神仏が習合（日本の神々は、実は仏教の如来や菩薩が化身して日本の地に現われたとする本地垂迹（ほんじすいじゃく）という考え方）していますから、熊野本宮の本地仏は阿弥陀如来、新宮（速玉）は薬師如来で、阿弥陀如来は西方浄土の主であり、薬師如来は東方浄瑠璃浄土の主です。さらに那智は千手観世音菩薩の補陀落（ふだらく）浄土。そうすると、熊野三山（熊野本宮大社、熊野速玉大社、熊野那智大社）を回れば浄土をみんな体験することができる。この時代の浄土信仰の影響も大きかったのではないかと思います。

それも来世の安穏を祈るというよりは、現世利益を願ってお参りする色彩が強かったのですね。それかあらぬか、室町時代には「蟻の熊野参り」といわれたほど、庶民にも圧倒的な人気の参詣地になりました。十五世紀後半が最盛期とされています。

そうすると、地元の人たちの間に「観光協会を作らなあかん」という発想が生まれますよね。その観光協会の大将が「熊野別当」です。

これは熊野地域を統括する長官で、白河上皇の参詣後に、地位が僧位で三番目に偉い「法橋（ほっきょう）」に引き上げられています。

熊野別当といえば、〝源平合戦〟（治承・寿永の内乱）の際の湛増（たんぞう）が有名です。平氏と関係がありながら、源平のどっちに付くかと迷い、闘鶏で占ったりしたあげく源頼朝に付いた。

熊野巡礼路には九十九王子という、九十九の神社が置かれたことになっています。そのうち八十ぐらいは実在したらしい。これはたぶん休憩所ですね。神社を一つ一つ順番にお参りして行くと、いつの間にか三山に着いているという仕組みでしょう。村の鎮守や道中安全祈願の祠が基になって、各社では幣や舞の奉納が行なわれたようです。その大半は十二世紀の院政期に出現したとされています。

熊野は説経節の「をぐり」の小栗判官の物語にも出てきます。照手姫に惚れてその親族に毒殺された小栗判官。閻魔大王によって娑婆へ戻されたけれど、その姿は歩くこともままならない餓鬼阿弥でした。しかし車に乗せられ人々に引かれて熊野へお参りし、湯峯温泉に浸かって元の姿に戻る……という話です。近年では先代の市川猿之助が歌舞伎で復活させて大当たりを取りました。

この伝説に象徴されるように、熊野は障害者を排除せず、むしろ障害を取り除く効能が期待されたところでした。また女性にも門を開き、女院から一般の女性まで貴賤を問わず参詣していました。「浄・不浄を嫌わず」という姿勢で、そこを高野山から「境内に男女が入り乱れている」と非難されたほどです。

熊野の烏文字を印刷した牛王宝印が熊野誓紙と呼ばれて、男女が契るときなどの起請文に用いられたとか、僧侶が釘打ちされた船に籠って那智から補陀落浄土を目指して沖へ出て行く補陀落信仰とか、熊野はいろんな伝承や物語を生んでいますが、その始まりはたぶん上皇のガールフレンドを連れてのピクニックだったと思います。

「ムーア人殺しのヤコブ」

そしてほぼ同じ時期に、サンティアゴ・デ・コンポステーラの巡礼も始まっています。イエスの十二弟子の一人、ヤコブの遺体を弟子たちが小舟に載せてスペイン北部に運び、遺体を岩に置くと岩が棺の形になったという伝説があって、その聖遺骸を安置する教会へのお参りです。

高貴な人たちが参っているのも熊野と共通で、最初の巡礼の記録は九五一年、ル・ピュイ司教ゴデスカルクによるものです。フランス王ルイ七世、レオン王アルフォンソ九世、そして有名な修道士アッシジの聖フランチェスコも巡礼しています。

十二世紀には巡礼者が五十万人を超えたという記録もあります。これはレコンキスタと呼ばれる、スペインからイスラーム教徒を追い出す運動と重なっていたのです。

聖ヤコブはイスラーム教徒との戦いの守護聖人として崇められ、「ムーア人（イスラーム教徒）殺しのヤコブ」と呼ばれるほどになっていたのですね。「サンティアゴ巡礼はレコンキスタへの民衆の間接的参加を意味した」（関哲行『スペイン巡礼史』）といわれています。

「蟻の熊野参り」と同じく、十五世紀ぐらいまでには巡礼に伴う観光の要素が強くなっていました。

加えて、サンティアゴ巡礼路にはもともと各所に施療院があって、「病気治癒のための『医療空間』としても機能していた」（同書）ので、ここにも熊野詣との親近性が見られます。

今やどちらも世界遺産になっていて、立場は同等です。でも、サンティアゴは人気を集めているのに、熊野古道はそれほどではない。

僕は両方とも一部を歩いた経験があります。比べてみると、サンティアゴは歩き易いのです。道に白ペンキで方向が示してあって、言葉がわからなくてもずっと辿って行けます。一〇キロぐらい歩いたところに必ず小さな村落があり、まさに九十九王子と同じ発想ですが、絵文字でＡＴＭとか安いホテルとかレストランとかカフェとか水飲み場とか洗濯場所とかが表示されています。特にＡＴＭがあるのはすごく有難くて、お金を持って旅しなくても、五千円ほど引き出せばまた一〇キロ旅を続けられるわけです。

ところが、今の熊野古道には標示もほとんどなく、九十九王子もいくつか祠が残っているだけで、休憩所というほどのものではない。日本は観光立国を叫びながら、スペインの巡礼路に大きな差をつけられてしまっている。旅人にとっての熊野古道は上皇たちが参っていた頃のほうがよほど便利だったかもしれません。

院の権力の確立があって初めて熊野古道のようなルートが整備されたのだと思うと、観光における政策の重要性を改めて考えさせられます。

熊野は平氏と縁が深く、本宮を造営したのは平清盛の父、忠盛です。清盛自身、平治の乱が勃発したときには熊野参りの途中。慌てて京都に帰ったという経緯もありました。次項ではその清盛の生き様に焦点を当ててみましょう。

⑪ 中世日本のジョブズ　平清盛

以前「源頼朝と平清盛の違いは？」という質問を受けたことがあります。そのとき、僕は、清盛はスティーブ・ジョブズのようなベンチャー企業のリーダーだと答えました。そして頼朝は、清盛のグランドデザインを真似てマネージした大会社の管理職タイプではないかと。平清盛は中世では足利義満と並ぶ傑出した存在だったと僕は思っています。この項ではその清盛の経歴を辿ってみましょう。

平清盛は、白河上皇に重用された祖父の正盛が一生かけて到達した位階（従四位下（じゅしいのげ）。因みに平貞盛も同じ位階でした）を、早くも十八歳で得ています。その後も異例の出世を重ねます。その理由の一つに挙げられるのが、「ご落胤（らくいん）説」です。

実の子ではなかった？

清盛は、平忠盛の実の子ではなく、白河院が妊娠させた女性を忠盛に下げ渡したというのです。『平家物語』にも、「清盛は忠盛が子にはあらず、実には白河院の皇子なり」とあります。そこでは実母は祇園女御とされていますが、これには疑問があり、祇園女御の妹ではないかともいわれます。当時、ご落胤説はかなり広まっていたようですが、真偽は定かではありません。清盛自身が広めたのかもしれませんね。

清盛が軍権を掌握した時代は、二条天皇と後白河院が争っていたのですが、清盛は基本的には二条派です。時子（二位尼）という後妻が二条天皇の乳母でしたからね。藤原不比等の後妻の県犬養三千代が文武天皇の乳母だったことから藤原氏の栄達が始まったように、ここに清盛の権力の源泉の一つがありました。

保元の乱で手柄をあげた清盛は大宰大弐に就きました（一一五八年）。大宰府（大宰府に置かれた役所）の実質的な長官です。太宰府の外港の博多津は中国（宋）との交易拠点でした。海の商人が大勢集まって、博多津だけでは扱いきれなくなって唐房（チャイナタウン）という、後世の長崎の出島のような町もできていたのです。唐房を拠点とした宋の海商は博多綱首と呼ばれました（綱首は交易船の船長）。彼らは各々、権門と結んで交易を行なっていたようです。中世は交易も権門体制の時代でした。この大貿易港を清盛は押さえたわけです。

もとは同じ後白河派だった源義朝が平治の乱で殺されて源氏の勢力が後退し、以後は平氏が武力を独占することになりました。これが大きなステップだったと思います。

清盛は一一六〇年六月に正三位を与えられ、初めて公卿の地位に上ると、八月には参議となります。大臣、大納言、中納言と参議は議政官として閣議に入れるので、今の中国でトップ7と呼ばれる共産党政治局常務委員になったようなものですね。

一一六一年に後白河と平滋子（清盛の妻時子の異母妹。後の建春門院）の間に憲仁親王（後の高倉天皇）が生まれます（巻末の平氏系図参照）。この子に跡を継がせたくて、後白河は二条天皇を早く引退させようとするのです。二条天皇は激怒して、院政を停止してしまう（一一六二年）。「お父さん、引退してください」ということです。

アナタコナタの清盛

清盛は二条派とも後白河派とも態度をはっきりさせませんでした。同時代の歴史書の『愚管抄』では、その様子を「アナタコナタシケル」と書いているほどです。

もちろん細かく見ていくと、清盛が二条派であることが分かります。この年に造営された二条天皇の里内裏（さとだいり）を清盛は警護しています。

ところが清盛のすごいところは、同時に蓮華王院を造営して後白河に寄進している（一一六四年）。これが今も京都の観光名所になっている三十三間堂です。お寺を作って寄進するということは、このお寺を維持するための荘園を付けるわけですから、「領地をあげますので、あなたはもっと贅沢していいですよ」という意味になります。ここで後白河のご機嫌も上手にとる。「アナタコナタ」しているわけですね。また、清盛は貴族的なセンスにも恵まれていました。荒木浩さんは「平清盛のまわりには源氏物語の風情が充満していた」と指摘しています（『かくして「源氏物語」が誕生する』）。

そうこうしているうちに、二条天皇が病のため二十三歳で逝去してしまいます（一一六五年）。二条は死の直前に実子の六条天皇を即位させていましたが、六条天皇はわずか二歳。

清盛は大納言になり、摂政藤原基実とともに六条天皇を支える形で政治の主導権を握ります。清盛は娘の盛子を基実の妻にしていました。

基実はかつては藤原信頼の妹を娶っていたのですが、信頼が平治の乱に敗れて死ぬと、平氏に乗り換えたわけです。ところが、なんとその基実も二十四歳で病死してしまう（一一六六年）。

弟の藤原基房が摂政を継いで、莫大な摂関家領を引き継ごうとします。基実の息子の基通はまだ七歳なので、「摂関家の財産は家長の俺が管理するで」というわけです。

ところが清盛はここで「いや、お前は傍系のラインやないか。直系の基通がいるやんか」と介入し、太閤秀吉が織田信長死後に幼い三法師を担いだような形にするんですね。基通が摂関家の荘園を継ぐことにして、基通を養子にした盛子に権限を代行させるわけです。盛子はまだ十一歳ですから、実際は清盛のものになります。基房は「清盛はとんでもないやつだ。赤子の手をひねって摂関家の財産を押領してしまった」と激怒しました。

しかし後白河はこの始末を承認します。院政の復活を目指して清盛を味方につける算段でしょう。

さらに後白河は前例を無視して強引に清盛を内大臣に就任させます（一一六六年）。それまで内大臣になったのは皇族と藤原氏と、源氏の氏長者である村上源氏だけでした。それ以外では清盛が初めてです。翌年には太政大臣になりました（三カ月で辞任）。

その後、清盛は病気をしたので出家し（一一六八年）、福原に引退した形になりますが、必要なときには京都に出てきて政治を左右します。後白河も出家して、一一七〇年に清盛と一緒に東大寺で受戒しました。

清盛は二条が死んだ後は、後白河と二人三脚で権力の階段を上って行くのですね。後白河が愛した滋子の存在が二人を繋げていたのだと思います。滋子は才知にあふれ、『新古今和歌集』の歌人藤原定家の姉が「あなうつくし。世には、さは、かかる人のおはしましけるか」と感嘆したほどの美貌でしたから、後白河の執着もわかろうというものです。

貿易で合理的思考を身につける

清盛の強みは何かといえば、まず経済力が圧倒的だったことです。ピーク時には、日本全国六十六カ国のうち三十余国を平氏一門が知行国として所有し、荘園は五百に及んだといいます。王家の八条院領が二百、日本全体で七、八千ですから、五百というのはものすごい数字です。

その富を築くうえで何よりも重要だったのが、日宋貿易を押さえていたことでしょう。貿易はすごく儲かります。どのぐらい儲かったかは、厳島（いつくしま）神社の『平家納経』の豪華さを見たらわかりますね。大宰大弐になって貿易の利を知り、宋銭を本格的に大量輸入して、わが国に初めて貨幣経済を行き渡らせることにもなりました。新しいビジネスを開く才覚があったわけで、清盛は合理的、開明的なリーダーでした。大輪田泊（現在の神戸港）を作るときも、工事がうまくいかないときに、人柱を埋めようかという話が出たのですが、清盛は「死ぬ人が可哀想や。そんなことをしても関係あらへん」と蹴っています。

また当時は日照りにはお坊さんにお布施を払って雨乞いの祈禱をしてもらっていましたが、清盛は「坊主が祈ったぐらいで雨は降らへんで」と笑っている。なかなかできることではありません。

その合理的で開明的な清盛の作りあげた、日本最初の武家政権はどんなものだったのか。次項でみていきましょう。

⑫ 時代のイノベーター　平氏政権

「いい国（一一九二）つくろう鎌倉幕府」と、源頼朝が征夷大将軍に就任した年を日本初の武家政権の成立として、語呂で覚えた人も多いと思います。

しかし最近の研究では、「平氏政権」の成立をもって、武家の政権がスタートしたと考えられています。

では具体的には何年からか？

鎌倉幕府より四半世紀遡る一一六七年、平清盛の嫡男重盛に、東山道、東海道、山陽道、南海諸道の山賊海賊追討権を委ねる宣旨が出されました。実は同じ院宣を一一八五年に頼朝が貰っています。

治安警察権が武家政権の本質であることを示していますよね。だからこのあたりが平氏政権の始まりじゃないかと思います。平氏都落ちが一一八三年ですから、平氏政権は十五年続いたことになります。因みに頼朝の治世も十四年でほぼ同じです。

源頼朝の鎌倉幕府は、後述するように他にも多くを、平氏政権から受け継いでいます。

さて一一六八年、高倉天皇が即位しました。これは後白河と平滋子の間の皇子です。この時、警固役として内裏大番役が組織されています。国衙を介した一国単位の公役です。この大番役制も頼朝が受け継ぎました。

同年、清盛は出家して福原に本拠を移しました。通説では、大輪田泊を整備して瀬戸内海を管理し、日宋貿易に力を入れるためだといわれていますが、清盛は後白河のわがままで気まぐれな性格を知り抜いていたので、自分が京都にいたらきっと衝突すると思ったのじゃないでしょうか。

その事情はよく理解できますよね。後白河が「これをやってくれ」などとわがままを言い出したときに清盛が京都にいたら、イエスかノーを答えなきゃならない。でも遠くにいれば京都にいる息子の重盛や宗盛が「持ち帰って、お父さんに聞いてきます」と時間を稼げます。

京都の六波羅にあった清盛の屋敷は、後に鎌倉幕府の六波羅探題となるのですが、鎌倉幕府と六波羅探題（当初は京都守護）の二段構えで京都の朝廷から距離を置くという武家政権の在り方も、清盛が先駆者でした。

後白河も福原には毎年のように遊びに行っています。そこで宋人と対面もしています（一一七〇年）。

かつて宇多上皇が「俺は中国人と会ったけれど、あれはやっぱりまずかった」と戒めた寛平の御遺誡に反する行ないですので、京都の貴族（九条兼実）は、「天魔の所為か」と日記（『玉葉』）に書いています。

これは清盛が上手に後白河を使ったということでしょう。後白河も味方につけて、日宋貿易は本格化していきました。

またその四カ月前に清盛は奥州の藤原秀衡を鎮守府将軍に任じています。秀衡は、奥州藤原氏の三代目です。清盛の狙いは奥州の砂金にありました。中尊寺金色堂や義経を手助けした金商人の吉次（きちじ）の伝説を見ればわかるように、奥州では砂金がたくさん出たので、「きちんと砂金を持ってきたら、将軍にしてやるで」というバーター取引だったと思います。

この砂金を何に使うかといえば、日宋貿易の決済に使うわけです。清盛は周到に手を打っていますね。

一一七一年には清盛の娘、徳子が高倉天皇の中宮になります。ここまでは平氏政権は順風満帆でした。

暗転する平氏政権

ところが、一一七六年に後白河が愛していた滋子（建春門院）が死んでしまいます。この人が清盛と後白河の間のかすがいになっていたのです。彼女が亡くなったころから、だんだん清盛と後白河の仲がおかしくなっていきました。

そこに鹿ヶ谷（ししがたに）の陰謀が起こりました。院近臣の藤原成親（なりちか）、西光、俊寛らが平氏打倒を謀ったのですが、露見して西光は斬首、成親は配流地で謀殺、俊寛は鬼界ヶ島へ流罪になった事件です。俊寛の物語は能や歌舞伎でも有名ですね。

一一七八年、高倉天皇に子ども（後の安徳天皇）が生まれます。高倉天皇は十八歳ですが、治承の新制十七条と呼ばれる「政治をこうやるで」という宣言を出します。安徳が生まれてやる気が湧いたのか、「もうわがままなお父さん（後白河）にはつきあっていられへん。俺が仕切る」と、前項の二条天皇と同じように親政に目覚めたんですね。

ところが翌一一七九年、清盛嫡男の重盛と、摂関家に嫁いだ清盛の娘盛子が相次いで病死してしまいます。すると、盛子に摂関家の財産を占有されていた藤原基房が後白河をけしかけて、重盛の知行国であった越前国を取り上げ、盛子の荘園を没収してしまうのです。

後白河にも「清盛が高倉天皇と組んで俺をおろそかにしている」という不満があったのでしょう。

この動きに清盛は激怒します。「長男と愛娘が死んだら待ってましたとばかり財産を取り上げるとは許せん」ということで、「治承三年の政変」を起こします。

数千騎の大軍で上洛して院政を停止、関白など多数の貴族・官人と受領を解任し、後白河を鳥羽殿に押し込めた軍事クーデターです。

これによって平氏の知行国は十七から三十二に増えました。日本全国で六十六カ国といっていましたから、約半分を取ってしまったわけです。

この増えた知行国をマネージするために、清盛は国守護人と地頭を置きました。これも後に源頼朝が真似して、守護と地頭になります。

一一八〇年に安徳天皇が即位し、清盛はめでたく天皇の外祖父になりました。高倉天皇は上皇となり、高倉院政が本格的に幕を開けます。

摂政は清盛の娘婿基通、武力を率いるのは清盛の息子宗盛という、完全に清盛が押さえる体制でした。

しかしここで以仁王（もちひとおう）（高倉上皇の異母兄）が平氏追討の令旨を出します。なんで以仁王が令旨を出せたかといえば、お金があったからです。

そのお金の出所はといえば、前述した八条院が鳥羽法皇と美福門院から相続した財産からです。八条院が以仁王を可愛がっていたおかげで、挙兵できたわけです。

以仁王はたちまち討滅されますが、ここから俗に「源平合戦」と呼ばれる「治承・寿永の内乱」が始まることになりました。

延暦寺など京都の反平氏勢力を警戒した清盛は、福原に遷都しました。院も天皇も主だった貴族も含めた、本格的な清盛の軍事独裁政権が成立したわけです。

福原という地は背後に山が迫り、前は海で、東は生田の森、西は鵯越（ひよどりごえ）で狭まって、後に頼朝が幕府を開く鎌倉にそっくりですね。

しかし東国で源氏の反乱が激化し、対抗して物資や人員の徴発などを組織するためには、中枢機能のある京都でないと具合の悪い面があったのでしょう。間もなく京都に戻ります。

一一八一年に高倉上皇が二十一歳で逝去し、平宗盛が「惣官」に就きます。これは五畿内と伊賀、伊勢、近江、丹波を含む広い地域の軍政長官のようなポストです。

公領でも荘園でも惣官は物資や兵士を集めることができるという権限を持ちます。まさに後のモンゴル戦争時のような総動員体制です。ところがそこで清盛が急病にかかり死んでしまいました。

跡を継いだ宗盛は平氏の劣勢を挽回することができず、平氏政権は終わりを告げます。このように、治安警察権とか、守護、地頭とか、鎌倉に似た福原と六波羅の二元体制とか、内裏大番の警備とか、院政対策とか惣官など、鎌倉幕府の骨格といわれるものは、全部清盛が作っているんですね。それが、日本最初の武家政権は平氏政権であるといわれる所以です。

源頼朝は独創性はなかったのですが、マネージ力は超一流でした。清盛のグランドデザインは頼朝が跡を継いで実現することになります。

第3章

鎌倉幕府の虚実

⑬「源平合戦」はあったのか？

　今でも一般には「源平合戦」という人が結構多いのですが、実は歴史学の世界では、「治承・寿永の内乱」という言葉が一般的です。それはなぜかといえば、源頼朝の配下を見ると、実はほとんどが坂東八平氏。あの平将門の乱で出てきた平氏の末裔の有力氏族です。つまり源氏ではないのですね。

　一一七九年（治承三年）のクーデターで、平清盛の率いる伊勢平氏一門が自分たちの知行国を十七から三十二に増やしました。ところが平氏といっても、清盛に近い人々は勢いを増しますが、清盛との関係が薄い人々は平氏でも圧迫されるわけです。

　そこに頼朝が反乱を起こしたので、そちらにつけば一発逆転できるかもわからへんでという思惑で、全国の武士たちがその土地土地で争ったのが治承・寿永の内乱であり、必ずしも源平合戦ではないのです。

　この治承・寿永の内乱は、前述したように、以仁王の令旨から始まります。以仁王は後白河院の第三皇子ですが、異母弟の高倉天皇、その子の安徳天皇のラインが確立して、自分が天皇になる望みを全く絶たれてしまいます。

　そこで一一八〇年四月、諸国の武士や寺社に平氏に対する挙兵を促す令旨を発したのです。

源氏嫡流のバトルロワイヤル

このとき以仁王が軍事面で頼りにしたのが源頼政(よりまさ)でした。頼政は平治の乱で清盛に味方したため、平氏支配下の京都に唯一残った源氏勢力であり、摂津源氏渡辺党の棟梁です。

ここで源氏の系図を見てみましょう（巻末の源氏系図1を参照）。清和天皇の子どもが陽成天皇です。その弟に貞純親王がいました。この人の子に経生王(つねお)と経基王(つねもと)がいて、経基王が清和源氏の祖になりました。

その子どもに満仲(みつなか)がいて、さらにその子どもがそれぞれ本拠にした土地によって頼親(よりちか)が大和源氏、頼信が河内源氏、頼光が摂津源氏となりました。まさしく王臣子孫ですね。頼光は酒呑童子退治で有名になりました。その頼光の四代後が頼政です。

河内源氏が前九年、後三年合戦で暗躍した頼義と義家の系統です。義家の弟に新羅三郎義光がいて、この人から甲斐源氏の武田氏が出ます。

義家は河内源氏の棟梁になり、その子が義親、その子が為義、その子が義朝、そしてその子が鎌倉幕府を開いた頼朝なので、ここが源氏の棟梁の家系ということになりました。

ところが細かく見ると、為義は庶子で、厳密にいえば頼朝は頼義、義家の嫡流ではないのです。そもそも為義の父の義親は義家の次男ですが、たびたび略奪殺人を働いたので、平正盛によって追討されます。

河内源氏の棟梁は義家の四男の義忠が継ぎました。義忠は有能で伊勢平氏とも共存関係を築きます。清盛の父、忠盛は義忠から一字をもらっています。ところが、嫡流の義忠が暗殺されるのです。犯人は義家の弟義綱の三男義明とされ、義綱も追討されるのですが、その追討使となったのが為義でした。

その結果、為義が庶子でありながら源氏の嫡流を継ぐことになったのです。けれども義明は冤罪で、本当は義家のもう一人の弟義光が鹿島冠者という家人を使って義忠を殺させたという話もあります。その鹿島冠者も証拠を消すために殺されています。内輪揉めばかりしていて、河内源氏の勢力は一時衰えたんですね。

為義、義朝、頼朝と続く源氏の棟梁の血筋と称するものが、実は正統性が覚束（おぼつか）なく、血塗られた起源を持つものだということは覚えておいたほうがいいと思います。

為義には義朝の他に義賢（よしかた）、為朝（ためとも）（剛勇を謳われた鎮西八郎（ちんぜいはちろう）です）、行家（ゆきいえ）などの子どもがいました。義賢は木曾義仲の父となり、以仁王を助けた行家は頼朝の叔父で、八条院領の管理をしていた人です。

行家は四月から五月にかけて令旨を東国へ伝えてまわりました。八条院領の多くが東国にあったので、行家は管理業務に偽装して動き易かったのでしょう。

しかし五月には以仁王の企みは平氏の知るところとなりました。熊野詣の話で名前の出た熊野別当湛増が密告したという説もあります。

平氏に逮捕される直前に以仁王は京都を抜け出し、園城寺（滋賀県大津市の三井寺）へ逃げ込みます。

これに対して平氏側の鎮圧軍が宗盛以下の諸将によって編成されますが、その中に源頼政も含まれていました。まだ頼政の加担はバレていなかったということですね。

頼政は自分の屋敷に火を放つと、五十余騎を率いて園城寺の以仁王に合流します。しかしその後、比叡山延暦寺僧兵の加勢が期待できなくなり、やむなく奈良の興福寺僧兵の支持を恃（たの）んで奈良を目指しますが、宇治で平氏の追討軍に追い付かれ、奮戦するものの多勢に無勢、頼政は平等院境内で自害します。

〈（頼政は）西に向かひ、高聲に十念となへ（念仏を十遍唱えて）、最後の詞ぞあはれなる。

埋木（うもれぎ）の花さく事もなかりしに身のなる果てぞかなしかりける

これを最後の詞にて、太刀のさきを腹につきたて、俯ぶさまに貫ぬかッてぞ失せられける〉と、『平家物語』では描かれています。頼政は一流の歌人として知られていた人でした。

以仁王も追討軍の矢に当たり、死んでしまいました。

この乱はあっけなく終息したのですが、平氏側だったはずの源氏の頼政の挙兵は平氏に大きな衝撃を与え、また以仁王生存の風聞が絶えず、この後の各地の反平氏の内乱に影響を及ぼしていきます。

頼朝、挙兵す

このとき源頼朝は伊豆で二十年の流人生活を送っていました。流人といっても、伊豆の在庁官人北条時政（平氏です）に庇護され、時政の娘政子を妻にし、一定の自由が与えられていたようです。

そこへ源行家が以仁王令旨を届けます。令旨に応じて頼朝は八月に挙兵します。

まず時政と利害が対立していた伊豆国田方郡の目代山木兼隆を攻めて首を取ります。しかしその後に大庭景親と伊東祐親の軍勢と石橋山で戦って大敗します。伊東祐親は時政と同じく伊豆の在庁官人で、これも時政と同じく娘が頼朝の子を産んだのですが、その子を殺し、頼朝も殺そうとした。時政とまったく逆に平氏側についたのです。

大敗した頼朝が洞窟に隠れているのを、大庭方の梶原景時が見つけたのに「ここには

安養院所蔵

北条政子坐像

誰もいません」といって頼朝を救ったという伝説があって、ここから梶原景時は頼朝の信を得たということになっています。

死地を脱した頼朝は海路安房（千葉県）に渡り、その地の千葉常胤、上総広常などの武士団を次々に味方につけていきます。このあたりの頼朝の人心掌握術は見事の一語に尽きます。

千葉常胤（平氏です）は下総国で争っていた千田親政をこの機会に攻撃し捕縛して頼朝の前に引きだします。千田は平忠盛の婿として大きな力を揮っていました。上総広常（平氏です）も、平氏のクーデターによって上総国の受領に補任された藤原（伊藤）忠清との対立があり、頼朝軍に加わるのは忠清を倒す絶好の機会だという事情があったんですね。

各地の武士団の対立を上手く利用して、頼朝軍はみるみるうちに数万騎の軍勢に膨れ上がり、安房から武蔵を通って、ついに源頼義以来の先祖ゆかりの地、鎌倉に入ります。十月七日のことでした。伊豆で離れ離れになっていた妻政子も到着し、鶴岡八幡宮を移転するなど鎌倉は急速に整備されていきます。

そこでいよいよ京都から下って来た平氏の追討軍との対決になります。名高い「富士川合戦」です。ただし、『平家物語』などで描かれたのと、実際の戦いはだいぶ違うものだったようです。次項ではその様子をみていきましょう。

⑭『平家物語』の名場面は本当か

僕たちが八百年近く親しんできた『平家物語』の世界ですが、最近の歴史研究の結果によると、史実とはだいぶ異なることが明らかになってきました。

もともとは琵琶(びわ)法師が語った物語ですから、創作は当たり前だろうといわれそうですが、それでも僕たちの歴史観に大きな影響を与えています。

たとえば前項でみてきたように「源平合戦」という図式自体、史実とはかなりかけ離れた姿です。実際に源頼朝に従っていたのは関東の平氏たちでした。それぞれの戦いについても、同様に虚構が入り混じっていることは知っておいた方がいいでしょう。

何もしない頼朝

平維盛(これもり)(重盛の嫡男)が率いる平氏軍七万騎を源頼朝が破ったといわれるのが富士川合戦(一一八〇年)です。破ったといっても、水鳥の羽音に驚いた平氏軍が我先に逃げ出して、戦闘するまでもなく頼朝が勝ってしまったというエピソードで知られていますね。

ところが、この富士川の戦いでは頼朝は何もしていません。維盛軍と対峙さえしていないのです。実際に平氏と向き合ったのは、頼朝と同じく以仁王の令旨を得て甲斐で挙兵し、駿河への道を切り開いてきた甲斐源氏の棟梁、武田信義の軍勢でした。

頼朝も兵を出していましたが、前線からちょっと離れた黄瀬川宿に逗留して戦の成り行きを後ろのほうから眺めていただけです。

また、水鳥に驚いたのかどうかも怪しいところがあって、実はもう飢饉が始まっていて平氏軍は十分な食糧が確保できなかったので兵を退いただけじゃないかという話もあるくらいです。

一応富士川の戦いでは頼朝は甲斐源氏と共同戦線を張って大勝したということで、鎌倉を中心に自分の地盤固めにいそしみ始めます。たとえば侍所をつくって和田義盛を別当にします。侍所は、御家人（頼朝を主と仰ぐ武士）を統率する警察庁・防衛省のようなものです。着々と軍事政権を整備していくわけですね。頼朝は御家人を地頭に任命することで本領を安堵し、あるいは勲功に応じて新たな所領を与えました（新恩給与）。これらを御恩と呼び、御家人は奉公（参戦、京都大番役、鎌倉番役）の義務を負いました。この関係は封建制に似ていますが、公家や寺社権門の支配地ではこうした関係は生じませんでした。

ところで平氏にはまだ勢いがあって、十二月に清盛の五男重衡（しげひら）が、以仁王についた南都興福寺を焼き討ちし、東大寺の大仏も焼け落ちます。

ところが翌年、平氏の総大将の清盛が亡くなります。

その上、この頃から飢饉がひどくなる。養和の大飢饉として知られる惨状が鴨長明の

『方丈記』に生々しく伝えられています。

〈道のほとりに、飢ゑ死ぬるもののたぐひ、数も知らず。取り捨つるわざも知らねば、くさき香世界に満ち満ちて、変りゆくかたち有様、目もあてられぬ事多かり〉

特に西日本がひどかったんです。一一八三年まで大きな戦いが行なわれていないのは、飢饉があったのでそれどころじゃなかったというのが実態ですよね。

頼朝と同時期に挙兵して勢力を拡大してきた信濃の源（木曾）義仲に対して、平氏は飢饉も収まってきた一一八三年になって、維盛を大将に北陸へ大軍の兵を出しますが、倶利伽羅峠の戦いで大敗して、ここから平氏の凋落が始まります。

倶利伽羅峠の戦いでは、火牛の計といって、木曾義仲が牛の角に松明をつけて走らせたという話が『源平盛衰記』にありますが、これは一〇〇パーセント創作です。中国の『史記』にあった火牛の計を真似て、脚色したのだろうといわれています。

平氏都落ち

一一八三年七月に平氏が西国に都落ちして、義仲軍が京に入ります。平氏は安徳天皇を奉じて行ったので、天皇不在の状況に困った後白河院は後鳥羽天皇を即位させます。安徳の二つ下の弟です。ここで天皇が二人いるという異常な状態になります。安徳天皇は三種の神器を持って行ったので、神器のない後鳥羽天皇は弱い立場でした。

これに対して義仲は北陸宮を天皇に立てようとします。北陸宮は討ち死にした以仁王の子どもです。平氏に対する戦いは以仁王の令旨が発端だから、北陸宮を立てようとしたのですが、後白河が先に後鳥羽を立ててしまったので、うまくいかない。

後白河は京都に入った義仲の軍勢が乱暴なのに呆れて、頼朝に「義仲をなんとかしてほしい」と頼むわけです。

そして「寿永二年十月宣旨」を後白河が出します。東海・東山両道の戦争で荒れた王家、貴族、大寺社の荘園や国衙領の回復を命じ、服従しないものは頼朝が実力で従わせていいという内容です。

これが頼朝の東国支配を実質的に認めることになり、奥州は藤原氏、東国は頼朝、北陸と京都は木曾義仲、西国は平氏という、天下四分状態になりました。

そうこうしているうちに、水島の戦いで義仲軍は平知盛・教経(のりつね)軍に大敗して、義仲の軍勢は急速に衰えました。

頼朝は動き出し、義経、範頼(のりより)を派遣して、一一八四年一月の宇治川の戦いを迎えます。義仲は敗れ、都から逃れて行く途中で討たれてしまいました。

鵯越に義経はいなかった

一方この頃、平氏は屋島から福原に戻り、再び勢力を拡大していました。水島の戦いで勝ったのが大きかったのです。ところが二月、義経・範頼軍との間に一ノ谷の戦いが起きる。義経による鵯越(ひよどりごえ)の逆落(さかお)としで有名ですね。

〈「くは（そら）おとせ、義経を手本にせよ」とて、まづ三十騎ばかり、まっさきかけておとされけり。大勢みなつづゐておとす。後陣におとす人々のあぶみのはな（先端）は、先陣の鎧甲にあたるほどなり〉

『平家物語』は、ものすごい急斜面を騎馬武者たちが大挙して駆け下りていく様を描いています。しかし、これも創作だといわれています。義経は一ノ谷を攻めたけれども、鵯越はまた別の場所で、そこを攻めたのは多田行綱の軍勢でした。

ここで勝利した源氏の軍勢はひとまず東国へ戻ります。そこで驚くべきことが起こります。

富士川の戦いや義仲追討にも活躍した甲斐源氏の一条忠頼（信義の子ども）を頼朝が鎌倉で酒宴に招き、目の前で家人に殺させるのです。理由ははっきりしませんが、頼朝の対抗勢力になりうる甲斐源氏を潰しておこうという意図だったと思われます。

十月、頼朝は鎌倉に公文所（別当、大江広元）と問注所（執事、三善康信）を設置しています。公文所は後の政所で行政を司り、問注所は裁判所です。次になんで裁判所をつくったかといえば、土地争いが非常に多かったからです。大江広元や三善康信は、朝廷の下級官人でした。頼朝は彼らの統治技術を活用したのです。

もともと頼朝についたら現在の境遇を一挙に挽回できると思って武士たちが集まったわけですから、その人々は荘園や公領についていろいろ文句をつけて、山ほど訴訟があったという理解でいいでしょう。

翌一一八五年二月の屋島の戦いでは、これも有名な逆櫓(さかろ)論争がおこります。梶原景時が船をバックさせる櫓をつけようとしたところ、義経が「はじめから逃げる準備をして戦うなどありえない」とはねつける場面です。

この話も、史実では梶原景時はこのときは範頼についていて、義経とは一緒にいなかったので、創作だろうといわれています。

以上、主だった源平合戦の名場面を見てきましたが、『平家物語』はだいぶ話を盛り上げて創作していることがよく分かりますね。

とはいえエピソードは創作でも、戦の結果ははっきりしていて、屋島でも平氏は敗れ、ついに壇ノ浦で滅亡を迎えることになります。

⑮ 身内殺しの頼朝

第12項で武家政権の始まりは平氏政権からという話をしました。

そして実は鎌倉幕府の成立についても、かつて覚えた一一九二年とは違ってきています。

現在は一一八五年が鎌倉幕府の成立というのが多数説です。イイクニ（1192）からイイハコ（1185）に変わったわけですね。頼朝は、自らの荘園に加えて平氏一門が持っていた荘園（平家没官領）を朝廷から与えられ、関東御領を成立させました。また、いくつかの知行国（関東御分国）を得て幕府の財政基盤を確立しました。鎌倉幕府滅亡時まで御分国だったのは、駿河、相模、武蔵、越後の四カ国です。

この年、日本は大きな転換点を迎えます。まず三月、壇ノ浦の合戦で平氏が滅びることになります。

壇ノ浦の合戦では、途中から潮の流れが変わったことによって源氏が勝ったとか、さまざまな説がありますが、潮の流れにかかわらず、平氏は味方と恃んでいた者に次々離反され、どうしようもなく滅びてしまったのが実情じゃないかと思います。

ここでも義経伝説があって、舟の上で平教経に追われ、八艘飛びで鮮やかに逃げたことになっていますね。でも『吾妻鏡』によると教経はすでに一ノ谷合戦で討たれているんですね。義経が誰かに追われて飛んだとしても、せいぜい一艘ぐらいが関の山だったんじゃないでしょうか。

義経は平氏を滅ぼしはしたのですが、問題は安徳天皇と三種の神器を取り返せなかったことです。

二位尼（清盛の正妻・平時子）が三種の神器のうち勾玉と宝剣を持ち、八歳の安徳天皇を抱いて入水してしまい（「浪の下にも都の候ぞ」という有名な言葉が残されています。豪胆な人だったのでしょう）、勾玉は浮かんで回収されたものの、宝剣はついに戻らなかったと伝えられています。

川合康さんは『源平の内乱と公武政権』で、〈こうして平氏追討戦争は、三種の神器と安徳天皇の保全を最優先する頼朝の終戦構想とは全く異なる形で終わった。これ以後、頼朝と義経の間に確執が生まれていくのはむしろ当然であった〉と指摘しています。

わかっていない義経

義経は政治的センスがゼロ。そもそも頼朝と自分は兄弟だと思っているわけです。でも離れて育ったので、兄弟愛があるはずがない。お互いの顔も知らなかったのですからね。

義経は平宗盛を捕虜にして鎌倉に帰ってくるのですが、頼朝は義経に会おうとしません。

一一八五年の五月、鎌倉の西の腰越（こしごえ）で足止めされた義経は弁明書を書いて差し出します。これが有名な「腰越状」です。

「自分は功績があり罪はないのに讒言（ざんげん）で兄貴の怒りを買って、涙に暮れています」といいながら、同じ手紙で後白河院に検非違使・左衛門少尉に任じられたことを自慢してもいる。

頼朝に無断で任官したことに、頼朝は怒っているのに、義経はまるでわかっていないんです。

もっとも、腰越状の実在自体もかなり怪しくて、義経伝説による創作という見方が有力です。義経は頼朝に冷たくされ、ついにしびれを切らして京に戻り、十月、後白河院に迫って頼朝追討の宣旨を出させます。これは義経と行家宛に出されました。ところが宣旨を掲げて武士を集めようとしても、この二人につく武士はいませんでした。

多分、政治的センスに秀でていた頼朝はこれを待っていたのだと思います。北条時政を軍勢一千騎で上京させ、十一月、後白河に今度は義経、行家追捕の宣旨を出させます。義経と行家は既に都落ちしていて、放っておいても何のリスクもないのに、なんでわざわざ院宣を出させたかといえば、追討を名目に全国の警察権を確保したかったからです。

平氏政権のとき、平重盛が東山道、東海道などの追討権をもらいましたね。あれを真似して、「義経たちを捕まえないと大変やで」と後白河を脅しあげ、ついに翌十二月には、全国の警察権を獲得しました。

これが「文治の勅許」です。これによって守護と地頭の任命権をも得ています。そしてこの権限の取得をもって、現代では「鎌倉幕府の成立」と考えているのです。守護は国ごとに任命され、その権限は大犯三箇条と呼ばれるものでした。京都と鎌倉の大番役（警護）の催促、謀叛人の検断（逮捕から裁判、刑の執行まで）、殺害人の検断の三つです。地頭は荘園や公領に置かれ、年貢の徴収や土地の管理、治安の維持などに当たりました。こうして諸国では国司と守護、荘園では荘園領主と地頭の二重支配が行なわれることになりました。荘園領主は京都や奈良に居住し、地頭は現地に住んでいましたので、次第に地頭の力が強くなり、荘園領主は鎌倉での長期にわたる裁判を嫌って、定額の年貢を請け負わせたり（地頭請）、荘園を地頭と分け合う（下地中分）ようになっていきました。

奥州を分捕る

一一八七年に奥州の藤原秀衡が死去します。天下四分のうち最初に討たれたのが木曾義仲。それで京都、北陸は頼朝のものになりました。その次に平氏が滅び、西国も頼朝のものになった。秀衡が死んだので今度は奥州を取ろうと、後白河にねだって、奥州に身を寄せた義経を滅ぼす院宣をもらおうとします。

しかし秀衡嫡男の泰衡が、義経をかばっていたら鎌倉方に攻められると恐れ、義経を殺してしまいます（一一八九年）。これで義経を追討するという大義名分は消えました。

ところが、頼朝は院宣も出ないのに、遮二無二に全国から動員した大軍を自ら率いて奥州を全部乗っ取ってしまうのです。

これは何故かといえば、頼朝の行跡は、源頼義とほぼ同じ道をたどっているのです。頼朝は前にお話ししたように、本当は頼義の直系ではない。だからこそ、頼義の行跡をたどることで、「俺が頼義の嫡流なんや」と示す必要があったのです。奥州合戦はそういった権力の「見える化」を御家人に対して行なったものでしょう。

一一九〇年に、頼朝は初めて京都に上ります。そして権大納言、右近衛大将という公卿になり、八回も後白河と会談するのですが、結局征夷大将軍には任じられなかった。後白河がのらりくらりと躱(かわ)していたんです。暗愚と思われていた後白河も経験を積んでしたたかになっていたんでしょうね。苦労しましたからね。清盛に閉じ込められたり、義仲に狼藉(ろうぜき)されたり、義経に脅かされたり。

で、一一九二年に後白河が死んだあと、頼朝はやっと征夷大将軍に任命されます。

一一九五年に頼朝は再び上洛します。奈良東大寺の大仏復興供養に参列するためというのですが、本当は自分の子どもの大姫を入内させたかったようです。つまり、清盛と同じことをやろうとしたのです。警察権は重盛がもらったものと同じだし、娘を入内させたがるのも同じ。大姫は木曾義仲の嫡男の義高と婚約していましたが、義仲が討たれた後、鎌倉に人質の形で滞在していた義高も討たれたことで心を病み、二十歳で早世しました。

だから鎌倉幕府は、平氏政権に次ぐ第二の武家政権というのが妥当で、平清盛がつくったグランドデザインを頼朝は後から忠実になぞっているように見えますね。

身内殺し

この間には、富士の巻狩りでの曾我兄弟の仇討の際に頼朝が死んだという噂が流れて、弟の源範頼が北条政子に「後にはそれがしが控えているので心配なく」といったとか、いわないとかいうのを口実に、頼朝は範頼を殺しています。「こいつは俺の後を狙っているんやないか」と。

頼朝は、甲斐源氏を倒し、従兄弟の木曾義仲を殺し、叔父の行家や弟の義経、範頼を殺して権力を握ったわけで、単なる「源平の争い」ではない。これは複雑な内乱だったという理解で、治承・寿永の内乱という言葉を使っているのです。さらに頼朝の子ども二人も将軍にはなったものの、後に殺されていますので、頼朝の近辺は血に塗れています。『平家物語』には僕も子どもの頃、夢中になりました。鵯越とか逆櫓とか、絵になる名場面の連続ですよね。でもその多くは脚色だったようです。史書としては『吾妻鏡』がありますが、これは鎌倉幕府の公式記録のようなもので、後に幕府の実権を握った北条氏を持ち上げているので、あまりあてにはならないといわれています。

頼朝は一一九九年に死去しますが、彼が残した鎌倉幕府は、さあどう動いていくのでしょう。

⑯ 今様と白拍子

ここで今様と白拍子の話をしたいと思います。

今様というのは平安中期から盛んになった、当時の流行歌です。庶民の間で大流行し、貴族も宮廷では和歌などをもっともらしく交わしながら、プライベートでは巷の流行歌に大変興味を持っていました。史料に今様が初めて出てくるのは清少納言の『枕草子』だそうです。長くて特徴のあるメロディです、と彼女は評しています。

そして平安末期、最先端の歌って踊れるアイドルというのが、男装した女性の芸能者──白拍子でした。

中世のカラオケとアイドル

遊び好きで知られた後白河院は、この当時の流行歌である今様にも当然ながら夢中になりました。『梁塵秘抄』という本に自分でこう記しています。

「十歳あまりのときから今にいたるまで、今様を好んで練習を怠けることはなかった。(略)声が出なくなることは、三回あった。(略)喉が腫れて湯水を飲むにも苦労したが、とにかく何とか歌い続けた」(植木朝子訳)

今でいえばさしずめカラオケの歌いすぎです。『梁塵秘抄』は後白河院が集めた今様をまとめた本で、とても面白い。

「遊びをせんとや生まれけむ　戯れせんとや生まれけん　遊ぶ子どもの声聞けば　わが身さへこそ揺るがるれ」

という歌が有名ですね。明治末期に再発見されてから、北原白秋、芥川龍之介を始めとして、多くの歌人、詩人、作家に影響を与えています。

「恋ひ恋ひて　たまさかに逢ひて寝たる夜の夢は　いかが見る　さしさしきしと抱くとこそ見れ」

なんていうのもある。藤原俊成の娘、健御前（けんごぜん）（建春門院）の日記『たまきはる』には、後白河院と建春門院が若という白拍子を呼び遊んだと書いてありますが、そのときはこんな今様を歌ったのかなあ、と想像したくなります。

白拍子といえば、『平家物語』の祇王（ぎおう）の話がよく知られています。

祇王は今様が上手くて平清盛に愛された白拍子ですが、仏御前という白拍子に寵愛が移り、追い出されてしまいます。尼になって嵯峨に庵を結んでいると、仏御前が尼姿で現われ、「この世は儚い。権力者の愛人になっても楽しくないで」と語って一緒に読経に明け暮れたという話ですね。祇王たちが籠った寺は今でも祇王寺として京都に残っています。

この白拍子、もともとの起源としては、巫女の舞があったとされています。

一番わかりやすいのがアメノウズメですね。『古事記』で、アマテラスが天の岩屋に隠れたときにアメノウズメという巫女が裸踊りをやって、アマテラスが誘い出されたという話です。

神懸かりするような大事なときには、古代から女装や男装を行なう伝統があったといわれています。

女装で思い浮かぶのがヤマトタケルです。クマソを女装して倒しているでしょう。あるいは伝承では神功皇后が朝鮮半島に攻めて行くときに男装していますね。

遊女と傀儡

こうした巫女舞が諸国を回る芸能者や遊女に伝えられて、そこから白拍子が出たのではないかと以前は漠然と考えられてきたのですが、最近では精緻な議論が展開されています。

服藤早苗さんの『古代・中世の芸能と買売春』によると、文献上は八九八年の、宇多上皇が狩猟遊びに行ったときの記録『競狩記（くらべかりき）』に初めて遊女という言葉が出てくる。平安京外の赤目御厩（あかめみうまや）というところで宴会をしたとき、「遊女数人、入り来たりて座に在り」、好風朝臣という官人が「その懐を探り、その口を吮（す）い」と書いてあります。遊女は江口、神崎（大阪市東淀川区）などの水運の要所を拠点にして芸や身体を売っていたようです。

それから大江匡房が十二世紀の初めに書いた『傀儡子記（くぐつき）』には、傀儡子という、狩猟を営み、遊牧民のように移動する芸能集団があったことが描かれています。

この遊女や傀儡（くぐつ）の女たちが、今様を上手に歌い、それぞれに独特な歌い方を伝承していたようです。

美濃の青墓宿（あおはかのしゅく）というところには今様を歌う傀儡が多かったらしく、後白河院が生涯の師として招いたのも、青墓の乙前（おとまえ）という傀儡でした。乙前は七十歳を過ぎてから招かれたといいますから、これは純粋に今様の先生だったのでしょうね。

そして、歌だけではなく、舞をする芸能者として白拍子が登場します。『平家物語』を前提として、『徒然草』では、保元・平治の乱の主人公・（藤原）信西入道が、女性を男装させて踊らせたのが始まりだと記しています。

「第二二五段　多久資（おおのひさすけ）が申したことには、通憲入道（信西）が、舞の型のうちで面白い節々を選び集め、磯禅師（いそのぜんじ）という女に教えて舞わせた。白い水干（すいかん）を着せ、鞘巻（さやまき）を腰に差させて、烏帽子を深く被ったので、男舞と言った。禅師の娘で、静といった女が、この芸能を継承した。これが白拍子の起源である。仏や神の由来や縁起を唱った。その後、源光行が多くの詞章を作った。後鳥羽院の御作品もあり、亀菊にそれをお教えになったということである」（小川剛生訳）

ここに静御前の名前が出てきます。源義経の愛妾ですね。追討された義経とはぐれた静御前は、頼朝方によって鎌倉へ連れてこられます。そしてむりやり頼朝と北条政子の前で舞曲を演じさせられるんです。

「よし野山　みねのしら雪　ふみ分て　いりにし人の　あとぞこひしき」「しづやしづ

しづのをだまき　くり返し　昔を今に　なすよしもがな」と歌ったので、頼朝が「俺の前で反逆者の義経を慕う曲を歌うとは、不届きな奴や」と激怒したのに対して、妻の北条政子が「私があなたを思う気持ちも静と同じやで」とかばったという話が有名ですね。
　静御前は赤ちゃんを身ごもっていましたが、頼朝は「女子ならば生かすが、男子なら殺す」と決めていたようです、生まれた子どもは男子だったので由比ガ浜に沈められたと伝わります。

静御前のエピソードは本当か

　静御前はかわいそうやな、って思いますよね。ところが、この静御前の有名なエピソードは、同時代の公卿の日記などの史料のどこにも現われず、『吾妻鏡』に書いてあるだけです。『吾妻鏡』は史書とはいえ、幕府の実権を握った北条氏を顕彰するための本なので、この静御前の物語は「北条政子はこんなに立派な人やったで」と示すために脚色された可能性があるのです。『平家物語』や『義経記』に出てくる静御前の話は全部『吾妻鏡』がベースになった創作です。だからこの有名な物語はかなり信憑性が低いのです。

　それにしても、白拍子が異性の恰好をして踊るというのは、面白かったでしょうね。異性による女装や男装はアメノウズメから始まって、白拍子で一つのピークを迎え、今も歌舞伎の女形とか宝塚の男装に脈々と生きていると思うのです。

そうか、白拍子って後白河院にとっての宝塚だったんだ、今の時代でもタカラジェンヌをガールフレンドにしている権力者がいるかもわからんな、などと考えたら理解しやすいんじゃないでしょうか。

性を倒錯することである種の芸能が成り立つというのは昔も今も同じです。坂東玉三郎は現代のヤマトタケルだね、と考えたら面白いですよね。

⑰鎌倉幕府――頼朝から北条氏へ

当たり前かもしれませんが、鎌倉時代の人は頼朝政権を「鎌倉幕府」とは呼びませんでした。「鎌倉幕府」という名称が使われるようになるのは、実は明治二十年代以降のことです。では何と呼んでいたのか。文献を見ると「関東」と呼んでいたようです。

財務省に英語名「Ministry of Finance（MOF）」とつけるように、かつては行政機関に中国名（唐名）をつける慣わしがありました。武官トップである「近衛大将」のオフィスが「幕府」（中国では古くから将軍の居所を幕府と呼んでいました）。右近衛大将になった源頼朝の居館が幕府と呼ばれるようになり、征夷大将軍になってからもその名称が続きました。ですから初めは征夷大将軍と、幕府はセットで考えられていなかったんですね。

さてその「関東」で頼朝が一一九九年に没します。落馬が原因とも、糖尿病のせいともいわれています。

次々と殺される有力者

そこで嫡男の源頼家が十七歳で家督を継ぎます。ただし征夷大将軍になるのは三年後のことです。

頼家は専横の振る舞いが目立ち（家人の愛妾を略奪したという話もあります）、「これではせっかくつくった政権がおかしくなるで」ということで、三カ月も経たないうちに有力御家人の合議制ができあがります。北条時政、北条義時、三浦義澄、八田知家、和田義盛、比企能員、安達盛長、足立遠元、梶原景時、大江広元、三善康信、中原親能、二階堂行政というメンバーで、取り仕切っていたのが北条時政と義時の親子です。

十三人の中に、北条氏だけが二人入っている。頼朝の妻だった北条政子を中心に、北条氏の権力がこのころから形成されていくんですね。さらに注目すべきはこの十三人の中に源氏は一人も入っていないということです。坂東平氏や藤原秀郷流（秀郷を祖とする家系）、京都から下向した官人の集合体ですから、鎌倉幕府の実態は第二平氏政権といってもいいですね。

それから間もなく、権勢をふるっていた侍所の所司（次官）、梶原景時が、「頼家の弟（後の実朝）を将軍にする陰謀がある」と頼家に通報したことをきっかけに、御家人たちによって幕府を追放され殺されます（一二〇〇年）。

次に頼家の妻の父である大豪族、比企能員が発言力を強めてくると、「比企能員の変」（一二〇三年）が起きます。頼家が比企氏と組んで北条氏を排除する動きを見せたということで、北条時政が能員を自邸に招いて殺したのです。ついでに頼家嫡子の一幡も討たれます。

嫡子も舅の後ろ盾もなくなった将軍頼家は、北条政子の命で出家させられ、伊豆修禅寺に幽閉される。

そして弟の千幡が征夷大将軍となり、後鳥羽院から実朝の名をもらいました。

時政は政所の別当（長官）になり、初代の執権になりました。翌一二〇四年には、頼家を殺してしまいます。『愚管抄』には、〈首に紐をつけ、ふぐりをとったりして殺した〉と生々しく描かれています。

さらに時政は、一二〇五年に畠山重忠を殺しています。これは時政の後妻、牧の方が、娘の婿である京都守護、平賀朝雅（ともまさ）と重忠の息子とが酒宴で争ったのを恨み、時政に讒訴（ざんそ）したためだといわれています。剛勇で知られた重忠は百数十騎で幕府の大軍に立ち向かって討たれたそうです。

牧の方は強い性格の女性だったようで、同じ年、牧氏事件が起きます。時政と牧の方が、実朝を暗殺して前出の平賀朝雅を将軍にしようとしたんですね。

これには義時が怒りました。「親父が晩年になってつくった娘の婿に肩入れするなんて、俺をどう考えとるんや」ということで、義時と政子の姉弟が組んで、父親の時政と牧の方を伊豆に幽閉し平賀朝雅を殺します。時政は隠居、代わりに義時が政所別当、執権になりました。

一二一三年には、侍所の別当で、義時の最大の対抗勢力でもあった和田義盛を義時が挑発し、ついに鎌倉を舞台にした合戦に及んで、一族もろとも殺しています。

合戦後、義時は政所別当に加えて侍所別当も兼ね、権力を掌握します。

こうしてみてくると、鎌倉幕府は安定しているどころか、十三人衆など、頼朝時代からの重臣を北条氏が次々と葬っていく歴史ですよね。

ついに将軍暗殺

そして三代将軍実朝が暗殺されます。一二一九年一月二十七日夜、鶴岡八幡宮に参拝して、石階（いしばし）を降りるところを、頼家の遺児公暁（くぎょう）に斬りつけられたのです。公暁は「親のかたき」と叫んだそうですから、実朝が頼家を殺したと思っていたんでしょう。その背後に北条義時や三浦氏がいて操っていたという説もありますが、

荘園公領制のイメージ（鎌倉時代）

知行国（国、66カ国）

（荘園）	（公領）
本家：王家、摂関家、大寺社など	知行国主：国司の推薦権を持つ
領家：荘園の領主	受領：国司（守、介、掾、目）の中で、現地に赴任した長官。誰も赴任しない場合は派遣された目代が務めた
（本所：本家、領家のうち荘園の実効支配権を有したもの）	郡司：受領の下で郡を治める地方官。現地の有力者が任命された
預所：本所の補任を受けて在地の荘務や荘官を統括	

↑

守護：国ごとに置かれ、大犯三箇条が固有の権限

地頭：荘園公領の軍事警察、徴税等を所管。荘官や郡司に任命されるケースも多く、幕府と荘園領主、もしくは国司からの二重支配を受けていたと見ることも可能

真相はわかりません。公暁は討手によってすぐに殺されたからです。

北条政子は、後鳥羽院の皇子を将軍に迎えようとします。実は前年に政子が熊野詣の際に京都に二カ月滞在し、子どものいない実朝の跡継ぎに皇子をくださるよう後鳥羽の乳母、藤原（高倉）兼子と相談していたのです。

永井晋さんによると、

〈高倉兼子は弟の中納言高倉範光と共に後鳥羽院の側近として権勢を振るったので、北条政子が弟の義時と共に鎌倉幕府を主導したのとほとんど同じ権力掌握の構図をつくりあげていた〉（「北条政子」『悪の歴史　日本編　上』）

ということです。この女性二人を通して実朝と後鳥羽は協調して国政を運営していたので、慈円は「女人入眼（じゅげん）の日本国（女性が最終決定をする日本国）」とこの時代を表現したんですね。鎌倉時代も女性の強い時代だったのです。

けれども、この話はうまくいきませんでした。

後鳥羽の愛人に亀菊という白拍子がいました。『徒然草』の白拍子の話にも名前が出てきましたね。後鳥羽は亀菊に摂津国（大阪府）の荘園をプレゼントした。それはかつて鳥羽が美福門院得子にねだられて荘園を贈ったのと同じ構図です。

ところが亀菊がもらった荘園には地頭が置かれていたのです。それに亀菊が怒ったわけです。後鳥羽さまからもらった土地なのに、出かけていったらおじさんがいて、「どうも。私が地頭です」といってその土地を取り仕切っているので、年貢とかが十分に上がってこない。

守護、地頭の守護は今で言えば県警本部長でしょう。地頭は警察署長兼税務署長と思ったらわかりやすい。どちらもちょっと恐い存在ですよね。それをどかしてくれと亀菊はねだる。

白拍子と皇子

そこで後鳥羽は、「皇子はやるで。代わりにかわいい亀菊の荘園の地頭をクビにしてくれへんか」と鎌倉幕府に頼むわけです。

幕府にとっては守護と地頭の任命権こそが権力の源泉なので、当然拒否します。そして後鳥羽は寵姫(ちょうき)のために地頭職廃止を要求していると喧伝して、幕府御家人に後鳥羽への反感を広めました。

北条時房(義時の弟)が大軍を連れて上洛し、地頭職廃止の拒否を伝えるとともに、皇子をくれと頼みますがうまくいかず、結局、藤原頼経という、頼朝の姉妹であった坊門姫の曾孫を摂関家からもらってきて、四代将軍に据えるわけです(巻末の源氏系図2参照)。

頼経はまだ二歳でしたから、北条政子が後見して政務を代行し、「尼将軍」と呼ばれて権力の中心に座ることになります。

政子、牧の方、亀菊、兼子といった女性たちの欲望が次々と並み居る男たちを滅ぼしていったと思うと、ちょっと恐ろしくなりますね。

この後勃発することになる承久の乱も、女性が大きく動かしていくことになります。

⑱「反乱軍」が勝った承久の乱

一二二一年（承久三年）、後鳥羽院が、北条義時追討の院宣を発します。このことを強く主張したのは、前項で登場した後鳥羽の乳母、藤原兼子でした。院の寵姫亀菊所領の地頭をクビにすることなど大したことではないのに、それを頑なに拒否する義時は、院を軽んじているというわけです。

後鳥羽は精力にあふれた人で、しょっちゅう洛中洛外の寺社に出かけていました。川合康さんは、〈石清水八幡宮に参詣し、男山の急な「大坂」を腰輿（たごし）を使わず束帯姿で頂上まで歩いて登った。そこに見られるのは、体力に恵まれた若者の活動的な姿である〉（『源平の内乱と公武政権』）と評しています。

熊野詣も歴代で最も頻繁に（二十四年間に二十八回）行ない、その経費を捻出するための税徴収に対して、激しい抵抗を招いたほどでした。

『新古今和歌集』の勅撰

後鳥羽は芸能や文芸にも熱心で、和歌所を設置し、『新古今和歌集』を撰したことでも有名です。「見わたせば山もとかすむ水無瀬川夕べは秋となにおもひけん」という歌がいかにも治天の君らしい大振りの作と評されることがありますね。

後鳥羽は高倉天皇の子どもです。この血筋は優秀ですね。惜しくも高倉は早くに亡くなりましたが、後鳥羽は土御門、順徳という二人の子どもを天皇、上皇にして、孫まで天皇（仲恭）にしています。三上皇一天皇の時代です。その上に君臨していたんですからすごい人ですよね。順徳は『禁秘抄』を編纂し（一二二一年）、学問、琵琶、和歌を天皇の学ぶべきことと述べています。

かつては院を守るのは北面の武士でしたが、後鳥羽は西面の武士という新しい武士団も抱えます。関幸彦さんは『承久の乱と後鳥羽院』で、

〈後鳥羽院直属の武力である。かつての「北面」が官人・武人の両者の混成であったのに比べ、「西面」は武士のみ、しかも多くが鎌倉の在京御家人たちだった。後鳥羽にとって、鎌倉幕府の武力を京都において換骨奪胎するためのものだった〉

と指摘しています。かなり武張った面を持った治天の君ですね。

実朝が殺されたときに、大内守護（皇居警備）の源頼茂（摂津源氏、以仁王と挙兵した頼政の孫）が将軍職を狙ったとして、西面の武士が中心となって彼を誅殺しています。京方の倒幕計画がもれるのを防いだのだともいわれています。

さて一二二一年五月十四日、後鳥羽は義時追討を宣言し、まず京都守護の伊賀光季を討ちます。十五日、守護と地頭に対し発した宣旨というのは次の内容でした。

〈義時が将軍の命令と称しほしいままに諸国を裁断している。加えて、自分の力を誇示し、朝廷の威をおろそかにしている。まさしく謀反というべきだ。早く守護と地頭は院

庁に参じるべきである。国司や荘園領主はこの令に従うように〉

注意すべきは、義時の排除を主張しているのであって、幕府を倒せとはいっていないことです。守護と地頭への指令だということから見ても、幕府そのものに対抗しようとしているわけではありません。むしろ北条氏への反感をもつ御家人の武力をあてにしていたのです。

そして、義時追討の院宣を出せばみんなひれ伏すだろうと思い込んでいた。頼朝ですら、奥州合戦をやるときに院宣をくれ、院宣をくれと欲しがったわけですからね。実朝が暗殺されて源氏の血筋が絶え、幼児を将軍にして好き勝手をやっている北条氏など、院宣を出せばすぐに潰れてしまうやろ、と考えたのです。

北条政子の大演説はあったのか

実際、武士の間には動揺があったようですが、このときに北条政子が大演説をぶったということになっています。御家人を集めて、

「皆、心を一つにして承るように。これが最後の言葉である。故右大将軍（源頼朝）が朝敵を征伐し、関東を草創して以後、官位といい、俸禄といい、その恩は既に山よりも高く、海よりも深い。（その）恩に報いる思いが浅いはずはなかろう。そこに今、逆臣の讒言によって道理に背いた綸旨が下された。名を惜しむ者は、速やかに（藤原）秀康・（三浦）胤義らを討ち取り、三代にわたる将軍の遺跡を守るように。ただし院（後

鳥羽）に参りたければ、今すぐに申し出よ」（『現代語訳　吾妻鏡』）と檄を飛ばし、御家人が感動したといわれています。

でも『吾妻鏡』では、御簾の中から安達景盛にその話をして、安達が「尼将軍がこんなことを言われてまっせ」と御家人に伝えたという話になっている。直接アジテーションをしたかどうかはかなり怪しい。

さらに言えば、政子という命名は一二一八年のことです。従三位に叙されたときに父の時政から一字を取ってつけたので、それ以前の名前は不明です。頼朝は一一九九年に死んでいますから、頼朝に北条政子の名を出したら「それ誰や」と尋ねると思います。頼朝の死後、尼将軍として力を揮った政子ですが、後年北条氏を顕彰する中で、その虚像が膨れ上がっていったのだろうと思います。

その政子の演説（もしくは伝言？）には、後鳥羽院の目的が義時の排除であることから目を逸らさせ、幕府、ひいては武家全体に敵対するものであると思わせる詐術がありました。幕府の重臣が箱根で官軍を迎え撃とうと考えたのに対し、直ちに京都へ攻め上るべきだと主張したのも政子です。

ぐずぐずしていると御家人が朝廷側につきかねないと政子に急かされた北条泰時（義時の嫡子）は、僅か十八騎で京都へ向け出陣します。それを知った諸国の御家人が政子の思惑通り次々に参じ、二十日ほど後、京都に着いたときには十九万騎の大軍になっていました。

初めて朝廷に弓を引いた

院側の兵力は二万騎ほど。ひとたまりもなく破られ、後鳥羽院は隠岐、順徳院は佐渡に配流されました。土御門院は挙兵に反対していたので幕府は責任を問わなかったのですが、自ら望んで土佐（高知県）に配流されます。ただし土御門の皇子は後に後嵯峨天皇になりました。後鳥羽の孫の天皇は在位数カ月で廃されて、江戸時代まで半帝とか九条廃帝とか呼ばれていました。明治時代に仲恭天皇という名が贈られています。

そして代わりに、高倉天皇の次男、守貞親王の子どもを後堀河天皇として立てました。歴史上初めて、反乱軍が朝廷の軍を破って三上皇を島流しにし、天皇を廃したのです。だから皇国史観のもとでは北条義時は、長く逆賊として扱われていました。

承久の乱までの幕府の権限はほぼ東日本に限られていました。西日本の武士はほとんど後鳥羽院側に味方していたのです。幕府軍の京都制圧があまりに速かったので、参陣に間に合わなかった武士が多かったようです。

承久の乱の勝者、鎌倉方は、後鳥羽院や院近臣などの所領だった西日本の荘園を三千カ所ぐらい獲得して、新たに地頭を置きました。それを新補（しんぽ）地頭と呼んでいます（それ以前の地頭は本補地頭）。新補地頭には、地頭得分につき先例が不明であった場合には、新補率法により田畑十一町ごとに一町の田畑及び反当たり五升の加徴米が与えられました。こうして、東国の御家人が西日本に移住していき（西遷御家人）、承久の乱に勝利したことによって、鎌倉幕府の権限が全国に広がっていったのです。

承久の乱に勝利を収めたことで、日本全体を統治する鎌倉幕府の実体ができ上がったわけですね。それは乱の後、北条泰時が「御成敗式目」を制定することによって完成することになります。

⑲「御成敗式目」の合理的精神

一二二四年、第二代執権、北条義時が急死しました。

義時の後妻と彼女の実家、伊賀氏は、息子の北条政村を執権にし、娘婿を将軍に立てようと動きます（伊賀氏の変）。

北条政子は、先手をうって義時の嫡男、泰時を執権につけて、さらに伊賀氏が味方につけようとした有力御家人の三浦義村と談判し、流血を見ることなくことを収めました。

その政子が翌一二二五年に死ぬと、北条氏の最初の世代はいなくなりました。

連立政権と合議の時代

北条義時の死後、泰時が第三代執権になると、叔父の時房を連署にします。連署というのは執権と並んで決裁書にサインする立場で、執権のサブです。義時の時代は執権ひとりで決めていましたが、泰時は北条氏の有力者二人で連立政権を組んだのですね。

さらに泰時は一二二五年に十一人による評定衆をつくって、合議制で幕政を運営することにしました。二代将軍頼家の十三人の御家人合議制の作り替えです。十三人のうち主なメンバーは北条氏が殺してしまったので、メンバーを入れ替えたというわけです。

一二三〇年に始まった鎌倉時代を通じて最大の規模といわれた寛喜（かんぎ）の大飢饉は全国に大

きな損害を与えました。この社会的混乱を背景に、泰時は一二三二年、「御成敗式目」を作ります。ここで北条政権、鎌倉幕府はほぼ形を整えたと理解していいのかもしれません。

鎌倉幕府は一一八五年にポッとできたのではなくて、天下を四分した木曾義仲、平氏、奥州藤原氏を頼朝が一つずつ倒していき、さらに北条氏が有力な御家人仲間を次々粛清することによって、権力の形を整え、承久の乱の後にその支配を西日本へ広げたわけです。

それとともに京都守護職を六波羅探題へと発展させました。朝廷との連絡や監視だけではなく、西日本に広がった御家人たちの面倒を見る必要が出てきたわけです。何故六波羅かといえば、平氏政権の館群があったところで、平氏滅亡後は広大な空き地が残っていたからですね。

鎌倉幕府が東日本を見る、六波羅探題が西日本を見て、朝廷も見張るというイメージですが、この御成敗式目の完成で鎌倉幕府の権力が全国的に確立したのだと思います。

武士の法律

御成敗式目の内容を見ると五十一条からなっていて、後に追加法が八百五十条ぐらい作られていきます。

当然のこととして、守護と地頭の役割についての条文が中心になっていますが、その他にも幕府成立以来積み重ねられてきた訴訟記録や慣習がまとめられて、成文化されています。

まず第七条で頼朝や北条政子が所領安堵したものの権利は変えられへんでと述べています（不易の法）。

「守護や地頭にしてもらったのは誰のお陰や。頼朝さまと政子さまやで」と。ですからそれ以前の権利者からの所領争いの申し立ては受けないことにすると。

第八条の知行年紀制は、時効法のことです。二十年以上持っていたらお前のものやで、と。現在管理していることを当知行といいますが、当知行が二十年以上続いていたら、本来の所有者が証明書を持って現われたとしても、もう所有権は現在の知行者に移ってるで、ということです。仮に二十年前に不正に入手していたとしても、それは問わない。現在の秩序を優先したわけですね。

悔い還し権というのは、子どもへの財産譲渡後に、子どもが親に逆らうようなことがあれば、親はその譲渡を取り消すことができるという内容で、父権を強く認めたものです。

このように御成敗式目は現実的な考えが強く、女性の権利や百姓の権利まで認めているので、なかなか合理的でした。

女性の権利とは何かといえば、まずもって、女性の財産相続が当たり前のこととされている点があげられます。子どものいない女性が養子（女人養子）を迎えて母系で財産が相続されていくことも許容されていました。加えて、夫が悪さして捕まっても女性は捕まらへんで、女性の所有地まで没収したりはできへんで、という規定もありました。夫と妻は別人格だということを認めていたのです。

百姓一揆と人身売買

それから百姓の逃散の権利というのがありました。百姓がどこかへ逃げていったとしても、残っているものを勝手に取ったらあかんでと。

なんでこんなことを認めたのかといえば、百姓の力が強くなってきたことの反映だと思うのです。

十一世紀の中ごろには、「住人等解（解は下から上の者へ送る書類のことです）」といって、荘園などに住んでいる人が連名で解という文書を出して、「こんな無茶な税金の取立ては困りまっせ」などと訴えていました。

それが十二世紀後半になると、「百姓等申状」と表現が変わるのです。いろんな人が「こんな滅茶やられたらうちら生きていけませんわ」と主張するようになる。

この百姓の結合のことを一味と呼びます。「一味起請」などの表現が出てくる。今でも使われる「あの一味」というのはここに源をもちます。村落の鎮守の神社を通じての結びつき（宮座）が、神前で水をくみかわして（一味神水）さらに強固になり、地頭に対抗するようになっていったのです。

また百姓一揆も起こりますが、一揆は、「揆を一にする」という言葉なので、ある目的のために結合した人々やその行動のことであって、直ちに武装蜂起を意味するわけではありません。百姓一揆というと鍬や鎌をもって押し掛けるイメージがありますが、もともとはそうじゃないんですね。

こういう流動的な社会の実情があったので、幕府もその権利を追認せざるをえなかったんだと思います。

また、新たな人身売買を禁止する一方で現状の奴婢を認める規定もあって驚かされます。

しかしこれは飢饉が相次ぎ、ギリギリの生存のためにはやむを得ないという事情もあったようです。

高島正憲さんの『経済成長の日本史』という大変興味深い本には、こう記されています。

〈日本を含む東アジア地域は9世紀から12世紀にかけて気温が低下していく時代であった（略）、とくに鎌倉時代には大小の飢饉が頻発していた。（略）疫病の流行による経済成長への下方圧力は存在していた〉

だからこれも泰時の現実的な精神の表われと考えていいかもしれません。

最後に、御成敗式目と、朝廷の定めた律令と格式など他の法令との関係はどうなるのかというと、朝廷は律令と格式でやっている。幕府は御成敗式目でやっていて、これは共存しているわけです。また寺社は東大寺の定めなどでやっているので、御成敗式目が日本全国の法律ということにはならない。

御成敗式目は武士の法体系として、律令など他の法体系とお互いに補完しあっているわけです。因みにこの御成敗式目の効力は、朝廷の律令や格式と同様に、明治まで続くことになります。

中世はこういったいろんな権力が併存していた権門体制の時代であると考えたほうがいいと思います。

さて有力御家人を粛清し、承久の乱にも勝利、合議制と成文法で幕府の基盤を確立した北条氏でしたが、その基盤は別の力によって崩れつつありました。次章でみていきましょう。

第4章

モンゴル戦争と悪党

⑳ 鎌倉幕府を脅かすニューパワー

北条泰時が御成敗式目を制定（一二三二年）して盤石の体制を築いた鎌倉幕府でしたが、次第に得宗（とくそう）と呼ばれる北条氏嫡流家の専制政治へと変質していきます。

一方で日本の社会には、いままでにない新しい力が生まれてきていました。お金です。貨幣経済（マネーエコノミー）がわが国に初めて浸透してきたのです。

まずは北条氏の権力の動向からみていきましょう。

得宗の専制化

一二四六年に「宮騒動」が起こります。三代で源氏の将軍が絶え、都から迎えられた四代将軍の九条頼経は、五代目を子どもの頼嗣（六歳）に譲ったのですが、自分は前将軍として上皇のような形で鎌倉に残っていました。そこに泰時の甥の名越（なごえ）光時がくっつきます。この二人が就任したばかりの執権時頼（泰時の孫）の政権を転覆させようと試みますが、時頼の果断な処置で、頼経、光時が追放されたという騒動です。

この時、時頼の家で「寄合」が開かれています。自分の家臣（御内人（みうちびと））を集めて会議を行なったわけですが、これは鎌倉幕府の評定など公的な合議機関とは関係がありません。これが得宗専制の芽生えだと思います。ちなみに得宗とは、義時の法号に由来すると考えられています。

翌年に起こった宝治合戦では、有力な御家人だった三浦泰村一族を全滅させてしまう。これで時頼の権力はさらに強くなります。一二四九年には御家人の領地裁判の迅速化と公正さをはかるために評定衆の下に引付衆が置かれました。

次いで陰謀を企んだかどで将軍九条頼嗣を追放し、後嵯峨上皇の皇子を一二五二年に六代将軍として迎えます。そこから宮将軍という、皇室から招いた将軍が続くことになります（巻末の王家系図2参照）。

時頼は在位十年ほどで一二五六年に執権から引退します。嫡子の時宗はまだ幼く、執権は北条一族の赤橋長時に譲りますが、結局六三年に死ぬまで第一人者であり続けます。

それまでは執権が権力者でした。時政も義時も泰時もそうでした。ところが時頼からは、執権の職を他の者に譲っても、得宗家の家長が権力者であり続けるようになります。これを得宗専制と呼んでいます。

さて時頼の死からまもない一二六八年、モンゴルから「つきあおうぜ」と書かれた国書が日本の朝廷にもたらされました。

御家人と御内人の殺し合い

対応に苦慮する朝廷に当初は「そんなもん放っておいたらええで」と突き放していた幕府ですが、度々国書が来ると、「ひょっとしたら攻めてくるかもわからん」と、異国警固番役を定めて防御を固めます。

そこにモンゴルが一二七四年に襲来してきます。これはモンゴルにとっては偵察のようなもので、ちょっと戦闘してすぐに帰っていった。

次が一二八一年の襲来になります。このモンゴル戦争のことはまた後で詳しく話します。

結局日本はなんとかモンゴルの襲来を退けるのですが、これは大変な危機でした。「合議なんかしている暇はないで、スピードある判断が大事や」と時の執権北条時宗が考え、「寄合」で御内人との相談によって物事を決めるようになります。この御内人の大将（内管領(ないかんれい)）が平頼綱という人です。

一方、当時の有力な御家人が安達泰盛でした。時宗の嫡子、貞時の外戚にもあたり信を得て力をふるっていました。

一二八四年に時宗が急死すると、安達泰盛が弘安徳政という改革を始め、モンゴル襲来の後始末を一所懸命やるのです。例えば「モンゴルは帰ってください」と祈禱してくれた寺社が金に困って所領を売っていたので、それを元に戻してやるとか。

しかし、大番頭の平頼綱は、「本家のボン（貞時）がまだ若いのにつけこんで、御家人が出しゃばっている、こいつは殺さんとあかん」と、一二八五年、鎌倉で突如安達泰盛を襲って自害に追い込むと、全国各地で泰盛派の武士を殲滅(せんめつ)してしまうんですね（霜月騒動）。

今でいえば、前首相の秘書が国会の議長を殺すような話です。議長まで殺されるのだから、平頼綱の権限はすごく大きくなるわけです。

そうなると、今度は執権の貞時が面白くない。「お父さんの大番頭で俺の家来なのに、俺よりも出しゃばってるのはどういうことや」ということになって、一二九三年、鎌倉が大地震に襲われて建長寺が全焼、二万人の死者を出した混乱がやまぬうちに、貞時の軍勢が頼綱の屋敷を攻め、頼綱は炎の中で自害します（平禅門（へいぜんもん）の乱）。

この頃には、守護の半数は北条一門が占めるという、平清盛のクーデターの後で平氏が全国の半分ほど知行国を取ったのと似た状況になっていました。得宗専制のピークです。

貨幣経済の浸透

こうして北条氏の得宗専制が徹底されていく中で、一二九七年に貞時が「永仁の徳政令」を出します。

売ったり質に入れたりで土地を失った御家人たちに対して、「これまでの土地の取引はチャラにして、元の所有者に戻すんやで」と宣言して救おうとしたのです。これが初の「徳政令」といわれています。徳政は一般には仁政の意味ですが、中世の徳政の本質は「ものの戻り（復古、復活）」で、為政者の交代などを契機として土地本来の持ち主との強固な関係を一気に復活させようとしたものだと考えられています。

その三十年前の一二六七年、執権北条政村の時代に、所領売買の禁止令が初めて出されています。

鎌倉幕府はこれまで同様、土地本位制で、荘園公領制の中に守護と地頭を置くことによって、自分たちの政権を維持していました。

だから、土地を売ったらあかんという禁止令をこれ以降、何回も出しています。でも、御家人はついつい自分の土地を売ってしまいます。

禁止しているのに、なんで土地が取引されるのかといえば、一つには相続の問題がありました。

この時代は全員均等相続でした。そうすると、子どもが大勢いたら相続の度に土地が小さくなっていきます。土地が小さければそれだけでは食べられず困窮するので、質に入れたり売ったりするようになる。そういうことで、土地を基盤とした御家人が弱っていきます。そこで一期分（いちごぶん）といって、対象者の生涯に限定して所領が与えられ、死後には

博多湾の生の松原に残る「元寇防塁跡」

物領に返還される相続方法が生まれてきました。

一方で中国から宋銭がどんどん入ってきて、日本でも初めて貨幣経済の時代が生まれつつありました。

貨幣経済が社会に浸透すると、土地はないけれど金持ちになる人がたくさん出てくるわけです。そして土地を買ったり売ったりする。

そういう貨幣経済をベースに生きている人々（有徳人や悪党など）を、鎌倉幕府はうまく統治できない。

所領売買の禁止令が何回も出されているということは、貨幣経済が行き渡って、もう土地をベースにした荘園公領制がもたなくなってきたということです。それを「徳政令」で強制的に戻したりしても、大きな流れを食い止めることはできません。

またモンゴル襲来で御家人は多大な出費を余儀なくされたけれども、褒賞がそれほど出ない。だって、外国から攻めてきたのを追い返しただけですから、恩賞として与える新たな土地はないわけです。

そういう事情も確かにあるので、かつてはモンゴルの襲来で疲弊して鎌倉幕府が滅んだという説が一般的でした。しかしそれよりも、永仁の徳政令が象徴するように、荘園公領制がもたなくなって貨幣経済が行き渡ったのに、幕府はあくまで土地本位制にしがみついていたのでミスマッチが生じて統治が上手くいかなくなったというのが、北条氏が滅んだ一番の原因じゃないかと思います。

次項ではその遠因になったモンゴル世界帝国の出現をみてみましょう。

㉑ 世界を揺るがしたモンゴル帝国

鎌倉三代将軍実朝の下で北条氏が力をつけている頃、大陸ではやがて日本はおろか世界を揺るがす動きが始まっていました。

モンゴル世界帝国の登場です。

一二〇六年、モンゴルの遊牧民の部族長テムジンが、クリルタイという部族集団の会議でカアン（皇帝）に推され、チンギス・カアンとなりました（チンギス自身はチンギス・カンと自称しましたが、実質的には皇帝であったので、本書ではカアンと呼ぶことにします）。

それからわずか二十年あまりで、チンギスは中国北部から現在のウズベキスタンあたりにまで広がる大帝国を作り上げます。

ちょうど鎌倉幕府が成立して（一一八五年）から御成敗式目の制定（一二三二年）へと進む頃です。

一二二七年にチンギス・カアンが遠征中に没すると、二代目カアンに三男のウゲデイ（オゴタイ）が選ばれます。ウゲデイはまず華北を支配していた金を滅ぼし、カラコルムに首都を建設し、一族の有力者を司令官にして各地への遠征をはじめます。西方ではポーランド、ハンガリーまで到達し大成功を収めました。

しかしウゲデイが死去したため、西方遠征軍の司令官バトゥ（チンギス・カアンの長男ジョチの子）は、後継者選びに参加するため軍を返して帰国の途につきます。この一二四二年の「モンゴルの第一次大旋回」によってヨーロッパは命拾いしたかたちです。

ただしカラコルムではウゲデイの妃が画策して自分の息子グユクを三代目として選ぼうとしていたので、グユクと仲の悪かったバトゥはロシアに留まりジョチ・ウルス（キプチャクハン国）を建てます。ウルスはモンゴル語で「国」の意味です。

その後グユクが急死したため、バトゥの支持を得たチンギス・カアンの末子トルイの子モンケが、一二五一年に第四代カアンに就任しました。

クビライの登場

このモンケの弟が、後に日本を攻めることになるクビライです。

面白いのは、クビライの母親がキリスト教徒だったことです。ローマ帝国で異端とされたネストリウス派がペルシャ、中央アジア、モンゴルに広がり、中国では景教と呼ばれました。この信者だった母親がモンケ、クビライ、フレグ、アリクブケという優秀な子どもを産んだのです。

モンケはクビライに南宋、フレグにはイランからエジプトに向けて遠征を命じました。

しかしクビライのスローペースな行軍に苛立ち、クビライを更迭、モンケ自ら南宋征服の陣頭指揮を取るのですが、熱病にかかって重慶近郊で死去してしまいます。

このときシリアからエジプトに攻め入る寸前だったフレグは「カアンになるチャンスや」と軍を返します。これが一二六〇年の「モンゴルの第二次大旋回」で、北アフリカやヨーロッパの人々がまた命拾いをしました。

同年、モンゴルではクビライとアリクブケとがカアンの地位を争うことになりました。

これを知ったフレグは帰国を諦め、ペルシャにフレグ・ウルス（イルハン国）を建てて自立します。

大カアンの称号を捨てる

クビライは争うこと四年でアリクブケに勝利をおさめますが、全世界に広がるモンゴル帝国の大カアンに就任するにはクリルタイの開催が必要です。一度大クリルタイを企図しますが、相次ぐ有力者の死で挫折。そこで、中国周辺を支配するだけで我慢しようと決断します。ここがクビライの賢明なところですね。

クビライはかつて金の都のあった地に大都（後の北京）の建設を開始し、一二七一年に国号を「大元ウルス」と改めます。大都は内陸でありながら海とつながるように設計され、都市の中に港があり、それが運河で外港の天津と結ばれていました。海上交易を強く意識した都でした。

一二七六年、南宋の首都臨安がモンゴル軍の手に落ち（無血開城）、南宋は滅びました。

その後の対処策に、クビライの政治力が光ります。南宋の官僚や軍人は無傷で残っています。彼らは「放っておけば、いつ反乱を起こすかわからん」状態です。

そこで、まず大出版事業をはじめ、南宋の官僚をその業務につけました。ここから、百科事典『事林広記』など膨大な漢籍が世に出ることになります。

軍人のほうが、反乱の火種としてはもっと厄介です。

アメリカがイラクのサダム・フセイン政権を打倒した後、直ちにイラク軍を解体したので、失業した軍人たちがＩＳの兵士に転じたことが想起されますね。

クビライはどうしたかというと、南宋の軍人と軍船を主力として周辺アジア諸国との戦争を始めたのです。ビルマ（ミャンマー）のパガン朝を滅亡させ、ベトナムやジャワ島にも侵攻しました。

「攻略に成功したら、その土地に残って植民してくれればええで。失敗したらそれはそれで結構なことやで」ということだったのでしょう。

日本を攻めた第二次モンゴル戦争（弘安の役。一二八一年）もその一環であったと思われます。

その傍証の一つとして、南宋時代には及ばないものの日本と戦っていても両国の貿易量がむしろ増えていたことがあげられます。一三二五年に派遣された建長寺船などが好例です。

服部英雄さんの『蒙古襲来』に「文永・弘安間の日元関係は交戦状態であったはずなのに、クビライは交易に積極的であった。ふしぎなほどに商船の行き来があって、平和時と何ら変わらなかった」とある通りです。

「銀の大循環」が幕府を追い詰めた

実はモンゴル戦争以上に鎌倉幕府の打撃になったと思われるのが、クビライの「銀の大循環」という経済政策でした。世界中から朝貢にやってくる王侯貴族に対し、クビライは「銀錠」という銀塊を与えます。

銀は当時の世界通貨でした。例えば大元ウルスを訪問したフレグ・ウルスの貴族は、クビライから貰った銀錠をイスラーム商人に貸し出して利息を得ます。イスラーム商人は中国の茶、絹、陶磁器などを買い付けてその銀で決済する。結局銀は中国に還流してきます。その銀を税金で吸い上げ、再び朝貢者に与える。これが銀の大循環です。

クビライ政権はまた、塩と交換ができる「塩引」という高額紙幣や、巷での商取引用の小額紙幣（交鈔）を発行しました。

この紙幣と銀によってマネーフローはほとんどまかなわれました。

すると、銅貨である宋銭が大量に余ります。これを鋳つぶすのも大変なので、周辺国の朝鮮、日本、ベトナムなどに輸出したのですね。

前項で見たように鎌倉時代の日本は土地本位制ですから、キャッシュは不要でした。しかし宋銭が大量に流入してきて貨幣経済が始まると、貨幣を使って一旗揚げようとする動きが起こります。

いわばベンチャー企業家ですね。彼らは「有徳人」や「悪党」などと呼ばれました。既成の支配層からすれば、土地本位制社会の常道から外れてお金持ちとなっていくので、「前世の徳でもあったのとちゃうか」と思ったり、「成金の怪(け)しからん奴らや」と思ったりしたのでしょう。

ライブドア事件でのホリエモンの扱われ方が分かりやすいかもしれません。

この新しい力の波が、モンゴルとの戦いでは倒れなかった鎌倉幕府をやがて倒すことになるわけで、これは「銀の大循環」の巡り巡った結果ですよね。そのモンゴルとの戦いについて次項でみていきましょう。

㉒ モンゴル戦争で幕府の権力がピークに

「モンゴルの襲来によって疲弊したのが、鎌倉幕府衰退の原因」と、かつては考えられていました。しかし実際はその逆で、モンゴル戦争によって幕府は強大化したというのが、現在の解釈です。それはいったいどういうことでしょうか。

野蛮な国・日本

あまり知られていませんが、クビライは日本を攻める前、「つきあおうぜ」と国書を六回も届けようとしています。おそらく、当時は鉄砲が普及しつつあったので、火薬の材料となる硫黄に興味があったのでしょう。一回目（一二六六年）は日本にたどり着きませんでしたが、二回目の使節は一二六八年に太宰府に着きます。

当時の鎌倉幕府は、警察権と軍事権は持っていますが、政治や外交などは朝廷に任せるという構えでした。

ところが朝廷は、承久の乱で幕府にボコボコにされたばかり。内容も国防に関わることなので、「幕府の意見を聞きたい」と伺いを立てるわけです。でも聞かれても、もっぱら御家人（武士）たちの支配にしか興味がない幕府は「そんなもんほっといたらええ」と答えるだけでした。

これは幕府に外交のセンスがなかったというより、管轄が違うということです。警視庁に外交方針を尋ねても、答えは返ってきませんよね。だから、返書は一回も出していません。

クビライの使者として日本に一年以上滞在した趙良弼(ちょうりょうひつ)という人が、日本についてクビライに「狼勇にして殺をこのみ、父子の親、上下の礼あるを知らず」、土地も貧しく征服する価値もないと報告しています。

返事をしない日本に腹を立てたせいもあるのでしょうが、当時の世界帝国モンゴルの官僚には、辺境の日本が野蛮の地に見えたのでしょう。

一二七一年、「三別抄(さんべつしょう)の牒状」というのが日本に届きます。

三別抄とは高麗のいわば近衛軍です。これがモンゴルの侵略に最後まで抵抗していました。「モンゴルはやがて日本にも攻めこむから、連帯して戦おう」という趣旨で、食糧と援軍を求める手紙を日本に出したのです。

日本はこの手紙も無視しますが、この時点でのモンゴルと高麗との関係がよく理解できていなかった節もあります。それでも幕府は、何となくやばい空気は感じて「異国警固番役」という制度を作り、御家人を動員して西日本を輪番で警護させます。

一二七三年に三別抄は敗北して、高麗は完全にモンゴルの属国となりました。モンゴルが三別抄の掃討を優先したために、日本襲来が遅れたのですね。日本攻撃用の船を三別抄が焼いたこともありました。

やがて本当にモンゴル軍が襲来しました。一二七四年のことです（文永の役）。モンゴルと高麗の連合軍はその数約三万三千と史書で伝わってきました。しかし服部英雄さんの考証では、将兵九千人、船頭・水手（かこ）を合わせて計一万六千五百人程度の軍勢でした。また従来は、戦闘はたった一日、日本軍は「てつはう（鉄砲）」など火薬を用いるモンゴル軍に圧倒されて震え上がったけれど、夜が明けたらモンゴル船がいなくなっていたといわれてきましたが、実際には十日間ぐらいは戦闘があったようです。このときのモンゴル軍はたぶん小手調べで、すぐに軍を返しています。

幕府は仰天しました。「本当に来よったな、これはなめたらあかんで」ということで、石築地（いしついじ）という防塁を沿岸に築きます。

海に面して垂直に石を積み上げ、陸地側は緩傾斜で乗馬のまま登って敵船を見下ろして矢を射る構造になっていました。この防塁が博多湾東端から今津に至るまで約二〇キロも続いたといわれます。

全国政権になった幕府

モンゴルとの戦闘や防塁構築において、幕府は御家人だけでなく本所一円地住人も動員しました。

本所一円地住人というのは、幕府の支配下にない、たとえば王家や大貴族、寺社の荘園の武士たちのことです。非御家人とも呼ばれます。

これを幕府が動員するのは、朝廷や寺社の権力への挑戦になります。執権北条時宗にとって、これは生涯で最も勇気のいる決断だったろう、といわれるほどの重大事でした。

また、一二七五年には全国の一宮と国分寺に異国降伏祈禱を命じています。

当時は、人間も戦うけれど、異国の神仏と日本の神仏も戦うと考えていたわけですね。祈禱には実際に神仏を奮い立たせる力があると信じられていました。これによって寺社をも幕府が動員したことになります。

支配下にない武士を動員し、寺社にも指令する。簡単に言えば全国に戒厳令を布いた幕府は、御家人たちの政権という性格から脱皮して強大化し、本当の全国政権になっていく。

三権門（朝廷、幕府、寺社）の体制から、幕府の権力が他の二つより抜きん出た立場となったわけですね。

クビライは、この一度目の襲来の半年後に第七回の使節を日本へ送り、続いて第八回の使節も送ってきています。モンゴル戦争後の遣使を含めれば大元ウルスは日本に十二回も使節を送っています。しかし、日本がこれに応えることはありませんでした。モンゴルに服属していた高麗との関係も途絶えました。高麗が使節を送ってくるのは半世紀以上経った一三六六年、前期倭寇への対処を求めてのことでした。

はじめから日本を滅ぼすつもりだったら使節を何度も寄越す必要はないので、やはり日本と交易をしたかったのではないかと思います。

でも幕府は七回目、八回目の使節の首を斬ります。外交使節の首を斬るなんて随分乱暴ですが、幕府としては「お前ら攻めてきたばかりやないか。スパイやないか」という考えでした。

それで一二八一年、モンゴル軍が再度襲来します（弘安の役）。

朝鮮半島を発した東路軍四万人と中国慶元（寧波）を発した十万人の江南軍を合わせて十四万人のモンゴル軍が攻め寄せたと伝わります。

モンゴル軍は、石築地を避けて伊万里湾へ移動していよいよ上陸というとき、暴風雨に襲われ、壊滅してしまいました。四千艘の船が二百艘しか残らず、生還者は五分の一に過ぎなかったと伝わります。

これも服部英雄さんの研究では、暴風雨で沈んだのは江南軍の二十艘前後だったとされています。

それでもモンゴル軍が大混乱に陥ったのは事実で、そこへ日本側が猛攻撃をかけたため、撤退することになったのですね。幕府は次の侵攻に備えて一二九三年、博多に鎮西探題を置きました。

神風伝説と反本地垂迹説

この戦争で皆さんご存じの「神風伝説」が生まれました。

一二八一年の戦い（弘安の役）では台風が日本に利したのは確かなので、「日本の神様が異国の神様に勝ったんや」という形になりますね。

「日本は神国だから、守られているんや」「日本の神様が一番えらいんや」という話になっていきます。

日本の神仏習合は、たとえば阿弥陀如来とか千手観音が日本の神様に姿を変えて日本を守ってくれているのだという「本地垂迹説」が主流でした（真言宗の両部神道や天台宗の山王神道など）。ところが、ここで「反本地垂迹説」が出てきます。

「薬師如来が速玉大社の神様になったんと違うで。逆や。速玉さんが薬師如来の本体やで」と。

どう考えても日本の神様がインドや中国まで行くはずがないのですが、たまたま戦争に勝ったことによって、調子に乗ってこういうことをいう人が出てきた。伊勢の外宮の神官である度会家行（わたらいいえゆき）によって唱えられた伊勢神道です。モンゴル戦争がもたらした興味深い余波の一つです。

なお、「元寇」という言葉は、江戸時代に作られた言葉で、「文永・弘安の役」も「役」という言葉の用法が適切かどうかという指摘もあり、現在では価値中立的な「モンゴル戦争」や「蒙古襲来」等の表記が歴史研究の世界では多く用いられるようになってきています。

㉓ 両統迭立は「上皇と天皇」のセット

前項で、モンゴル戦争で鎌倉幕府は衰えるどころか、かえって権力を増大させたという話をしました。

朝廷、幕府、寺社という三権門がそれぞれバランスをとっていたのが、承久の乱で幕府が朝廷にマウントポジションをとり、モンゴル戦争をきっかけに幕府が全国に戒厳令を布くことで、ほかの二権門をぶっちぎって圧倒することになりました。

そのことは、天皇の後継問題をめぐっても現われてきます。これがひいては鎌倉時代の次の室町時代の対立（南北朝）につながっていきます。

承久の乱で後鳥羽、土御門、順徳の三上皇を配流し、仲恭天皇を廃位した後、鎌倉幕府の執権北条義時と泰時は、後鳥羽の兄、守貞親王（後高倉院）の子どもの後堀河を、次いでその子の四条を天皇にします。「わしらにたてついた後鳥羽の血は徹底して外すで」という意志が現われていますよね。

ところが、四条天皇は十二歳で亡くなってしまいます。子どもはいません。そこで後鳥羽の子ではありますが、「承久の乱に反対していた土御門は、まだましや」ということで、この系統に皇位が移ってきます。

それで土御門の子、後嵯峨天皇が位を継ぎ、その次が後嵯峨の子の後深草天皇になりました。しかし後嵯峨は後深草の弟の亀山のほうが可愛かったので、後深草に早く皇位を譲らせて亀山を天皇にします。

幕府にボールを投げる

後嵯峨上皇は三十年、治天の君として君臨した後、亀山天皇の治世下の一二七二年に亡くなります。

この時代は上皇が「治天の君」として権力（公家の人事や所領争いの裁定）を握っていましたから、そのポジションを、後深草と亀山が争うことになるわけです。ところが後嵯峨は、自分の後継者選びは幕府に任せるという遺言を残していました。幕府も困って、後嵯峨の奥さんで、御深草と亀山ふたりの母の大宮院に「後嵯峨さんは、本当はどちらにしたかったんですか」と問い合わせます。大宮院が「亀山を可愛がっていましたよ」と答えたので、幕府は亀山天皇を治天の君の後継者に指名し、さしあたり天皇の親政を了承します。

これが皇位継承をめぐる大覚寺統（亀山の系統）と持明院統（後深草の系統）の争いの発端になりました。それぞれの名称は本拠となった場所からきています。

亀山は一二七四年に皇子の後宇多を天皇にして、院政を始めます。第一次モンゴル戦争の直前でした。

晴れて「治天の君」となった亀山院は、モンゴル戦争一段落後、一二八五年に「弘安(こうあん)

書札礼（しょさつれい）」を始めとする弘安礼節、すなわち朝廷での礼儀作法などをまとめた規則を定めます。同年の二十ヵ条の宣旨では、寺社領の俗人への寄付を禁じ、寺社から流失した領地は寺社に返還することが命じられました。

この当時ちょうど安達泰盛が「弘安徳政」を行なっていました。その内容は多岐にわたり、関係法が九十ヵ条以上に及ぶ長大なものですが、中でも重要なのが神領興行法で、一般に売却された主要な寺社の領地を元の通り返却させるというものです。

これはモンゴル襲来に対し祈禱で参戦したことへの恩賞という意味がありました。

亀山の宣旨と弘安徳政はシンクロしていた感じがしますね。要するに幕府（安達泰盛）は大覚寺統と上手くいっていたわけです。

両統迭立

数字は即位順。上皇と天皇がセットで考えられていました。

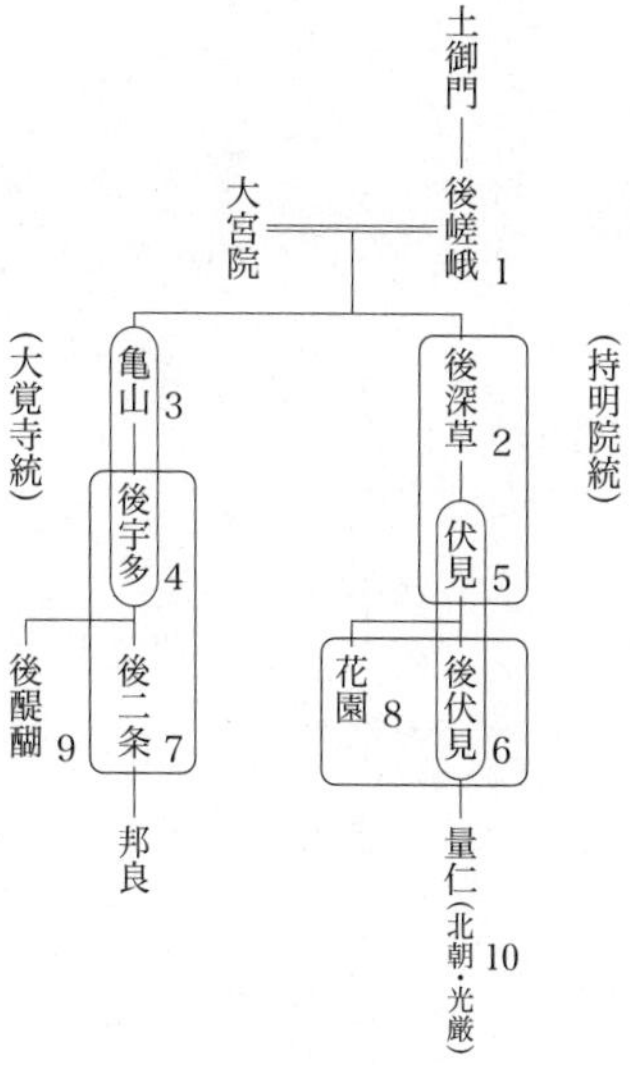

上皇と天皇のセット

ところが、この裁定を後深草が恨んでいるという情報が鎌倉に届いていました。後深草は、後白河から伝来した広大な長講堂領を受け継ぎましたから、放っておくのもヤバいのです。一方、亀山の方は後に八条院領を所有することになります。鳥羽と美福門院が娘の暲子に譲った大荘園群で、以仁王の令旨が全国の武士に行き渡る際にもでてきましたね。

一二七五年に執権時宗が「じゃあ両方で分け合ったら」と裁定して両統迭立（りょうとうてつりつ）がはじまります。

まず、後深草の皇子煕仁（ひろひと）が後宇多天皇の皇太子になります。そして安達泰盛が殺され（一二八五年）、亀山と幕府との関係にヒビが入ったのを機に、後宇多が退位すると、煕仁が次の伏見天皇になり、後深草が院政をはじめます。その次は伏見の子どもの後伏見に続きます（伏見が院政）。

両統迭立なら、一代ずつ天皇を掛け違えていきそうなのに、なんで二代連続でいくかというと、実は治天の君（上皇）と天皇をセットで考えているからなんですね。もっとシンプルに述べれば、両統迭立は天皇ではなく、治天の君のたすき掛けだったのです。

幕府が「亀山さんは十年以上治天の君を務めたからもう十分やろ。今度は後深草さんに譲ってやったらどうや」と要求して、セットで代わった。それから十五年ぐらいして、今度は「後深草さん、伏見さんももう十分やな」ということで、治天の君と天皇の交代を要求します。

それで一三〇一年、大覚寺統の後宇多院政（後二条天皇とセット）がはじまります。以前見てきたように得宗の専制が完全に固まった北条貞時が執権のときです。

全国の守護も北条氏の一族でほとんど占められていました。

通説のようにモンゴル戦争後、幕府が弱ったのではなく、この頃、幕府の力、ひいては北条家の力はピークに達したと思うのです。

ところが、大覚寺統の後二条が急死したので、次は持明院統の花園天皇（伏見、次いで後伏見が院政）になります。その在位が十年に及ぶと、一三一七年（文保元年）、鎌倉の使者が上京して、「皇太子（大覚寺統の尊治(たかはる)）が即位した際には邦良親王（大覚寺統の後二条の子）を皇太子に立て、その次の皇太子を後伏見（持明院統）の皇子量仁(かずひと)とすべし」と勧告します。

その結果、大覚寺統から二代続けて天皇が出て、その後に持明院統へ移ることになりました。

これを「文保の和談」といいます。皇位継承も幕府が左右する力関係がはっきり示されていますね。

アメリカ二大政党制と同じ

つまり両統迭立はほぼ十年周期で、アメリカの民主党政権と共和党政権の交代のように、持明院統と大覚寺統とが交代しているのがわかりますね。

そういうことが二回、三回と続くとどうなるかといえば、官僚の間にも党派が生まれてくるわけです。

アメリカでは、政権を取ったほうが高級官僚ポストを全部取ります。負けたほうの官僚たちは下野して次の選挙に備えます。

同じように鎌倉時代の朝廷でも、貴族たちの間に「わしは大覚寺統や」「わしは持明院統や」という流れが出てくるわけです。

彼らは十年ぐらい政権が続くので安心しきっていますから、好き放題やりはじめるわけです。荘園の土地争いや褒賞などもお友達に有利に裁定します。

たとえば持明院統の役人に「ここはお前の土地やで」といわれたのに、政権が大覚寺統に移ったら今度は「そんなん知らんで」と違う裁定になるわけです。党派の利益が優先されて、対立が激化していく。

そうなってくると、下々もそんな裁定意味あらへんで、と実力で解決するようになる。両統迭立は、権威に服さない悪党たちの誕生を推進していくのです。悪党って何やといえば、荘園公領制という土地本位制の秩序を乱す存在です。

そして、文保の和談に従って、一三一八年、皇太子尊治が即位します。鎌倉幕府を滅亡に導く後醍醐天皇、その人でした。

㉔ 世界最貧国・日本の夜明け

二〇一七年秋に出版された高島正憲さんの『経済成長の日本史』は、膨大なデータを積み上げて古代から近代まで約千二百年間に渡る日本の経済成長の道のりを連続してとらえようという、野心的な労作です。

ちょっと値の張る本ですが、詳細については読んでいただくとして、本書の中で挙げられた推計を基に、日本の古代から中世に至る時代を、経済面からみていきましょう。

まず、七二五年、奈良時代のはじめの方ですが、このときの日本の人口が四百五十万人ほどと推計されています。

九〇〇年が六百四十万人ぐらい。律令国家の成立による社会的安定と積極的な耕地拡大、稲作農耕の定着と気温上昇による稲栽培に適した自然環境の好転によって、人口が増加したと思われます。

一一五〇年が六百八十万人ぐらい。横這いで、そんなに増えていません。農業技術の限界、ひでりと疫病、そして律令国家の衰退がマイナス影響を与えたと見られています。

一一五〇年ごろ、京都の人口は十二万人程度でした。それから百年後の鎌倉の人口が六万人から十万人程度という規模。博多で八千人、その他の代表的な港町でも中世では五千人いくかどうかという規模でした。

ちなみに、鎌倉がなぜ大きくなったかといえば、訴訟です。幕府が土地の権利を安堵していましたから、土地関係の裁判は鎌倉でやるわけです。鎌倉時代の名作『十六夜日記』は、京都の貴族出身の阿仏尼という女性が、亡夫の遺産を自分の子どもに相続させるために継子と争い、その訴訟のためにはるばる鎌倉まで旅をした記録ですよね。他にも『海道記』や『東関紀行』などの紀行文学が生まれました。

そういう人が増えて、「在鎌倉」という言葉が生まれました。これは単に鎌倉にいるというだけではなく、有利な判決を求めて鎌倉に滞在するという意味がありました。そこから「宿」という有料宿泊施設が鎌倉に生まれてきたのです。鎌倉と東国の御家人との間を結んだのが鎌倉街道で、海港としては和賀江津と東京湾に面した外港の六浦津が重要でした。

貨幣経済が日本に入ってきた

次に一人当たりGDPはどうかといえば、一九九〇年の国際ドル（ドルを物価で調整して世界共通の物差しにしたもの）ベースで見て、平城京建設後、律令国家成立時の七三〇年が三八八ドル。

この時代はやがて『アラビアンナイト』に描かれるイスラーム帝国の最盛期で、先進国だったイラク（バグダードの繁栄は有名ですね）が九二〇ドルです。

わが国が積極的な農業・土地政策を進めた九五〇年には五九六ドルに上がっています。このときのイラクが八一〇ドルです。イラクが少し落ちているのは、この頃にはバクダードの繁栄がカイロに奪われたからですね。それでも日本はイラクより大分低い。

律令制が崩壊した後の、古代から中世への過渡期の一一五〇年が、五七二ドル。

中世前半期の一二八〇年が、五三一ドル。

一三〇〇年代にもうルネサンスを迎えているイタリアは、一六二〇ドルあります。イングランドでも七五五ドル。中国が一一二〇年で八六三ドル、一四〇〇年に一〇三二ドルです。

こうして見ると、当時の世界の主要国と比べたら、わが国の一人当たりのGDPは大体半分とか三分の一のレベルです。むしろ日本は最貧国に近かったことがわかります。奈良時代、平安時代、鎌倉時代と社会はずっと横這いだったというのが、人口や経済の大きな流れだと思います。古代・中世を通じて成長率は年平均〇・〇六パーセントという緩慢なものでした。

この日本が成長に向けて動き出すのが、平清盛が宋銭を本格的に輸入してからです。

一九七六年に韓国全羅南道新安の沖合で沈没船が発見されました（新安沈船）。調査の結果、この船は一三二三年に中国の寧波から博多に向かう途中で沈没したと推定されましたが、東福寺宛と記された陶磁器一万八千六百点とともに大量の銅銭を積んでいました。約八百万枚、二八トンにものぼります。

奈良時代から平安時代にかけて、日本でも皇朝十二銭などを作っていましたが、それは中国を真似て恰好をつけるためのもので、実際には全く流通していませんでした。流通するだけの量が作れなかったのですね。だから当時は物々交換の経済でした。

そこへ凄まじい量の銅銭が入ってきた。一艘の船で八百万枚ですからね。日本の当時の人口が約七百万人程度ですから、一艘の船だけで一人に一枚以上となるわけです。一二五〇年代の南宋の記録では、毎年四十～五十艘以上の倭船が来航して銅銭を密輸していると記している。おそらく中世の日中貿易がピークを迎えたのは、南宋の時代でしょう。

宋の時代に作られたコインの一割以上が日本に入って来たと考えられています。

宋の時代に中国の人口は一億人を超えましたが、その宋銭の一割が日本に来たとすると、人口比では中国と同等以上に宋銭が行き渡ったということですよね。鎌倉の大仏は実は宋銭を溶かした銅でできているという話もあります。

日本で初めて貨幣経済（マネーエコノミー）が起こってきたことが、鎌倉時代、特に後半期の一番の事件なのです。

一方で、十二世紀の日本では、「荘園公領制」、つまり土地本位の考え方をベースに統治が行なわれていました。朝廷や幕府、寺社がそれぞれの土地に責任者を置いて税を集める。貨幣が流通していなかったので、土地からとれるお米や麻布などを徴収していたのです。

有徳人と悪党

そこに大量のお金が入ってくると、土地ベースではなくお金で生きていこうとする人々が生まれてきます。土倉や酒屋、問丸などと呼ばれた人たちです。土倉は簡単にいえば質屋、つまり金融業者です。酒屋は、酒を造る蔵元。問丸は倉庫業、流通業者です。

特に塩、材木、薪炭、栗、大豆などの各地の特産品は、流通網の拡大によって需要が増し有力商品に成長していきます。市場も生まれました。一カ月に三回定期的に開かれた三斎市が有名ですね。現在も開催日に因んだ地名（四日市、五日市など）が残っています。三斎市は室町時代に入ると六斎市に発展していきます。このように商売で富裕になった人々は「有徳人」や「悪党」と呼ばれました。商業が盛んになると道路や港湾などインフラの整備が必要となりますが、それを担ったのが行基以来の伝統を持つ勧進上人（勧進聖）でした。また、地頭は至る所に関所を設けて関銭や津料を徴収しようとします。商工業者は座（同業者団体）を作ってそれに対抗しました。

また税も物納の代わりにお金で納めるようになります（代銭納）。御家人は領地からの上がりで生活していますが、お金が足りずに土地を担保にお金を借りて、土地を取られてしまうケースも出てきました。

鎌倉幕府は法令で「悪党」の鎮圧を命じています。幕府が安堵している御家人の領地を、幕府以外の別の力（たとえばお金や公的な権威によらない武力など）で取り上げるのが、幕府には海賊や山賊と同じ悪党に見えたということです。

一二八四年の悪党禁制法令には「御家人層まで悪党化している」と書かれています。

これには前項でみてきたように両統迭立の問題も絡んでいました。大覚寺統と持明院統とが交代するたびに、その時々の朝廷の裁定がコロコロと変わるとなると、もう幕府や朝廷の権威に頼らず自分の力で解決してやろうという流れになります。

「悪党」の代表例は楠正成や名和長年、赤松則村など、鎌倉幕府を倒す後醍醐天皇に味方した面々です。西日本に「悪党」が多いのは、経済的に進んでいた（貨幣経済が浸透していた）からです。悪党は異類異形のありさまで、後のバサラ大名の先駆者です。

幕府の権威の枠外にいる貨幣経済社会でのし上がってきた人々は、土地本位で生きてきた人々とは利害が合わなかったのです。

新しい貨幣経済社会と既存の土地経済体制との矛盾を一身に浴びて、鎌倉幕府は機能不全に陥っていったと考えるとわかりやすいと思います。

さて、この新しい時代の流れの中で、鎌倉時代の文化は生まれてきました。次項でみていきましょう。

㉕「鎌倉新仏教」か「戦国新仏教」か

鎌倉時代の文化は、かつては「優美」な平安時代の貴族文化に対する「質実剛健」な武士文化として捉えられていました。

たとえば東大寺南大門と、その門を守る金剛力士像は、かつてはどの教科書にも鎌倉時代の文化と美術の代表として紹介されていました。宋から移入されたシンプルで力強い「天竺様（大仏様）」の建築様式と、奈良の仏師、運慶らの彫った力士像のセットは、一見すると新しい「武士の時代がやってきた」と映ったのですね。

また、その時代に現われた「鎌倉新仏教」も、旧時代と画する新しい宗教として描かれるのが一般的でした。ですが、いまの学校の教科書では、新しい研究成果が次々と取り入れられています。

鎌倉新仏教の実態

僕らがかつて教わった鎌倉時代の新仏教としては、阿弥陀仏による救いを信じて専修念仏を唱えた法然の浄土宗や悪人正機の教え（煩悩の深い悪人こそ阿弥陀仏に救われる）を説いた親鸞の浄土真宗、踊念仏で有名な一遍の時宗、日蓮の日蓮宗（法華宗）、栄西の臨済宗、『典座教訓』を著した道元の曹洞宗などが挙げられます。

「南無阿弥陀仏」と唱えれば往生できるで、という浄土系の教え（他力による救い）や、「南無妙法蓮華経」と唱えるとええで、という法華宗は、簡単な修行でご利益を得られるという意味で「易行」と呼ばれます。

　また、臨済宗や曹洞宗など禅宗（自力による救い）のほうは以前に見たように、深遠な問いと答えを求めるインテリ好みの教えです。ただし、臨済宗と曹洞宗は、二〇一九年二月に教科書を発行している五社に対して、「禅宗」と一括りに表記しないよう依頼書を送っています。

　こういった新しい仏教の宗祖は、奈良や京都は旧仏教ががっちり押さえているので、鎌倉に来るわけです。

　たとえば日蓮は鎌倉の町で辻説法をして布教を行ない、当時の権力者北条時頼に「立正安国論」を書いて送りつけたりしています。

　鎌倉幕府を取り込めば自分の教団が発展するという思惑もあったのでしょう。鎌倉弁ケ谷には、浄土宗が拠点を構えていました。

　幕府と最も接近したのは臨済宗です。鎌倉には「唐様（禅宗様）」の建長寺（開基は北条時頼）や円覚寺（北条時宗）が建ち、京都にも建仁寺（源頼家）や南禅寺（亀山院）が創建されました。

　建長寺では蘭渓道隆や無学祖元といった禅僧が南宋から亡命して来て、中国語とのバイリンガルで問答を行ない多くの弟子を集めました。最新の知識を持った彼らはまた、幕府の知恵袋として重宝されました。

南宋のお坊さんたちが、なぜ日本にやってきたのかといえば、モンゴルの圧迫によって南宋が滅亡する瀬戸際にあったからです。

いまから二、三十年ぐらい前、日本の製造業を支えてきた技術者が、定年後にサムスンや中国の会社に指導員として招かれ優遇されたという話がありました。いまではそれらの企業が日本を追い抜く勢いですが、当時の南宋のお坊さんたちにも、国家の滅亡を前に、日本から魅力的な誘いがあったのかもしれません。

「海の向こうの日本という田舎の国が、来てくれたら大事にするでと。そういえば大昔、鑑真というお坊さんが行ってメチャ大事にされたらしいな」

日本と中国との深い交流を物語る話でもありますね。ところで中国の禅宗寺院の組織は、学問や儀式を担当する西班衆と、財務など経営や日常生活を担当する東班衆に分かれていました。「生活即修行」という考え方から、両者は対等でした。この東班衆の仕事の中には美術品などの修繕もあり、そこから水墨画が生まれてくるのです。また、のちの京都の土倉（金融業者）の角倉家は東班衆と深い係わりを持っていました。両者は財務（計算技術）の知見を共有していたのです。

鎌倉時代に浄土系を中心として新しい民衆救済の思想の萌芽があったことは事実です。でも全体として見ればそういった人々は少数派でした。

浄土宗や浄土真宗、法華宗や曹洞宗が教団の形を整えて広く知られるようになったのは、むしろ室町時代後期から戦国時代にかけてのことでした。

以前、源氏が前九年、後三年合戦を神話化して、先祖を持ち上げた話をしました。東北地方で行なわれた私闘を、国のために戦った先祖の歴史として誇ったわけですね。同様に、後に教団が成立し教祖を持ち上げたことで、法然や親鸞、日蓮が鎌倉時代の偉大な人物として知られるようになったわけです。

だから鎌倉仏教というよりも、戦国仏教と呼ぶべきだという学者も最近は増えています。歴史学の世界では「鎌倉新仏教」という言葉は今はほぼ使われていないと思います。

現代においても数々の新興宗教が現われては消えていきますが、こういった人々の活動をもとに現代社会を語らないのと同じことですね。

鎌倉時代に活躍した旧仏教の僧たち

この時代、現実的にはどういった宗教が主流であったかといえば、天台宗や真言宗、南都六宗といったいわゆる「旧仏教」（顕密仏教、顕教と密教）でした。

奈良や（南都）比叡山で学んだ立派なお坊さんたちが現われて頑張っていたのです。西大寺を再興した叡尊（えいそん）（律宗）やその弟子で鎌倉の極楽寺の開山に招かれた忍性（にんしょう）（律宗）は、貧しい人々の救済に力を注ぎ、自身の寺の境内にハンセン病のための療養所などを設けたりしています。

また華厳宗の京都栂尾（とがのお）の高山寺の高弁（こうべん）（明恵（みょうえ））は自分の夢について記録した『夢記』

で知られていますが、法相宗の興福寺の貞慶（じょうけい）とならんで、この時代のいわゆる「旧仏教」の革新者でもありました。易行も実は彼らが始めたものです。

鎌倉時代の主流が旧仏教であったことを物語るもっとも分かりやすい例は、モンゴル戦争の時に異国降伏祈禱を行なった主体が旧仏教であったことや東大寺の再建でしょう。治承・寿永の内乱（源平合戦）で平重衡が焼き討ちした東大寺を、重源（ちょうげん）というお坊さんが一所懸命勧進（チャリティ）を頑張って再建しました。

この勧進では、朝廷も御家人たちもみなが支援して東大寺を再建したのです。大仏殿の完成供養では、源頼朝も列席して祝っていますね。

新しく誕生した仏教勢力に刺激をうけながらも、従来の旧仏教は人々の日々の営みの中で圧倒的多数派として活き活きと活動していたのです。

平安時代からの文化の連続性

ではその他の鎌倉時代の文化にはどういうものがあるか。一番に挙げられるのは、幽玄という新境地を開いた『新古今和歌集』の成立です。

この歌集を編んだのは後鳥羽院でした。編纂に協力した藤原定家は、元御家人の宇都宮頼綱の依頼で『百人一首』を編んでいます。

宇都宮頼綱は法然のもとに帰依し出家していましたが、和歌も嗜み定家とは親交がありました。

京都小倉山にあった頼綱の屋敷の襖に貼る和歌を、頼まれて定家が選んだのが『小倉百人一首』のもとになっています。武蔵の金沢に金沢文庫が建てられたことからもわかるように、学問に勤しむ武士も多く生まれました。『金槐和歌集』は頼朝の子どもの実朝が京都の貴族文化に憧れて詠んだものです。実朝の歌はすごく技巧的で優美だとされていますね。

自然賛歌ともいうべき『山家集』の西行の歌も、質素で鎌倉時代にふさわしいといわれていますが、西行の出自は秀郷流の武家の藤原氏です。待賢門院に恋をして振られたから出家したという説もあります。

『徒然草』や『方丈記』といった随筆にしても、平安時代の『枕草子』の系統を引いています。

『平家物語』『宇治拾遺物語』『愚管抄』『吾妻鏡』、公家九条兼実の日記『玉葉』なども、平安時代からの延長線上にあるもので、武士の時代らしい質素で逞しい文化ですといわれたら、ちょっと違うのでは、と言いたくなりますよね。絵巻物では写実的な要素が強くなり、『一遍上人絵伝』や『男衾三郎絵巻』『蒙古襲来絵詞』などの名品が生まれました。また刀工では長船派の長光、粟田口吉光や正宗などの名人が活躍しました。伝承によると加藤景正が道元とともに南宋にわたり中国で学んだ技術を活かして瀬戸焼の開祖となったのもこの時代のことです。伏見天皇の皇子、尊円法親王は書道の青蓮院流（尊円流）を起こしました。

ところで、かつての日本史の研究では、マルクスの唱えた唯物史観に立ち、民衆を搾取して優美な文化を謳歌した貴族は、質素な武士に取って代わられたという図式がありました。

要するに「王家、貴族、寺社、贅沢、京都」に対して革命が起こって、武士が歴史の担い手になり、優美を嫌う質素な武士の精神が日本全体を覆ったという、鎌倉幕府による革命論が主流だったのです。

その刷り込みの中で、新しい美術は運慶、快慶やなと、この構図に全てを合わせてしまったのです。しかし丁寧に調べると決してそうではないことがわかります。

平安時代からの文化の連続性を重視する見方が最近の主流になっています。

㉖ 鎌倉幕府の滅亡

鎌倉幕府の滅亡は、皮肉なことに自分たちが滅ぼした平氏政権の道筋をなぞるように進んでいきました。

「両統迭立」の項で説明した通り、後醍醐天皇は大覚寺統でしたが、傍系で本来は天皇になれる立場ではありませんでした。直系の邦良(くによし)親王が幼かったために、中継ぎに立てられたのです。

ところが後醍醐はとても個性の強い人で、両統迭立も大覚寺統の系譜も無視して、自分の子孫に天皇位を継がせようと思っていたのです。白河天皇と全く同じ構図ですね。新しい政治を行ないたいという理念があったというよりは、わが子に対する愛情が先行したのです。しかし幕府は両統迭立を求めるので、後醍醐にとっては邪魔な存在に映りました。

即位三年で、もう院政はいらん、と後宇多院を引退させて、後醍醐は天皇親政を始めます。

後醍醐は朱子学を一所懸命勉強していたようです。『徒然草』によると、後醍醐は皇太子時代から『論語』の学習会を開いていたと伝えられています。

朱子学は宋の時代に、儒学者の朱子が大成した学問です。宋の国制は皇帝の独裁を、儒教を学んだ高級官僚（士大夫）が直接補佐するシステムでした。
宋の最先端の朱子学を学んでいたら、「確かにその通りや！　天子は親政せなあかんで」という考えになりますね。

まず、後醍醐はかつて親政を行なった後三条天皇にならって記録所を再興します。これは荘園を整理する役所ですが、ここで商業や流通を取り仕切り、土地問題の訴訟を取り扱ったのです。

その頃、東北で安東氏の乱（一三二〇～二八）が起こりました。もともとは、一二六八年に津軽で蝦夷の蜂起があり、代官の安東氏が討たれたことが発端とされていますが、十四世紀に入って安東氏の内輪揉めを契機として、再び戦乱が起こり、得宗家が仲裁に入りますが失敗、幕府が鎮圧に乗り出して（一三二六、二七）奥州に兵力をとられていたのです。

キャバクラで陰謀

後醍醐はそれを見て、これはチャンスやないかと思ったのでしょう。

そこで「無礼講」を始めます。薄衣をまとった女性を侍らせる大宴会で、今でいえばキャバクラで大騒ぎするような感じです。

それで六波羅探題の目を逸らせて、実際にはいろんな人を集めて、幕府を倒す相談をしていたのです。

ところが『太平記』によると同志の一人が妻に話したことから、陰謀がばれてしまいます。これが「正中の変」（一三二四年）です。後醍醐側近の日野資朝（すけとも）が佐渡に流されました。この人は下級の貴族ですが、後醍醐と一緒に朱子学を学んでいた同志だったといわれています。

　正中の変では責任を問われずに済んだ後醍醐ですが、十年もたたずに性懲りもなくまた「元弘の乱」（一三三一年）を起こします。

　実はその前の一三二六年から後醍醐は四年間にわたって幕府調伏祈禱を行なっていました。

　後醍醐は密教にも傾倒していて、祈禱によって冥界の力を引き出せると深く信じていたようです。

中村頼治編『絵本太平記』

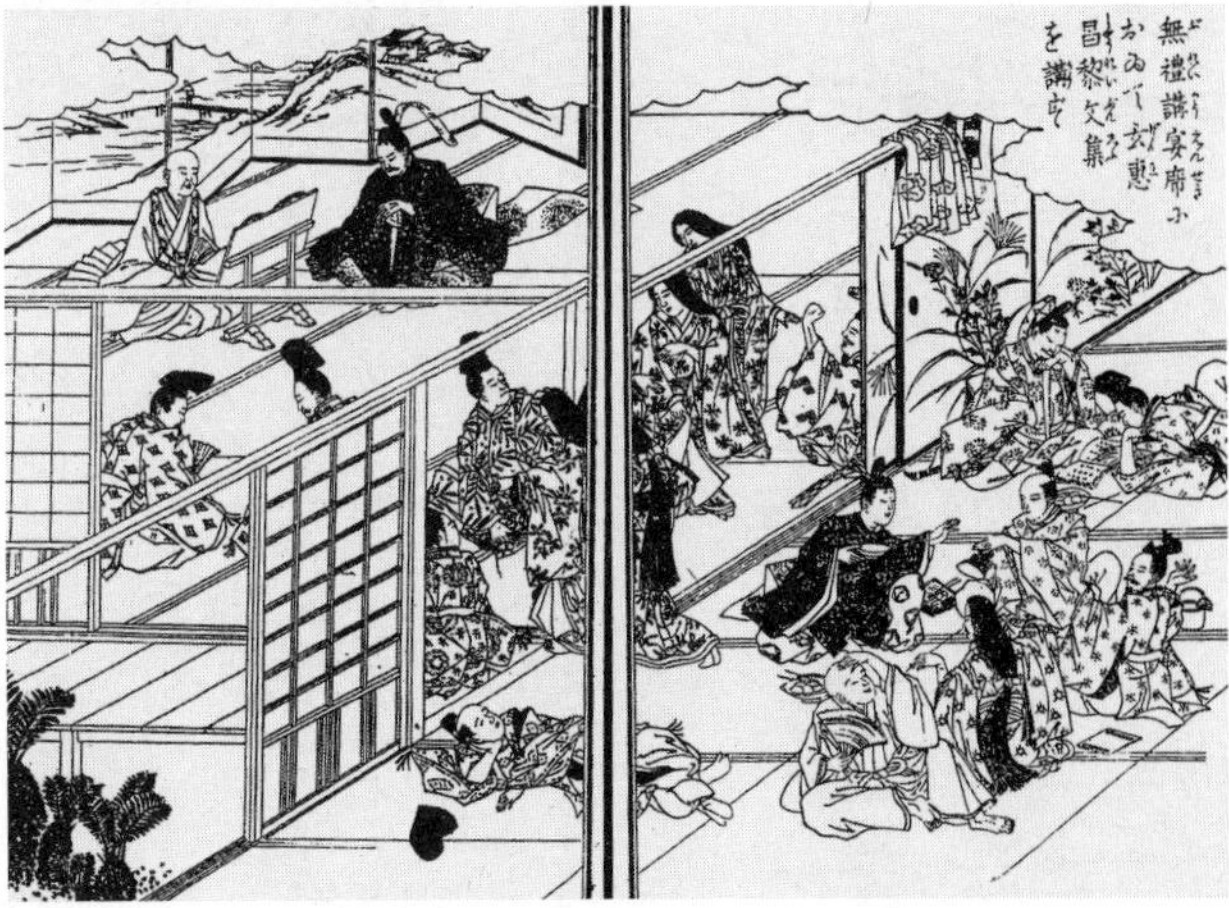

無礼講の様子

同時に興福寺と比叡山延暦寺の力も借りようとして、自分の息子の大塔宮尊雲を延暦寺のボスである天台座主に据えました。

一方、幕府の方では、得宗家の御内人の大将（内管領）、長崎高資（たかすけ）の権勢が強くなって、得宗家の北条高時自身が将軍や執権と同じようなお飾りになっていました。長崎高資は、高時の父、貞時が殺した内管領、平頼綱の一族です。このとき（平禅門の乱）は得宗家が勝ったのですが、貞時のあとを継いだ得宗家の高時が幼かったので、補佐する御内人に再び権力が集中していったのですね。

高時は一三三一年に長崎高資を殺そうとしますが、企みがばれ、逆に高資に締め上げられている。東北に兵はとられるわ、得宗家と長崎氏とが喧嘩を始めるわで、幕府は大変なことになっていたのです。

足利高氏の反逆

その混乱をついて、後醍醐天皇は京都を脱出し、京都の木津川南岸の笠置山に立て籠もります。河内（大阪）では楠正成が挙兵します。

けれども、幕府の力は強くて、二十万八千の大軍で笠置山を攻略し、後醍醐を廃して持明院統の光厳天皇を即位させました。

楠正成の下赤坂城も幕府の軍勢の前に陥落します。正成は脱出に成功しますが。

このとき幕府軍の一手を率いていたのが足利高氏でした。

高氏は父の喪中だったのに出陣を命じられて、秘かに北条氏への反逆を決意したとされています。ただ、それ以前から反北条の気持ちを抱いていたとも考えられています。

後醍醐は隠岐へ流されることになりました。

しかし後醍醐は息子の尊雲を還俗させて護良親王とし、自分の代わりに各地で北条氏打倒を呼びかけまわらせました。

一年も経たず楠勢が再び立ち上がり、一三三三年に幕府の拠点だった四天王寺を攻めます。その後楠正成は大阪と和歌山の県境近くの千早城に立て籠もりました。播磨（兵庫県）の赤松円心も挙兵しました。

そして後醍醐も隠岐を脱出し、名和長年に迎えられて鳥取県にある船上山に立て籠もり、もう一度倒幕の綸旨を各地に飛ばしました。

幕府は名越高家と足利高氏の大軍勢を関東から送りこみますが、名越高家は京都で討死にしてしまいます。高氏は船上山に向けて山陰道まで進んだところで反旗を翻して京都に戻り、五月七日、六波羅探題を滅ぼしてしまうのです。

同じ頃、上野（群馬県）の新田義貞が百五十人で挙兵し、鎌倉街道を南下するうちに軍勢が膨れ上がり、武蔵府中の分倍河原で幕府軍を破ると、多くの御家人が反幕府側に転じます。

そして五月二十二日、鎌倉が陥落し、北条高時と一族二百八十人が自害して、鎌倉幕府は滅亡したのです。その後、鎮西探題も謀反した少弐貞経ら九州の反幕勢力によって滅ぼされました。

楠正成は悪党か？

鎌倉幕府がなぜ滅んだのかについてはいろんな説がありますが、平氏政権の末期によく似ています。

平清盛は知行国を一挙に十七から三十二に増やしました。それと同じように、モンゴル戦争の後、全国の守護のほとんどが北条一門になってしまいます。

そうすると、それまでその土地で頑張っていた人たちと軋轢が生じます。現地との間に色んなトラブルが起こったわけです。

面白い例は、楠正成です。正成は悪党の代表のようにいわれていますよね。「悪党」はこの時代の権威に背いて新しいことに取り組んだチャレンジャーというのがおおかたの理解ですが、実は楠氏は得宗家の御内人だったという説があります。

もともと駿河国（静岡県）入江荘楠の御家人だったのが、立ち行かなくなったのか早い時期に得宗家の家来になったと見られています。

得宗の御内人として関西の領地を管理するために移ってきた。でもその後、得宗家の権力者が替わるとまた別の御内人がやって来て、「ここはこれからは俺のものやで」と言う。楠氏は「とんでもない。俺たちはどうなるんや」となって、幕府に反抗し、悪党と呼ばれるようになったというのです。

悪党というのは既存の秩序から外れた人ではあっても、出自は必ずしも反鎌倉ではないんですね。

御家人の中からも悪党がたくさん出たという感じがします。このように得宗権力が急拡大する中で、平家と同じように反発を受けて滅んでいったというのが、一番わかりやすい説だと思います。

第5章

後醍醐天皇と足利兄弟

㉗ワンマン社長の「建武の新政」

建武の新政は、社長一人が一所懸命革命をやろうとしているけれど、重役陣も社員もほとんどだれもついていかないようなイメージで考えたらわかりやすいと思います。

後醍醐天皇は前項で見たように、宋の朱子学をかなり勉強していたようです。「社長はワンマン、なんでもトップダウン」という宋の政治スタイルを理想としていました。

後醍醐が起こした反幕府の陰謀「正中の変」の申し開きのために、鎌倉へ送った手紙は、宋の文章のようだったといわれていますし、一三三四年に銅銭と紙幣の発行を命じた（実現しなかった模様）のも、宋の紙幣制度に影響されたといわれています。

ところが、宋の皇帝独裁は、優秀な官僚システムに支えられて行なわれていたわけですね。全国で科挙を実施して、粒ぞろいの役人を集めていました。一方の後醍醐には、そういったスタッフはいませんでした。

独裁的な天皇の朝令暮改

後醍醐は天皇でありながら密教修法（仏教の呪術）を自ら行なうような特異な人で、拠って立つべき貴族社会でも浮き上がっていました。

「えらい変なのを天皇にしたな。これはミス人事だったんやないか」と貴族たちも思ったりしている。

日本には宋のようなシステムも何もない中で後醍醐一人が皇帝独裁を夢見るわけですから、それはしんどい話ですよね。

さて一三三三年五月、鎌倉幕府が滅びました。六月に後醍醐は京都に戻ります。後醍醐が京都を離れていた一三三一年から三三年まで二年弱の間、持明院統の光厳天皇が、仕事をしていました。

この間に朝廷として詔書も出していますし、官位も与えていました。ところが後醍醐は、「今までのことは認めるが、今日からは俺が取り仕切るぞ」と言えばいいところを、「光厳はニセの天皇や、ニセモノの出した詔書や官位は全部無効やで」と言ってしまったのです。

企業でも、たとえば地方に飛ばされていた人が突然東京に帰ってきて、「俺は理不尽に飛ばされたけれど、本当の社長はずっと俺だったんや。だから、この二年間ニセ社長がやった仕事は全部無効にするで」と言ったら大混乱が起こるでしょう。

後醍醐がやったことで一番ひどいのは、旧領回復令と朝敵所領没収令でしょう。前者は、天皇方についたことで幕府に没収された土地を取り戻せるというもの。後者は朝敵の範囲が不明確で、ともに大変な混乱を引き起こします。さらに寺領没収令や、（光厳天皇の）誤判再審令なども出されますが、何しろ、全てを決定するのは後醍醐一人ですから、利害関係者が都に殺到して処理しきれなくなります。

後醍醐は綸旨至上主義を盲信していましたが、政府の業務がストップしてしまったので、一カ月後には、朝敵は北条高時一族のみとして、諸国平均安堵令を出して、知行の安堵は国司に任せるで、ということになりました。

地方のことはよう分からんから、国司、今で言えば知事が現状追認すればいいということです。つまりは旧領回復令などの撤回です。

六月に旧領回復令を出して、七月に引っ込めたわけですから、朝令暮改もいいところです。

そして九月には雑訴決断所を設けて、決断所職員の「牒（ちょう）」という文書によって土地案件の処理を行い、後醍醐の関与の度合いを薄めていくことになります。

恩賞は難しい

後醍醐は恩賞（褒美）も自分でやろうとしました。

ところが、恩賞をもらうのは後醍醐に従った貴族ばかり。武士のことはよく分からないから後回しです。

しかも下級貴族にまずチェックさせるものの、「恩賞を決めるのは俺やで」と、決定権を与えないので、恩賞も滞るわけです。

後醍醐は自信家ですから、「俺は一人で全部できる」と思っているわけですが、そんなものできるはずがないですよね。

恩賞請求が殺到したため、たちまち処理能力を超えてパンク。一人ではさばききれないということで、こちらも恩賞方が地方別に四番編成で請求を処理することになりました。

地方行政は幾つかの地域にわけて、皇子たちを派遣しました。

陸奥（東北地方）には義良親王を送り、後醍醐の寵臣、北畠親房の子どもの北畠顕家を鎮守府将軍として派遣しました。

陸奥将軍府（多賀城）では、統治のための各役所が設けられて、ミニ幕府のようになっていきます。

東北のことは京都では判断できないからです。鎌倉幕府が京都に六波羅探題をつくって西日本を管轄したようなものですね。

また、関東の国々をみるために鎌倉将軍府もつくりました。成良親王に、足利高氏の弟、直義をつけて鎌倉に派遣します。

まだ鎌倉幕府が滅んだばかりで、各地で残党が活動をしていました。そのために各地方に皇子と有力な武家を送り込んだわけです。

ところが全国がまだ混乱している最中に、一三三四年、大内裏の造営プランを打ち出し、その財源として、全国の地頭、御家人の収益から二十分の一を取ろうとします。

後醍醐社長のはじめた組織・人事の大改革で大混乱しているところに、新オフィスビルを建てるから社員は上納しろというわけですね。

そして本所（荘園の実効支配者）、領家（荘園領主。中央の権門が中心）、本家（荘園の最上位にあたる名義上の所有権者）といった複雑な荘園の所有と管理のシステムも廃止する、混乱を収めようとして徳政令を出す。それから官社解散令を出す。要するに、ワンマン社長がどんどん理想論で物事を進めていくわけです。

清浄光寺所蔵

後醍醐天皇像

「近頃の都の流行」

たまりかねて、一三三四年八月には有名な二条河原の落書が出ます。歴史の教科書でもお馴染みですね。

「此比都ニハヤル物　夜討　強盗　謀綸旨　召人　早馬　虚騒動　生頸　還俗　自由出家　俄大名　迷者　安堵　恩賞　虚軍　本領ハナル、訴訟人　文書入タル細葛　追従　讒人　禅律僧　下克上スル成出者……」

と続くもので、京都の混乱と荒廃をえぐり、建武の新政を辛辣に風刺した傑作といわれています。

後醍醐は一三三三年六月、幕府が滅んだ直後に、高氏を鎮守府将軍にして、八月には名前も尊氏に変えさせています。後醍醐の名前、尊治から一字を与えたわけです。「お前は北条高時から字をもらっていたけれど、俺の字に変えろ」と。後醍醐は武家の中では尊氏を評価しているわけですね。

足利尊氏の立場は、鎌倉幕府のスタンスとよく似ています。鎌倉幕府も成立した当初は全国をコントロールしようという気持ちは持っていなかった。武家（御家人）のコントロールと、それから軍事警察権があれば十分で、儀式や政治は朝廷でどうぞ、という感じでした。

尊氏も鎌倉幕府と同じように、朝廷が政治や儀式は行なってください、自分は前の幕府と同じく軍事警察権だけを掌握して励みます、という気持ちを持っていたと思うのです。

しかし建武の新政があまりに滅茶苦茶で混乱が長引くので、これは自分がやらなければしゃあないなという気持ちになったのだと思います。こうして足利尊氏はやむなく後醍醐に背くことになるのです。

㉘ 建武の新政を生んだ「朱子学」

建武の新政の政治理念には、中国の朱子学の影響が大きいといわれています。朱子学とは何か、改めてここで見ておきましょう。

朱子学は十二世紀後半、南宋の朱熹（しゅき）（朱子）によって完成された新しい儒教の学説です。

本書の最初で述べたように、宋の時代に「唐宋革命」と呼ばれる社会の大きな変動がありました。その要点をまとめると、唐の時代の支配層だった貴族が戦乱によって滅び、士大夫という新興階級の上に独裁権力を握った皇帝が君臨するシステムができあがったということです。

士大夫は家柄によらず、科挙によって選抜された知識人であり、皇帝独裁を支える官僚です。

やがて宋は北方の遊牧民の国、金に屈して臣下の礼をとり南方へ移ります（南宋）。朱熹は南宋で儒教を体系化し、自己と社会、自己と宇宙を万物の原理である「理」と万物の構成原質である「気」を結びつけて、全ての事象を説明する形而上学的な朱子学を打ち立てました。

これは空前絶後の壮大な学問体系でした。現在の学問分野に当てはめると、存在論、自然学、倫理学、心理学、認識論、宗教哲学、歴史哲学、文学論に及ぶといわれています。中でも力点を置いたのが人間と社会の問題で、皇帝と人民双方に対して責任を持つ士大夫が社会貢献する方法の追求でした。

漢民族のナショナリズム

朱熹は多くの士大夫と同様、政治的には金との屈辱的な和平路線に反対し、徹底抗戦を主張していました。

むしろこの政治状況から朱子学が生まれたので、これは漢民族のアイデンティティを求める思想となります。朱熹は「名分論」という学説で、父子・君臣・夫婦・長幼・朋友の倫理の確立を説き、華夷（漢民族と異民族）の区別を強調して、金に対する復讐と排除を主張します。

極論的に述べると、朱子学は、北の遊牧民に追われて江南に移った、劣等意識を背負ったエリートがつくり上げた悲憤慷慨（こうがい）の理論体系です。軍事的、外交的に負けているからこそ、自分たちの民族的、文化的な優越性と正統性を唱える漢民族のナショナリズムが生まれてきたのです。

朱子学は合理的な学問体系であるはずなのに、「漢民族ファースト」というイデオロギーが入って、おかしくなってしまうのです。歴史学者ジョン・ルカーチの『歴史学の将来』に、「ナショナリズムとは劣等感と不義の関係を結んだ祖国愛である」という外交官の言葉が出てきますが、まさにそれが当てはまります。

その象徴的な例が「蜀漢正統論」です。三国志の魏、呉、蜀の三国について、漢が滅んだ後の中国では魏が正統政権であることは自明の理でした。正史の『三国志』でも魏を正統な後継政権として扱っています。

ところが朱子学では、魏の曹丕は簒奪者であり、漢の皇室とつながりのあった劉備の蜀こそが正統政権だとする「大義名分論」が持ち出されたのです。華北を取られた南宋が、金の実効支配に対抗するために持ち出した理屈ですね。

南宋の宰相の秦檜は金に軍事力ではかなわないのを見極めて、融和政策をとっていました。ところが岳飛という威勢のいい将軍が、「漢民族の大地を女真族の金に渡すな」と北伐の軍を起こしたりするので、秦檜は岳飛を謀殺しました。南宋を存続させたのは秦檜の現実論だったのですが、朱子学では秦檜は売国奴で岳飛が英雄という扱いになります。

グローバル化に乗り遅れ

金を滅ぼしたモンゴル帝国のクビライが建国した大元ウルスは、銀の大循環による重商主義政策をとっていました。そこでは交易が重要で、多言語をあやつるグローバルな人材が求められました。科挙の勉強に明け暮れていた従来の官僚には大臣が務まりません。そこでクビライの政権の中枢はウイグル人、アラビア人、ペルシャ人などの外国人によって占められるようになります。

もはや外国語ができないと大都では出世ができない。科挙の受験者たちは、江南に流れて行きます。ここは宋の時代から中国の経済を担っていた地域で、温暖な気候によりお米がたくさんとれましたから、裕福な地主や商人が住んでいました。その子弟の家庭教師になるぐらいしか食べる手立てがなくなってしまったのです。

「モンゴル人のおかげで、今ではしがない家庭教師で口に糊している」という彼らの心情に、朱子学がフィットしたのです。朱子学にはモンゴルのグローバル政策に乗り遅れた人々のうっぷん晴らしという一面がありました。そのため、後に漢民族の王朝である明が一三六八年に成立すると、朱子学は全盛時代を迎えます。

これは朱熹自身にとっては皮肉な成り行きだったといえるかもしれません。朱熹はもともと、異民族に脅かされている中で、人々が出世のことしか考えずに科挙の勉強に没頭する様を嘆いていたんですね。晩年には朱子学は「偽学」として弾圧されて、不遇のうちに没しました。

しかし死後十年ほどで名誉回復されると、やがて孔子の正統を継ぐ学者と認められ、体制教学になっていきます。

後醍醐はわかっていなかった

朱熹が没したのは一二〇〇年ですから、後醍醐天皇の頃には百年以上の月日が経っていて、日本にも朱子学の文献がたくさん到来していました。モンゴルの支配を嫌って来日した禅僧らが伝えたのだと思います。

とくに朱子学の名分論が、後醍醐の討幕運動を理念的に支えたとされています。以前に触れた通り、『徒然草』には皇太子時代の後醍醐が『論語』の学習をしていた様子が書かれています。特に「色の世界では朱が正色なのに紫にその地位を奪われている。孔子はそのことをにくむ」という一節に関心を持っていたというのです。朱を朝廷、紫を幕府と読み換えて、この時期から討幕のための理論を固めようとしていたとも考えられますね。

後醍醐が朱子学を正しく理解していたかどうかはよくわからない面がありますが、宋の皇帝独裁体制と後醍醐天皇の政権構想には明らかな対応関係が見られます。

家柄によらず人材を登用して、役人の皇帝への忠誠を確保する。皇帝が政府機関を直接支配し、政務を直接に決裁する。地方の高官も中央政府の任命制とする。州に知州事と通判の二長官を置く……後醍醐が日野資朝、楠正成、名和長年などを、官位を超えて重用したこと、綸旨至上主義で些末なことまで直接決裁をしたこと、地方に国司と守護を併置したことなどが連想されます。

後醍醐が亡くなった後、その側近だった北畠親房は史論『神皇正統記』を著して「（北朝に圧倒されて現実は劣勢でも）大義名分や正統性は南朝にあるんやで」とＰＲしました。

江戸時代、朱子学に影響を受けた水戸学の視点で編纂された『大日本史』でも、この見方は受け入れられ、明治後期以降の南朝正統史観につながっていくわけです。南朝が正統とされたのは一九一一年（明治四四年）のことでした。

ですが、宋と後醍醐親政には決定的な違いがありました。宋では貴族が滅んだ後、地主層が知識人となって科挙を受け、皇帝に忠実な官僚層を形成しました。日本では貴族が健在で、また彼ら以外には知識層が育たず、科挙を行なう国力もなく、中国のような官僚制を形成する条件は存在しませんでした。それを理解しなかった後醍醐の新政はたちまち崩壊へと向かって行くことになります。

㉙ 新政の崩壊から足利政権へ

朱子学の影響を受けた後醍醐天皇の上からの「革命」はうまくいかず、あっという間に崩壊して、足利政権が成立します。後にいう室町幕府です。

後醍醐天皇の皇子の護良(もりよし)親王は、足利尊氏を疑っていました。尊氏は鎌倉幕府の中でも地位が高く、たとえ幕府討滅に功第一とされたからといって、武家をのさばらせたらあかんと護良は後醍醐に訴えました。

後醍醐はそれもそうやと、征夷大将軍の位を護良に与え、尊氏は鎮守府将軍にしました。護良は武家を自ら統括しようと思っていたようです。

護良と尊氏の対立は深まり、護良は一三三四年十月、本当かどうかはわかりませんが、クーデターを起こそうとしたとして捕縛されます。護良は尊氏によって鎌倉へ送られ、尊氏の弟、直義の監視下で幽閉されました。

翌一三三五年、権大納言西園寺公宗(きんむね)という公家が、持明院統の後伏見上皇を奉じて後醍醐を暗殺しようと企てますが、失敗して公宗は処刑されます。公卿の死刑執行は、平治の乱以来のことでした(なお、この時没収された公宗の所領が後に義満の北山山荘となります)。

この時、公宗は北条高時の弟時興(ときおき)(泰家)をかくまっていました(時興は脱出)。北条氏の残党と公家と持明院統が連携するというのは、後醍醐にとって深刻な危機でした。

同じ頃、北条高時の子の時行が、中先代の乱というのを起こします。時行はまだ幼い子どもでしたが、信濃（長野県）の諏訪頼重（旧得宗被官）らが支えていたんですね。

時行はもともと西園寺公宗や北条時興と同時に決起する計画だったのですが、事前に露顕してしまったので、やむなく時行チーム単独で軍を起こしたのです。これが六十年も続く戦乱の始まりとなりました。

鎌倉には足利直義がいたものの、幕府を倒したときの新田義貞軍とほぼ同じルートで攻めてきた時行軍に敗れ、時行は七月に鎌倉に入ります。護良は直義出陣の際に暗殺されてしまいました。

尊氏、勝手に出陣

足利尊氏はもともと関東が本拠地ですから、自分に時行を成敗させてくださいと征夷大将軍への任官を求めるのですが、後醍醐は尊氏を一〇〇パーセント信頼しきれない。

そこで尊氏は勅許を得ないまま勝手に出陣します。このとき多数の軍勢が喜んで尊氏に従ったようです。出陣してしまったらしようがないということで、追って後醍醐は尊氏を「征東将軍」にします。でも征夷大将軍ではないんですよね。

尊氏は武力に優れていますから、あっという間に時行軍を蹴散らして、八月には鎌倉を奪回します。

そして鎌倉に居座って、勝手に武士たちに恩賞を与え始めます。尊氏にしてみれば、自分が鎌倉に出向いて北条の残党を片付けたわけですから、そのとき自分に従ってくれた部下には恩賞を与えなあかん、と思うのは当然です。

後醍醐からは「早く京都に帰ってこい」「恩賞は俺が与えるんや」と言ってくるのですが、尊氏は鎌倉を拠点に将軍御所を建て直して、傍（はた）から見れば鎌倉幕府の復活を思わせる状況になっていきました。

ただこの動きは、亀田俊和（としたか）さんの『足利直義』によると、後醍醐に恭順の気持ちをもっていた尊氏を、幕府再興の夢をもつ直義が積極的に牽引していたのだといいます。

尊氏を鎌倉に引き止めた直義は、一方で全国の武士たちに後醍醐のもとで武者所の頭人（軍事部門の長官）をしている新田義貞を攻撃せよと命令を送っていました。

新田義貞との対決

後醍醐は怒って十一月、新田義貞に尊氏追討を命じます。義貞は数度の合戦に勝利しますが、最後には箱根の竹ノ下の戦いで尊氏と直義に負けてしまう。

翌一三三六年一月、京都の内外で戦闘が行なわれ、尊氏が入京し、後醍醐は比叡山に逃れます。

ところが奥州から到着した北畠顕家が新田義貞と連合して尊氏を攻めたので、尊氏は敗北し、九州に逃げました。そこで後醍醐側の菊池武敏などの豪族との戦いに勝って息を吹き返します。勢いをつけてまた京へ向かい、五月末、湊川の戦いに臨んで楠正成を打ち破り、正成を自害に追い込みました。

尊氏は九州へ逃げ落ちて行くときに、持明院統の光厳上皇に義貞誅伐の院宣をもらっていました。だから朝敵ではないという立場で戦ったのです。

六月に入京し、八月には光厳の弟、光明天皇を即位させます。

十月、後醍醐が比叡山から下りて来て、光明への譲位に応じましたので、ここで一度天皇位は一本化されました。

新田義貞は激怒して、後醍醐に「聞いていないよ！」と詰め寄るわけですが、後醍醐は「いやいや、これは足利を騙す方便なんや。敵を騙すにはまず味方を騙さなあかん」とかなんとか言って、その代わり義貞には親王二人をつけて、北陸へ向かいもう一回兵を起こせと命じます。

ここで後醍醐の勢力は、後醍醐について行った人々と義貞について行った人々とに二分されるわけです。

後醍醐は尊氏と和睦して、光明に三種の神器を渡しますが、十二月には吉野へ逃げて尊氏らにあかんべえをしてみせました。

「光明に渡した三種の神器は偽物やで。本物は俺のところにある」と宣言、足利討伐を全国に呼びかけます。

こうして建武の新政は瓦解しました。かつては京都の北朝（持明院統）と吉野の南朝（大覚寺統）の二人の天皇が並び立つ南北朝時代が始まったといわれてきました。しかし、政局の主導権は一貫して北朝、即ち足利政権の側にあったので、現在では南北朝時代という呼び方はあまり使われず、建武の新政が終わって室町時代（足利政権）が始まるという理解が一般的になってきています。つまり南北朝時代は、室町幕府の発展のプロセスの一部だと理解されているのです。

北陸に走った新田義貞は一三三七年一月に金ヶ崎城が落城して、北朝に追われます。一方で東北から出てきた北畠顕家は鎌倉を落とし、足利尊氏の子、義詮（よしあきら）は鎌倉から逃

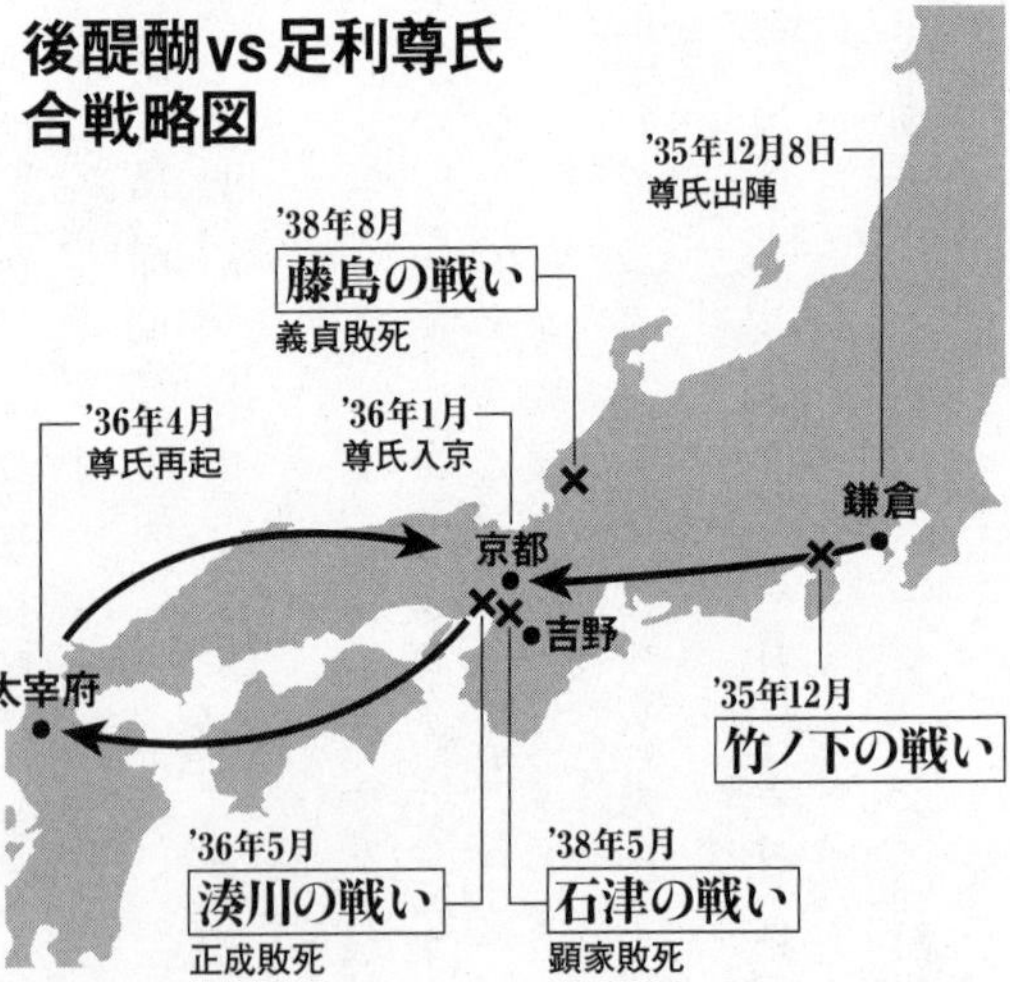

矢印：尊氏の動き

げ落ちます。

　ここで先ほどの中先代の乱を起こした張本人の北条時行がひょっこり現われて、北畠軍に合流しました。もともと時行は後醍醐と敵対していましたが、頼みの持明院統が足利側についてしまったので、南朝側についたわけですね。

　岐阜の青野原の戦い（関ヶ原の戦いの行なわれたあたりです）で顕家は勝利を収め、北陸の義貞と連携する可能性もあったのですが、ここからさらに北陸へ出向くのはしんどいので、北畠家が勢力を持っていた伊勢、伊賀に流れ、そこから大坂方面へと進出していきました。

南朝の主要メンバーの退場

　しかし、一三三八年五月に堺市のあたりの石津の戦いで尊氏腹心の高師直（こうのもろなお）と戦って、顕家が戦死します。

　このとき顕家は二十一歳。まさに若武者将軍でした。八月には福井の藤島の戦いで、義貞も戦死します。そして一三三九年には後醍醐が、吉野において五十二歳で死去。顕家の父の北畠親房らが支える中で、後村上天皇が即位しました。

　顕家も義貞も戦死し、一三四八年の四条畷（なわて）の戦いでは高師直に楠正行（まさつら）（正成の子）も殺されて、もう南朝方の主だった人物は全部退場してしまうわけです。高師直は余勢をかって吉野を落とし、南朝はさらに奥地の賀名生（あのう）へ逃げていきます。

ちなみに北条時行は南朝方の武将としてもう少し頑張りますが、一三四八年頃には南北朝の内乱はほぼ片がついたように見えました。

しかし実はこの後、また大変動が訪れるのです。

㉚ 足利尊氏の〝ライバル〟新田義貞

鎌倉幕府が滅んだのち、後醍醐天皇の建武の新政がうまくいかず、結局足利尊氏が室町幕府を開いた――というのがこの時代のアウトラインでした。足利尊氏は、源氏の有力一族として新たな幕府を開くわけですが、その最大のライバルとして『太平記』などに描かれてきたのが、同じく源氏の新田義貞でした。そこでこの二人の関わりをすこし詳しくみていきましょう。

『太平記』は一三七〇年ぐらいまでに成立したといわれています。『平家物語』は琵琶法師が語ったものですが、こちらは物語僧（下級の僧侶）が「太平記読み」として庶民に面白おかしく読んで聞かせていました。戦国時代の大名は『太平記』に描かれたたくさんの合戦をケーススタディとして学んだといわれています。

『太平記』は、政権を取った後の足利氏が書かせたものです。だから足利氏が「源家累代の貴族」とされていることに不思議はありませんが、一見奇妙なのは後醍醐側の主将で、足利氏と激しく争って敗れた新田氏も、「源家嫡流の名家」として描かれていることです。敵対した相手をなぜ持ち上げるのか？

これは恐らく、田中大喜（ひろき）さんが『新田一族の中世』で指摘したように、足利氏と先祖を同じくする新田氏を、もう一方の源氏嫡流と位置づけることによって、それを打倒した足利氏こそが残された唯一の源氏嫡流、武家の棟梁であると強調するためだったのでしょう。

頼朝を見下していた新田義重

八幡太郎源義家の四男に、源義国、その義国の長男に義重、次男に義康がいました。義国は群馬、栃木にまたがる地域を勢力圏にしていましたが、ふたりの子どもにその土地を分け、義重が新田氏の祖、義康が足利氏の祖となります（巻末の源氏系図1参照）。義康はもっぱら京都で活躍し、保元の乱では百騎を率いて天皇方に味方しています。このとき平清盛が三百騎、源義朝が二百騎といわれていて、義康はナンバー3です。ところが、義康は若くして死に、その子である義兼はまだ子どもだったので、新田義重が庇護していたといわれています。兄からしてみれば、弟が早く死んで、その子どもが幼かったら、「よしよし、かわいそうやな」と面倒を見ますよね。

義重は義国流の長老、また義家から数えて三代目として、四代目の義朝、五代目の頼朝と同時代を生きていたわけです。若い頼朝が伊豆の北条氏らに担がれて挙兵したとき、義重はむしろ頼朝を格下に見て、すぐには馳せ参じませんでした。

義重は当時京都で平宗盛に仕えていて、関東で反乱した源氏勢力を討つよう命じられて上野国に入ったのですが、木曾義仲、甲斐源氏が次々に起って平氏を破る情勢を見て、自分も源義家嫡流を名乗り、軍兵を集め始めました。結局、頼朝が人心を集めた状況をみて、後から頼朝のところに挨拶しに行くんですね。

ところが、足利義兼のほうは、八条院の蔵人を兼ねていました。以仁王の平氏追討の令旨は、全国に広がっていた八条院領のネットワークを利用して伝わっていったのでしたね。だから義兼は逸早く令旨に賛同して、頼朝側につくわけです。

頼朝は疑い深い性格で、この治承・寿永の内乱（源平合戦）で大活躍した甲斐源氏の一条忠頼や弟の義経、範頼などを全部殺しています。当然ながら、一時は「俺のほうが血統が上や」などと誇っていた義重に対しては、クールになりますよね。

一方、足利氏については「かわいいやつや」ということになります。それで足利氏は「オレの一門や」と頼朝に大事にされる。こうして両者は、頼朝の時代に大差がつきました。

北条氏の時代になると、今度は「足利氏も源氏の血筋やな」と警戒されて、幕府の中での地位を低下させていくのですが、北条氏以外の御家人は全部地位が低下していくわけですから、その中では足利氏は比較的上手に生き残りました。

〝足利一門〟だった新田氏

足利高氏（後、尊氏と改名）の高という字は、執権北条高時の高をもらっています。父の貞氏も、北条貞時から貞をもらっており、足利氏は代々得宗家から名前の一字をもらう立場にありました。これを「偏諱（へんき）を賜（たま）う」と呼んでいます。上位者が臣や元服する者に自分の名の一字を与える慣習です。偏諱は中国では貴人の諱（いみな）を避けることでしたが、日本では逆に偏諱が名誉なこととされたのです。

北条体制の中では、得宗家（とその御内人）が一番えらく、その次に北条一門があり、その次に譜代大名のような御家人がいたとすれば、その辺りの上の方の位置に足利氏はつけていました。

足利氏は北条氏と姻戚関係を結んでいて、高氏の父貞氏は北条一族の有力者、金沢顕時の娘を妻にしましたし、高氏もまた北条一族の執権赤橋守時の妹を妻にしています。どうも北条氏は足利氏を警戒しつつも、縁戚関係で一体化し、源氏嫡流として特別扱いすることで、他の源氏諸勢力の勃興を抑える策を取っていたようなんですね。

こうして北条氏とがっちり組んだ足利氏は、御家人全体の地位が低くなっていく中でも、鎌倉の屋敷に独自の家政機関を持って、全国に散らばる所領を管理する実力を保ちます。こういうことができたのは北条氏と足利氏ぐらいでした。

一方で、新田氏は足利氏と姻戚関係を結び、その庇護を求めるようになっていきます。特に義重の曾孫政義が幕府に違背して所領を没収される事件が起きるとさらに没落し、その後の新田氏は足利氏から名前の一字「氏」をもらうようになっていきました。

義貞も、足利高氏の早世した兄高義から義の字をもらったのではないかと考えられています。当時の史料である『神皇正統記』や『増鏡（ますかがみ）』にも義貞は足利の一族であると書かれているのです。

足利高氏が六波羅探題を破り、新田義貞は鎌倉幕府を滅ぼしたと聞けば、義貞のほうが功績のある気がしますよね。六波羅探題は幕府の単なる京都の出先機関ですから。

それなのに何故高氏のほうが評価されたかといえば、鎌倉幕府のスタート時点で新田と足利の地位が逆転し、北条時代にさらに差がつき、高氏と義貞の頃には、義貞は高氏の庶流ぐらいの扱いを受けていたからです。

それに高氏は、自分の嫡男で、三歳の千寿王（義詮）を鎌倉攻めに参加させていました。もちろん義貞が大将ですが、義詮がいるから参陣したという武士も多かったのですね。

新田氏が軍事の中枢を占める

建武政権は新田一族にあつい恩賞を与え、義貞を従四位上、左馬助に任じていますが、尊氏は従三位ですから、それにはとても及びません。

ただ新田氏は建武政権の軍事警察部門である武者所などの中枢を占めました。そこで義貞が尊氏に対して自立心を抱いても不思議ではありません。一方で、足利氏も新田氏を警戒するようになります。

中先代の乱を鎮圧した足利尊氏と直義が建武政権に反旗を翻（ひるがえ）したとき、直接の敵としたのは新田義貞でした。義貞討伐の奏状を朝廷に提出したのです。これに対して義貞も、足利氏と対決する奏状を提出します。

鎌倉攻撃を指揮し成功したことによって、「新田というのが源氏におるのやな」とその存在が朝廷と武家社会で認知され、声望が高まった。そして足利氏から主敵として名指されたことは、さらに新田義貞とその一族の地位を引き上げる結果となったのです。

ここから『太平記』の記述が導かれていくことになるわけですね。

㉛ 尊氏と直義の兄弟二頭政治

前項では足利尊氏と新田義貞のライバル関係を見ました。新田氏やそのほか南朝の主だった勢力を打ち負かした後、今度は足利尊氏と直義の兄弟の間が微妙になっていきます。

一三三六年十月に後醍醐天皇が譲位に応じ、光明天皇に一本化されると、足利尊氏は十一月七日に建武の式目を制定します。

そして三八年八月十一日には光明天皇から征夷大将軍に任命されて幕府を開くことになるわけですが、建武の式目はいわば「施政方針演説」ですから、これが実質的な室町幕府の成立だろうと考えられています。

軍事は尊氏、政務は直義

この建武の式目は二項からなっています。第一項は幕府をどこにおくべきかを論じていて、「武家にとっては鎌倉が理想の土地だけれど、実際にはどこにいても政治ができればいいんやで」といった奇妙な話から始まっています。まだ全国が乱れていて、尊氏らが京都から離れられない現実が反映されているわけですね。

第二項は十七条からなっていて、これはたぶん古代の「十七条の憲法」に倣(なら)ったんだと思います。

そこには北条義時や泰時の時代が理想のように書いてある。その頃が鎌倉幕府の一番良い時代で、得宗専制のようなこともなく、武士はみんなで合議しながら政治をやっていた。自分たちもそういうシステムにするんや、と述べています。こういった内容を主導したのは、実は幕府再興で兄の尊氏をリードしていた足利直義だったといわれています。

兄の尊氏には必ずしも積極的な権力欲があったわけではなかったんですね。

一三三九年に後醍醐が死去すると、後醍醐を終生尊敬していたところがあった尊氏は、後醍醐の菩提を弔うために天龍寺を建立します。

余談ですが、このとき尊氏は天龍寺船という貿易船を出します。寺を建てるにも国土が荒廃していてお金がなかったので、大元ウルスに商売に出向くわけです。その天龍寺船の交易によって天龍寺が建設できたといわれています。交易がいかに儲かるものだったかということですね。

尊氏は迷いの多い人でした。「後醍醐は立派な人で俺を可愛がってくれたが、実務能力が全くない。どうしたらええやろか」などと。

中先代の乱の後、尊氏と直義が鎌倉を拠点にして後醍醐に対抗する構えをとった後でも、後醍醐が尊氏追討軍を出すと、尊氏は政務を直義に譲り隠退する意向を示しています。直義が後醍醐の軍に敗れたことで、尊氏が再び軍を率いて撃退しますけれども。

　尊氏は、自分が軍事に向いているのがわかっていましたから、幕府では軍事指揮権を持ち、高師直、師泰という足利家の執事をベースに、侍所や政所を押さえました。侍所の管轄は軍事権です。政所は足利家の家政機関として、家領支配などの財政面をつかさどるところです。そこは固めているけれども、幕府の政務は弟の直義に任せていました。直義は問注所という裁判所を引き受け、厄介な訴訟を片づける。合議制ですから、引付方とか安堵方とかいろんな制度をつくりました。

　簡単に言えば、霞が関は直義に任せて、警察庁と防衛省、それと足利本家を尊氏がもつ。こういう分担をやったわけです。

　いわゆる二頭政治ですね。恩賞に関しても、新たに給付するのは尊氏、安堵（確認・承認）するのは直義、と分担していました。

　地方には行政を担当する守護と、軍事を担当する国大将を併置しました。守護には地域の有力武家を任命し、足利一門が国大将になるという組み合わせを考えたんですね。

　しかし結局、守護と国大将の権限が守護に一本化していきました。

　鎌倉時代の守護が持っていたのは大犯三箇条と呼ばれた謀反人や殺害人への警察権と管内御家人の動員権でしたが、室町時代にはそれが拡大していきます。窃盗や放火、海賊や山賊の取り締まりも守護の職権になりました。御家人だけではなく荘園の荘官も動員できるようになり、幕府の命令の伝達や執行の権限も守護が持つようになる。

　それから国司が治めていた国衙領にも踏み込み、管内の田畑への税も賦課するようになっていくのです。

このように軍事権や行政権が拡大したことによって、守護はやがて守護大名へと成長していくことになるんですね。

バサラを禁じる直義

有名な神護寺の伝源頼朝像、伝平重盛像は、最新の研究成果によって今では足利直義、尊氏の像だといわれています。かつてわれわれが源頼朝像と教わっていたのが足利直義です。平重盛像と教わっていたのが尊氏です。そのイメージからしても直義は意志が強くきっぱりした性格の人だったようです。

直義は義時や泰時の時代の質実剛健な武士の政権を理想として、武家幕府の再興を志しますが、一方で公家政治をも擁護し、光厳院とも昵懇(じっこん)の仲でした。建武の式目の精神に沿うということで、バサラを禁止したことにも、直義の保守本流的な性格が現われています。

バサラとは、サンスクリット語のバージャラの変化した言葉です。バージャラとは魔や鬼を打ち砕くすごく強い力を指すのですが、要するに新興階級の、少し前なら「悪党」と呼ばれた人々の目立つ振る舞いを指します。貨幣経済で成り上がった人々の実力本位の派手好きな行動は、当時の常識人の目には奇異に映ったんですね。

現代のマカオやシンガポールには、中国ほか世界の新興階級のお客さんが集まり、賭博場がラスベガスを抜く勢いで繁盛しています。それと同様にバサラの人々も賭け事が大好きで、お茶の寄合とか連歌会をしきりに開いていました。

連歌会とは、集まって歌を詠んではその歌の出来具合に金銭を賭ける遊びです。お茶の寄合というのも、いまの茶道とはまったく別の、闘茶、茶勝負が中心です。お茶を持ち寄って、どこのお茶か味見をして当てることにお金を賭ける遊びです。

将軍家の篤い帰依を受けた臨済宗、天龍寺の僧、夢窓疎石が「世間ではけしからん茶遊びが流行して嘆かわしい」と『夢中問答集』で述べています。そのせいか建武の式目ではこれもやったらあかんとされています。

『夢中問答集』というのは、足利直義が仏教についてあれこれ質問し、それに夢窓疎石が答えたもので、「日本民族が仏法を真に消化し得た一つの証」（川瀬一馬）といわれるほど優れた本です。直義は、武張っている

神護寺所蔵

源頼朝像とされていた肖像画

だけではなく賢い人で、インテリじみたところも多分にありました。

しかし直義がバサラを禁じたとしても、現実に幕府を支えているのは、彼ら新興成金階級の力が大きかったのです。尊氏側近の高師直が「天皇が必要やったら木か金でつくった人形を置いておけばええやないか」(『太平記』)と言い放ったのは有名な話ですし、佐々木道誉はお寺の桜を取ろうとして注意されると、その寺を燃やしてしまいました。

要するに、既存の秩序や価値観を破壊する人々が、尊氏に付き従っていた。実力で成り上がった人たちですから、戦争をしたら滅茶苦茶強い代わりに、振る舞いも荒っぽい。そういう人たちを束ねる立場の尊氏は、直義が代表する保守本流勢力との対立に巻き込まれて迷っていた。

この兄弟の分裂がやがてのっぴきならない争いになっていきます。

㉜ 天下を二分した兄弟喧嘩「観応の擾乱」

足利尊氏と直義の兄弟は二人三脚で鎌倉幕府打倒から室町幕府成立まで歩んできたのですが、権力を握るとふたりの性格の違いが周囲に集まる勢力の争いにまで発展し、ついに対決することになります。

一三四八年、尊氏側近の高師直（もろなお）は、南朝の本拠地である吉野を陥落させると南朝の皇居や公家の屋敷だけではなく、南朝の信仰が厚かった高野山、金峯山寺（きんぷせんじ）の本尊や神輿などをも燃やしてしまいました。

荒っぽい軍事力を誇った師直とソリの合わなかった直義は、兄の尊氏に直訴します。「兄貴が執事の高師直を好きにさせているから増長して国の治安も乱れるんやで。もう吉野も陥落させたんだから、高師直をクビにしたらどうや」

尊氏は気持ちの揺れる人ですから、「それもそうやな」と四九年夏、師直の執事職を罷免しました。

高師直の下剋上

じゃあ師直はどうしたかといえば、尊氏を恨むのではなく、これは直義のやり口やなと、自分の軍勢で直義を殺しに行くんです。直義は慌てて尊氏の屋敷に逃げ込みますが、師直は大軍勢で尊氏の屋敷を取り囲み（御所巻き）、「直義を渡さんと俺は引かんぞ」と言う。まさに下剋上というか、バサラの面目躍如ですよね。

結局、夢窓疎石が仲介して、直義は出家、直義の側近の上杉重能（しげよし）と畠山直宗（ただむね）は越前（福井）に配流ということで手打ちとなりました。

尊氏の嫡男の義詮は、それまで鎌倉にいて東日本ににらみを利かせる立場でしたが、京都に上がってきて直義の代わりに幕府の政務を見ることになりました。鎌倉へは義詮の弟の基氏（もとうじ）が九歳で派遣されます。

ところが、上杉重能と畠山直宗は配流の途中で殺されてしまいます。「約束が違うやないか。命は取らへんと約束したのに」と出家した直義は怒りますが、高師直は「いや事故死でしょう」などと澄ましている。

実は直義には直冬（ただふゆ）という養子がいました。尊氏の庶子でしたが、尊氏からは「俺の子やない」と除（の）け者にされており、子のいない直義が直冬を養子にしていました。「かわいそうやから俺の子として育てよう」という感心な弟ですよね。

高師直は、中国探題として備後（広島）にいた直冬の追討を尊氏に要求しますが、直冬は九州に逃れます。そこで尊氏方の九州探題と抗争していた在地勢力を味方につけ、さらに中国地方の長門や周防（すおう）（山口）まで自分の勢力範囲に収めるのです。

一三五〇年十月、尊氏は「直冬をなめたらあかん」ということで、師直とともに追討に出陣しますが、その隙に直義は京都を脱け出し、十一月に河内（大阪）の石川城で決起します。

鎌倉に派遣された基氏には、直義派の上杉憲顕と尊氏派の高師冬が副将としてついていましたが、直義が決起すると高師冬が追放されます。

こうして直義が再びリングに上がるわけですが、直義には戦うための大義名分がありません。なぜかといえば、北朝の天皇は尊氏が押さえていますから。そこで、直義はあろうことか南朝方に降伏して院宣をもらいました。そして今度は直義が合戦に勝って京都に入り、尊氏は播磨（兵庫）へと逃げます。

そこで尊氏も「これはえらいことやな」と和議を結びます。和議の条件は、高師直、師泰の兄弟を出家させることでした。

京都へ連れて行かれる途中で、高兄弟と高一族の大半は、上杉勢の仇討にあい、殺されてしまいました。ここまでを第一次観応の擾乱といいます。

尊氏の南朝への降伏

直義は政務に復帰し、義詮を補佐するという形で、新たな二頭政治が始まりました。直冬は九州探題に就き、幕府の主要な部署も直義派が押さえました。

一見、直義、直冬の天下になったように見えるのですが、直義が尊氏と義詮の政治的な地位を旧来通り認めたことで、再び対立の気運が高まっていきます。こうして観応の擾乱の第二幕が開くわけです。直義は、尊氏らの攻撃の空気を察して北陸を経て鎌倉へ逃げ込みます。

尊氏は京都を仕切ったけれども、直義を倒すためには自ら鎌倉へ出向かなあかん。でも京都を離れたら九州から直冬が来るかもわからんし、南朝方が来るかもわからんという状況を考えて、滅茶苦茶な話ですが、今度は尊氏が南朝に降伏するのです。南朝も話に乗って、いったん北朝は廃されて南朝に統一されました（正平の一統）。そのうえで、南朝の後村上天皇は直義追討の綸旨を尊氏に下します。

一三五二年一月、相模（神奈川）早川尻の合戦で敗れた直義は尊氏に降伏し、鎌倉に幽閉されますが、翌二月に亡くなりました。古くから尊氏による毒殺だろうといわれてきましたが、最近の研究者には、自然死であるとみる人もいるようです。

ここで尊氏と直義の長年の確執に終止符が打たれることになりました。直冬は、一度は京都に攻め込みますが、敗北して中国地方で抵抗を続けるものの、やがて行方がわからなくなります。

一方で、南朝の軍勢は勢いをかって、足利政権も北朝方の人間もまとめて京都から追い払おうとしました。五二年の冬には、尊氏を将軍から解任し、北畠親房らが京都へ入って、京都に詰めていた義詮を追い出します。こうして正平の一統は四カ月でダメになってしまいました。

義詮らが盛り返して京都を奪い返すと、北畠親房は北朝方の天皇、上皇や三種の神器とともに吉野へ退いていきました。

尊氏も京都に戻りましたが、天皇、上皇もおらず神器もない状況です。そこで、西園寺寧子（ねいし）という光厳、光明の実母を治天の君ということにして、後光厳天皇を即位させるというアクロバティックな手段に打ってでて、尊氏は改めて征夷大将軍にしてもらうことになりました。

やはり律令制上の地位が、武家としても欲しいわけですね。天皇でもなければ皇族の出身でもないのに治天の君になったのは西園寺寧子が歴史上唯一の例外です。

九州の「日本国王」

その後、南朝の勢力はどんどん衰えていきましたが、九州では南朝が勢力を維持していました。

後醍醐から征西大将軍として九州に派遣された懐良（かねよし）親王が、九州探題の一色氏と足利直冬が争う中で漁夫の利を得て勢力を確立し、一三六一年には大宰府を制圧しました。そして三代将軍義満の時代まで十年以上にわたって九州で南朝の勢力を繁栄させたのです。

一三七一年にはその懐良親王が明（みん）の太祖洪武帝（朱元璋（しゅげんしょう））から「日本国王」として冊封を受けています。

一三六八年に元を倒して建国されたばかりの明は、日本に倭寇（前期倭寇）の取り締まりを求めていました。当時、内乱で乱れていた中国の沿岸では、同じく内乱中の日本人を中心にした海賊行為が盛んだったのですね。

僕たちが高校時代に習うこの時代の「日本国王」といったら、足利三代将軍の義満でした。ですが実はその前に南朝の親王が「日本国王」になっていたのです。

義満は南朝に北朝と交互に天皇に就けるという約束（明徳の和約）をして、吉野から彼らを京都に引き戻し三種の神器を北朝に引き渡させますが（一三九二年）、義満には約束を守る気はありませんでした。その後はずっと北朝の天皇が続き、現代の皇室へとつながっていきます。

第6章

室町幕府の興隆

㉝ 生まれながらの将軍、義満

室町幕府の三代将軍、足利義満が義詮の跡を継いだときは、まだ十歳の子どもでした。その彼は、足利最強の将軍と謳われたほどの権力をいかにして手に入れたのでしょう。まず一三五八年に初代将軍尊氏が、六七年には二代目の義詮が亡くなりました。義満はまだ幼かったので、管領(かんれい)の細川頼之というオジサンが家老役を務めます。

鎌倉幕府では北条得宗家の御内人の大将を、内管領と呼んでいましたね。一方、足利宗家を仕切った人々は、高師直など当初は執事と呼ばれていました。彼らが幕府内で権力を持ち、鎌倉幕府における執権のような存在になっていく中で、「管領」と呼ばれるようになります。

管領職につくのは、細川氏、斯波(しば)氏、畠山氏という足利一門の有力氏族に限られました。また侍所の長官(所司)につけるのは、山名、赤松、一色、京極の有力四家(四職(ししき))でした。

細川頼之はものすごいやり手でした。一三七〇年には今川貞世(さだよ)(了俊(りょうしゅん))という有能な武将を九州探題にして、豪族の大内氏と組ませ、南朝の天下だった九州を平定していきます(七二年に大宰府を奪回。七七年の肥前蜷打(になうち)の戦いで南朝勢力はほぼ壊滅)。

ところが七九年に細川頼之は失脚してしまいます。

有力氏族の斯波義将の軍勢が義満の屋敷を取り囲み（例の御所巻きです）、「頼之をクビにせえ！」と荒っぽいデモを行なった結果、頼之は罷免され、代わって義将が管領に就くことになったのです。

ライバルを競わせる

細川頼之と斯波義将は宿命のライバルでした。一三六六年、義満が将軍になる前の「貞治の変」では逆に斯波義将が失脚、その後釜が細川頼之でした。その仕返しが十数年経って起こったわけですね。これを「康暦の政変」と呼びます。

しかしうがった見方をすれば、大人になった義満が、細川氏と斯波氏の競り合いを上手く利用して、うるさい大番頭を上手に追い払ったのかもしれません。

義満が子どものときの逸話が残っています。南北朝の動乱で播磨（兵庫）に逃れた義満が京都に戻るとき、摂津の琵琶塚（現在の神戸市兵庫区）の景色がものすごく綺麗だったので、義満が「この地を京都の俺の家に持ってこい」と命じた。それを聞いた周囲が「この人は生まれながらの将軍や。大物や」と噂したというのです。

義満はそういう気宇壮大な帝王の資質を持っていた。

実際、貴族の三条公忠はこの逆転劇についての巷の風評を日記『後愚昧記』に書き残しています。「大名たちが将軍の御所を囲んで罷免要求をしたというが、将軍が決断してこのようにしたと話す人がほとんどや」

義満は一三七二年、判始（はんはじめ）という、自分の花押（かおう）（サイン）を政務上の書類に印し始める儀式を十五歳で行なっています。判始は、今でいえば成人式です。

斯波義将ら有力氏族の要求に屈して頼之の罷免に応じたことからすると、一見、義満は弱気な将軍のようにも見えますが、斯波派も細川派も、どちらが義満から有利な命令を引き出すかを争う形になっていて、逆説的に義満の将軍としての権威を確認する結果になっているんですね。

頼之はその後追討命令まで出されますがすぐに赦免され、一三九一年には弟で養嗣子の頼元が義将に代わって管領となり、自分も幕府の中枢に復帰します。そうかと思うと二年後には義将が管領に再任される。

これはつまり、義満が斯波と細川を競わせて、キャスティングボートを握ろうとしているわけですね。

両派の対立を調整して、その上に乗っかるのが義満の権力の淵源になったわけです。

もちろんそれだけではなく、義満は独自の権力を養成することにも意を用いました。まず実務官僚として奉行人（ぶぎょうにん）を置きました。鎌倉幕府や六波羅探題で働いていた事務職の家の出身者たちを雇いいれ、文書管理や事務全般の処理を行ない、だんだん業務の範囲を広げていきます。

さらに御馬廻（おうままわり）と呼ばれる親衛隊をつくります。後に奉公衆（ほうこうしゅう）という将軍の直属軍になりますが、彼らを用いて将軍直轄領を管理させたり、税金を徴収する特権を与えたりしました。またその武力は、肥大化した守護大名の勢力を牽制するのにも役立ちました。南北朝の動乱の間、有力な氏族を味方につけるため彼らに各地の守護職を与えてきたので、そういった守護大名たちが強くなりすぎて統制できなくなりつつあったのです。

有力守護大名を討伐

そこで義満は、細川派と斯波派の対立を煽って潰し合わせたのと同様に、一族内の跡目争いなどにつけこんで守護の力を削いでいきます。

まず一三八七年、美濃・尾張・伊勢三カ国の守護だった土岐頼康が死去すると、養子の康行が跡を継ぎますが、義満は弟の満貞に肩入れして両者を戦わせて康行を討ちます。「土岐氏の乱」（一三八七〜九〇年）です。

そして三カ国の守護職をそれぞれ別の者に継がせます。枢要の地を一人の守護に与えるのは危険だと義満は感じていたのでしょう。

次のターゲットが山名氏です。山名氏は十一カ国の守護として、日本六十六カ国の六分の一にあたる土地を統括していたので、「六分の一衆」と呼ばれていました。

その当主、山名時義が八九年に死去すると、義満は庶流の山名氏清（時義の兄）と満幸（時義の甥）をけしかけて山名家を相続した時義の遺子時熙らを攻めさせます。

時熙らを潰すことに成功すると、一転して氏清と満幸を挑発して激戦の末に滅ぼします。その結果、山名一族の守護職は三カ国にまで減りました。これを「明徳の乱」（一三八九〜九一年）といいます。

九九年には、周防（山口）を拠点とする大内義弘が討たれます。大内氏ははじめは南朝方でしたが、義弘の父が幕府側に転じて以来、軍功を重ねて西日本各地の守護職に任じられ、瀬戸内海の交易路を押さえる有力守護大名になりました。

さらに、大内氏は百済王の子孫を自称して、李氏朝鮮（一三九二年建国）と独自の通商関係を持っていました。

義満はその勢力伸長を警戒し、幾つかの守護職の没収を図るなどして挑発しました。挑発を受けて立った義弘は鎌倉公方の足利満兼や有力守護、また旧南朝勢力などにも挙兵を呼びかけ、自身も堺に城塞を構えて戦います。しかし激戦の末に敗死してしまいました（応永の乱）。

ここまでで幕府の脅威になりそうな強大な守護大名はほぼ一掃され、東国と九州を除く全国での室町幕府の支配が確立したのです。

南北朝も統一

少し前にさかのぼりますが、一三九二年に義満が開いた相国寺で慶讃供養の儀が一日がかりで行なわれました。

義満が有力武士に前後を囲まれて御所から行列を連ねて到着し、相国寺山門で礼仏の儀を行なうと、公卿たちも一列に並んで合掌するという、賑々しい行事でした。

その様子を詳しく日記に記した貴族は、「義満は観音の化身やという老人もおるで。南北朝の争いも収まったし、将軍のおかげで平和が到来したんやな」と書き留めました。

ちょうどこの年、南朝との話し合いも進み、南北朝の統一が実現したんですね。後醍醐天皇が吉野へ逃れてから五十六年が過ぎていました。

京都の人々は、義満を平和をもたらした偉大な将軍と讃えていたようです。また、そう人々に思わせるように義満は自身を巧みにショーアップしていました。その華麗な王者振りを、次項で検分しましょう。

㉞ 義満の「権力の見える化」戦略

足利義満の巧みな分断による守護勢力の削ぎ落としぶりを前項で見てきました。本項では、彼の巧みな自己のショーアップと、朝廷への食い込み方を見てみましょう。

一三八一年に義満の新邸が京都の室町に完成します。「花の御所」と讃えられたこの邸宅から、室町幕府という名称が生まれました。

その春、義満は室町の邸に後円融天皇の行幸を迎えます。義満がまず内裏に参上し、天皇の輿とともに自邸へと向かうのですが、その行列は堂々たるものでした。御厩舎人（みうまやとねり）や侍二十人らが前行し、義満自身は五尺に余る雲雀毛の馬に跨り、随身や侍数十人が従いました。

しかも邸に直行するのではなく、東洞院、今出川、北小路と京都中を練り歩いたのです。

邸内の寝殿に天皇と公卿が着座し、義満は天盃を賜ると土器（かわらけ）に移して飲み、謝意を表して、庭で舞いました。

室町時代のスカイツリー

その様を、『さかゆく花』という二条良基（よしもと）執筆と推定されている記録では、藤原道長や頼通の例と並べて讃えています。全盛期の摂関家の振る舞いを模した催しだったんですね。

その後、天皇をもてなすために、舞や蹴鞠、詩歌などの様々な宴が繰り広げられました。鴨川の水を引いた庭には四季の花木が配されて、花の御所という美称にふさわしい壮麗さだったと伝わります。

単に武家の棟梁であるにとどまらず、公家社会への影響力をも誇示し、京都に君臨する義満の威信を象徴する大デモンストレーションでした。

義満が山名氏を討った明徳の乱では、京都市内が戦場になり、たくさんの人が死んだので、北野経王堂と呼ばれる奈良の大仏殿ぐらいもある大きな建物をつくり、供養の会を催しています。

一三九九年には、相国寺に七重塔をつくります。院政時代の法勝寺の大塔をも凌駕するもので、史上最高の一〇九メートルもありました。残っていれば間違いなく世界遺産ですね。それが落雷で燃えてしまうと、今度は北山（今の金閣寺）に大塔をつくり始める。大きな物や高い物をつくるのが好きな人でした。

義満の特徴は自分の権力の大きさを「見える化」したことです。京都の人に「こんな大きなものをつくることができる義満さんは天下人だ」と思わせたわけです。

この見える化を地方にまで広げたのが、義満の巡行（諸国遊覧旅行）です。

一三八五年に奈良の東大寺と興福寺に参詣します。その行列の華やかさに驚いた人々が「言語道断の見物なり」と語った記録が残っています。その後も紀伊（和歌山）や駿河（静岡）、讃岐（香川）、周防（山口）などくまなく足を伸ばしています。

これには寺社勢力や地方の政情の視察という目的があったのでしょうが、将軍がきらびやかな取り巻きを連れて回るわけですから、庶民みんなが有難がって感動するわけです。

昔のフランス王が首都を決めずに巡幸していたのも、徴税機関がなかったので年貢を取るためでもあったのですが、権力を見える化することによって「王様はすごい」と思わせる効果があったのです。中国の始皇帝も巡幸していましたね。

朝廷での官位を得ることに関しても、義満は貪欲でした。

一三八一年に内大臣を経て翌年には左大臣兼蔵人所別当になります。太政大臣は名誉職ですから、左大臣は実務の最高位です。このときまだ二十五歳でした。

八三年には、源氏の氏の長者、淳和奨学両院別当となります。

これは一一四〇年以来、代々貴族の村上源氏が継いできた地位です。しかし以後は河内源氏の足利家当主が就くことになり、「新田氏が先祖」と主張した徳川氏にまで踏襲されていきます。

同年、准三后の宣下を受けます。これは「准三宮」「准后」とも呼ばれて、三宮（太皇太后・皇太后・皇后）と同じ待遇を受けることを意味しました。この頃には名目上の位になっていましたが、摂関家や天皇の外戚など、スーパーＶＩＰに与えられるものでした。

そして、一三九四年にはついに太政大臣にまで昇りつめます。歴史上、武家出身の太政大臣は平清盛に次いで二人目でした。この二人は能力が傑出していたので、当然といえば当然ですが。

公家いびり

義満は武家にもかかわらず、貴族のトップの地位をも得たわけです。こうなると貴族もこぞって義満に取り入ろうとします。娘を義満の側室に差し出したりもするんですね。あるとき義満が天皇のところへと挨拶に行くと、廷臣がみな揃って出迎えましたが、それに参加しなかった五人は、朝廷への出入りを止められてしまいます。中には出家にまで追い詰められた人もいました。

義満は貴族に追従をあからさまに求めるようなことはしませんでしたが、追従しないものの地位は保証しないぞ、と遠回しに思い知らせるやり方をとりました。

義満にそのやり方を教えていたのは、将軍に宮廷でのしきたりなどを教えていた二条良基でした。

二条良基は長く関白をつとめた当代一流の貴族であるだけではなく、連歌集『菟玖波集』を編んだり、勅撰和歌集の序文を執筆するなど大文化人でもありました。

その彼が和歌、連歌、管弦など教養の面でも義満を指導して、公家社会へのガイドの役割を率先して果たしていたんですね。

義満は良基の邸をしばしば訪ね、また花の御所に良基を招いては、公家社会の作法を教わっていました。

良基は南北朝の動乱で荒廃した朝廷を再興するにはお金も権力も必要だと考えて、積極的に義満に近づいていったといわれています。

義満を通せば公家文化のもとに武士たちを飼いならすことができると期待していたのかもしれません。

天皇にもなれる?

先生が超一流なら、義満もまたメチャ優秀な生徒でした。貴族社会は儀式の世界であり礼儀作法の世界です。鎌倉幕府が自分たちは軍事警察権に特化して、政治については朝廷でどうぞといっていたのは、煩雑な儀式を覚えて朝廷を取り仕切るのが面倒だったからでしたよね。

でも、義満はその煩雑なことを軽々とやってしまうのです。だから公家の世界にも君臨できたんですね。

後醍醐天皇と足利義満は同じことを逆の方向からやろうとしたといえるでしょう。後醍醐は朝廷の方から革命を起こして、武家の力を自分のものにしようとした。

一方で義満は武力をベースにしながら貴族社会を自分のものにしようとした。両者とも「公武合体」を目指していたわけです。

後醍醐は失敗しましたが、義満は公武合体を成し遂げた唯一の将軍になったということだと思います。加えて、義満は公家権門のみならず寺社権門も自らのもとに統合しました。その象徴が一三九四年に行なわれた義満の日吉社参詣です。将軍家の年中行事費用の調達は、山門（比叡山）の土倉・酒屋が支えていました。

義満は一四〇八年に死去する直前に、もっともかわいがっていた息子の義嗣（よしつぐ）の元服式を、内裏で親王と同じように行ないました。公家や武家の子息が天皇のもとで元服式を行なうのは前代未聞のことです。

こうした動きから、義満は義嗣を天皇にしようとしたのでは、という皇位簒奪説がかつて一大ブームを巻き起こしました。しかし現在の通説では、義満自身が天皇になろうとした、あるいは義嗣を天皇にしようとしたという証拠は何一つないとされています。

ただ、義満が「日本国王」を名乗ったのは歴史的な事実です。次項でそのわけを探りましょう。

㉟ 前期倭寇と「日本国王」

かつて「足利義満は、天皇になろうとしたんやで」という説がありました。その状況証拠としてよく挙げられるのが、義満が「日本国王」を名乗ったという歴史的事実です。

それは実際にはどういうことだったのでしょうか。

一三七九年の政変で管領細川頼之が斯波義将らに追放されると、義満に権力が集中することになります。

翌年、中国の明で、初代皇帝、朱元璋（洪武帝）のもとで絶大な権力を振るっていた宰相の胡惟庸が、謀反の罪で処刑され、関係者が大量に粛清される政変が起きました。偶然、海を隔てて似たような事件が起きていたわけです。そして胡惟庸の罪状の一つに、日本国王など外国の勢力と結託して国家転覆を謀ったというものがありました。

これはまったくの冤罪といわれていますが、ここでいう「日本国王」とは、九州を支配する南朝の征西将軍、懐良親王のことです。

当時、食料、物品の略奪や、住民を奴隷として拉致するなど好き勝手に朝鮮半島や中国沿岸を荒らし回っていた海賊――前期倭寇を退治するため、明は一三七一年に懐良親王を「日本国王良懐」として冊封し、その働き（倭寇取締）を期待していたんですね。

冊封というのは、中国の皇帝が周辺国の君主と、宗主国vs.属国の関係を結ぶことです。同様に前期倭寇に苦しんでいた高麗から一三六六年に使節が派遣されます。室町幕府はそれに対して、知恵袋となっていた臨済宗の禅僧、春屋妙葩（しゅんおくみょうは）の私信の形で対応しました。

ここで倭寇について簡単に触れておきます。十三～十四世紀の前期倭寇はいわば日本や朝鮮の海賊の集合体で、義満の勘合貿易の開始とともに収束しました。これに対して、十五～十六世紀の後期倭寇は全く性格が異なり、明の海禁（鎖国）によって締め出された中国や日本、朝鮮の海民の共和国とでもいうべき存在でした。後期倭寇は、秀吉の海賊停止令（一五八八年）と朱印船貿易による貿易統制によって姿を消しました。

東京大学史料編纂所所蔵

『倭寇図巻』に描かれた倭寇の様子

九州独立!?

一方の懐良は明の軍事力を後ろ盾にして、北朝方と対抗しようとしたとみられています。最終的には、独自の九州国家を樹立しようとしていたわけです。

これは義満にとっては由々しき事態でした。一三七二年に九州探題の今川貞世（了俊）が大宰府（懐良の征西府の本拠）を陥落させ、南朝勢力を追い払うと、翌七三年、室町幕府最初の遣明使を送ります（応安度船）。

ところが、義満は日本の王ではなく臣下であるという理由で、外交相手として認められなかったのです。

一三八〇年にも「征夷将軍源義満」名で明に通交を求めますが、やはり駄目でした（康暦度船）。

大商業帝国、大元ウルスを倒した明は、商業や交易を憎む退嬰的な政権で、当時、海禁政策（鎖国）をとっていました。明の認めた船しか交易してはならないという厳しい規制です。

日本に対しても「日本国王」との通交しか認めません。一方義満にとっては、「日本国王良懐」を名乗る九州の南朝勢力が明を後ろ盾に敵対してくる恐れがあったわけです。

義満は一三九五年に出家して道義と改名しました。大臣や将軍など、天皇の臣下であることを示す肩書を捨てて、太皇太后・皇太后・皇后に准ずる准三后の称号のみを使用します。

また明の望む倭寇対策にも義満は積極的に取り組み、その上で、一四〇一年に僧の祖阿と、博多の商人を使いにして、金や剣など様々な宝物を乗せた船で遣明使を出します。「日本准三后道義」の名で明の二代皇帝、建文帝に書を奏上すると、今度は即座に朝貢の希望が認められ、明から対日使節が送られます。義満は日本国王に認定されたのです。

実は建文帝は、有力な叔父である朱棣（しゅてい）と争っていて、近隣諸国を味方につけておきたいという事情があったんですね。前年には一三九二年に建国した李氏朝鮮も冊封していきます。

明使は一四〇二年八月に兵庫の港に着くのですが、このとき義満はわざわざ兵庫まで出向き、唐船を自分の目で見ています。そして京都で引見の儀が行なわれます。建文帝からの手紙には次のように書いてありました。

明の臣下になる？

「なんじ日本国王源道義は、土産とともにわざわざ使いを送ってくれて、朕もうれしい。倭寇退治もよろしく頼む」。義満は、日本国王として明に冊封されたのです。ただ、建文帝はこの四カ月後、朱棣に敗れてしまいます。そして朱棣が、永楽帝として即位しました。

義満は抜かりなく、一四〇三年二月、明使の帰国時に禅僧の堅中圭密（けんちゅうけいみつ）を使節として同行させる際、明の情勢を考慮して建文帝宛と永楽帝宛の二通の国書を作成していました。

その中で義満は自ら「日本国王臣源」と称していたのです。

日本が中国と正式の国交を結んだのは遣唐使停止以来五百年ぶりで、冊封を受けたのは五世紀の「倭の五王」以来のことでした。

かつては、せっかく日本は中国から独立していたのに、足利義満は勝手に日本国王と称して中国にひれ伏した、とんでもないやつやなどといわれていました。

しかし明と貿易をすればメチャ儲かるわけですから、平清盛と同じように日本の発展を考えたら交易をやったほうが得ですよね。名を捨てて実を取ったんだと思います。

明使引見の席の配置や服装、詔書の開き方などの記録が残っていますが、それを見ると義満は全くペコペコせずに中国の使節を迎えている。

まるで朝貢してきた異国の使節を謁見するような感じでした。

また義満の「日本国王」の称号は、あくまで貿易の便宜として用いられていました。国内政治では「中国皇帝を後ろ盾とする権威」として「日本国王」の称号を使った形跡がまるでないのです。ここからも「義満は皇位簒奪を意図していた」という説は否定されるわけですね。なお、義満は対朝鮮外交についても表舞台に立ち、一三九八年に大内義弘の仲介により李氏朝鮮の使節を引見して通交を再開しました。

勘合貿易と義持の反抗

こうして一四〇四年から日明貿易がはじまります。明の政府が公認した船だと証明するために、勘合という紙片が使われました。勘合を半分に割り、日本側と明側が半分ずつ持ち、それが合えば「よしよし、正式な貿易船やな」とわかる仕組みです（かつて用いられていた「勘合符」という言葉は、当時の史料には見られず、江戸時代以降に使用された言葉なので、最近では使われなくなりました）。

一回の航海には百五十人乗りの船六、七艘が行き交っていたようです。船の大きさは五百石から二千五百石、あるいは七百石から千七百石の規模です。一石は約三〇〇リットルですから、荒っぽく言えば三石で一トンですよね。二千五百石の船なら、八三〇トンぐらいになります。五百石だったら一五〇トンぐらいになります。

一四九二年にアメリカに到達したコロンン（コロンブス）の船が一五〇トンぐらいです。そこから考えると、結構大きな船で勘合貿易をしていたことになりますね。

明に売っていたものは、銅や硫黄や刀。日本刀はかっこよくて綺麗だったので喜ばれたんですね。明から買っていたのは、永楽通宝という銅銭や、生糸や書物です。

勘合貿易は、幅広い経済的、文化的な効果を生み出しました。南北朝の動乱からの復興の切り札にしようとした義満の狙い通り、室町幕府に繁栄をもたらしたのです。データが比較的残っている義教期以降の遣明船を見ると、公方船よりは寺社船や大名船が多かったようです。寺社や大名は礼銭を幕府に支払い、交易に必要な勘合を分けてもらっていました。

ところが義満の死後、あとを継いだ足利義持（よしもち）は勘合貿易を中断させてしまいます。義持は禅などの学識も深く賢かったといわれますが、一三九四年に四代将軍になったものの、義満が院政のような形で政治を総攬していました。一四〇八年に義満が死ぬまで十四年間も、将軍でありながら何の権力もなかったんですね。全部お父さんが決めていた。

こういう立場の長男がどういう気持ちになるかといえば、当然お父さんと正反対のことをやりたくなるのは心情としてよくわかります。

だから義持はお父さんの死後、朝廷が義満に太上法皇号を追贈しましょうといってきたのをすぐに辞退しますし、花の御所から、義満以前の幕府の本拠地であった三条邸に引っ越します。一四一一年には勘合貿易も中断させてしまうのです。もっとも義持は、義満の政策の全てに反対していたわけではなく、自らの判断で取捨選択していたようです。義持にせよ義教にせよ、義満の子どもは揃って優秀でした。

義持の死後、嫡男の五代将軍義量（よしかず）が早逝していたので、将軍職を継いだのは義持の弟、義教でした。そして今度は義教が兄義持に反対する政治を行なうようになります――それはまた後でみることにしましょう。

㊱ 世阿弥とパトロン義満

現在、日本の伝統文化といえば、誰もがそのひとつに「能」（とその合間に演じられる「狂言」）を挙げます。その能を室町時代に大成したのが世阿弥（ぜあみ）です。

世阿弥は優れた能役者であるだけではなく、能の演出に変革をもたらした劇作家であり、能楽論を書いた理論家でもありました。

先般、歌舞伎の世界では、松本白鸚（はくおう）、松本幸四郎、市川染五郎の三世代同時襲名が行なわれましたね。

新しい染五郎は十三歳で襲名しましたが、かわいいと人気です。世阿弥とはどんな人かといえば、今の染五郎がみんなにキャーキャー騒がれるのと同じような美少年だったと考えればわかりやすいと思います。この美少年を溺愛したのが足利三代将軍義満でした。

能の前身は猿楽です。これは八世紀に中国から伝わった散楽という、朝廷の儀礼で演じられた曲芸中心の雑芸を源流として発展したものだといわれています。

現在の能は、観世（かんぜ）、宝生（ほうしょう）、金春（こんぱる）などの諸流派が活動を行なっていますが、当時もそれぞれの流派が奉仕する大きなお寺や神社などの庇護のもとで、一座であちこちの地方を巡回し、芸を見せては生活をおくっていました。世阿弥は結崎座（ゆうざき）（後の観世）の大夫（たゆう）

（座長）の観阿弥の子どもでした。

十二歳の美少年

義満が初めて猿楽を見たのが、一三七四年か七五年、世阿弥が十二歳の頃に、京都の今熊野でお父さんの観阿弥と一緒に舞ったときでした。そこで世阿弥は義満に目をつけられて、寵愛を受けるようになります。

世阿弥の『風姿花伝』という能の理論書に、十二、三歳の役者について述べたところがあります。

「童形なれば、何としたるも幽玄なり。声も立つ比なり。二つの便りあれば、わろき事は隠れ、よき事はいよいよ花めけり」

小さい頃は何をしたってかわいいものやで——世阿弥自身の経験を記したような感じがしますね。

一三七八年のある会で義満とともに世阿弥が舞うのを見た公家の三条公忠が、その日記『後愚昧記』で、「将軍がかわいい男の子を横に侍らせているのは、気持ち悪いことやで。猿楽など下賤のするものやのに」と嘆いています。

義満のご機嫌を伺う大名たちも競って世阿弥に財宝を与えました。

また観阿弥父子も、パトロンの義満に積極的に取り入る努力をしました。たとえば「金札」という観阿弥の作品は、義満の花の御所の落成と、南北朝の対立を収拾して泰平の世を実現した成果をことほぐ意図があったと指摘する人もいます。こうして猿楽は、貴族や大名たちも楽しむ芸能として公式に認められていきました。

一三八四年に観阿弥が没し、世阿弥が観世大夫を継ぎます。

一三九九年には京都で、義満の臨席のもと三日間の勧進能を興行して、能楽界第一人者の地位を見せつけることに成功しました。

世阿弥は、いまでは能の代名詞となった「夢幻能」という演出を完成させた人物として知られています。

旅の僧などが地方の名所などを訪ねると、そこで正体不詳の人に出会い、名所にまつわる物語を聞く。能の後半では、その物語で語られた亡霊が僧の前に現われて舞を舞いつつ、後生の弔いを僧に頼む――。

亡霊は、平家の武将であったり、貴族であったりと様々ですが、彼岸と此岸の関わりを描く趣向で、高貴な感じがしますね。

演出的にも、前半と後半で見せ場が異なり、劇的さが増しました。

世阿弥は二条良基に連歌を一所懸命習っていました。二条良基は義満に宮廷のしきたりを教えた大貴族でしたね。そこで吸収した知識、教養を、どんどん猿楽に反映させていったわけです。

猿楽は当時の庶民にとって親しみのある大人気の大衆芸能でした。それを世阿弥たちは貴人や教養人にも受容されるよう、積極的に洗練させていったのです。

人気者商売の有為転変

しかし義満が生きている間は世阿弥の天下だったのですが、義満の死後、跡を継いだ四代将軍義持は、義満と反対のことをし始めます。

義満の進めた「公武合体」や、貴族に擦り寄るのが義持は嫌いでした。もっと武士に戻らなあかんという考えだったんですね。

その義持は、田楽を好んでいました。田楽は田植え歌などから始まった素朴な芸能です。

合掌造りで有名な富山の五箇山(ごかやま)に、「こきりこ節」という民謡が残っていて、日本最古の民謡として知られています。これは田楽の芸能を今に伝える貴重なものです。

鎌倉時代から室町時代にかけて、田楽にも様々なスターが生まれて、大活躍し、一時は猿楽以上の人気を誇っていました。田楽に演劇的な要素が加わった「田楽能」というものも盛んに行なわれていました。

その田楽のスターのひとり、田楽新座の増阿弥(ぞうあみ)というすごく上手な役者が、義持の時代になると、彼の寵愛を受けるようになります。

増阿弥の芸をライバル視しながら「超クールや(冷えに冷えたり)」と感心もした世阿弥は一四二二年に出家し、長男元雅(もとまさ)に大夫を譲るんですが、元雅は早逝してしまいます。

一四二八年、義持が死んで義教が跡を継ぎます。義教は、世阿弥の甥の観世元重（音阿弥）をひいきするようになります。

義教がまだ将軍になる前、義円という名で青蓮院にいたとき、その御前で舞って支持を得たのです。将軍になると、観世大夫の地位も音阿弥に移してしまう。音阿弥は役者としては滅茶苦茶うまかったのです。

佐渡に流されて

その後義教は世阿弥を佐渡へ流してしまいます。世阿弥はもう七十二、三歳になっていました。

義教は赤松満祐宅に招かれて能を見ている最中に、突然赤松の配下に殺される（嘉吉の変）わけですが、音阿弥は次世代の将軍義政の時代になっても厚遇されたことで、今日最大流派を誇る観世流の礎を築いていったのです。

佐渡に流された世阿弥は一四三六年に『金島書』を書いたことがわかっています。その後どうなったかは長らく不明でしたが、近年になって奈良の補巌寺に、世阿弥の命日が台帳に記載されていることがわかり、おそらくその寺に最晩年には夫婦で身を寄せていたのではないかと考えられています。

現代の佐渡にはたくさんの能楽堂があります。世阿弥ゆかりかというと、実はそうではなく、徳川時代になってから、能が大好きな幕臣の大久保長安が佐渡の金山奉行をしていたときに、佐渡各地の神社で能を奉納したのがはじまりといわれています。

そこで能を見た地元の人々も愛好するようになり、村々に素朴な能楽堂が建てられていったんですね。とはいえ佐渡で盛んなのは、観世ではなくて、観阿弥の兄が祖（『申楽談儀』伝）といわれる宝生流です。

義満は「公武合体」政権を推進して、貴族たちと常に一緒にいましたから、能は政治に使えると思ったのかもしれません。和歌や蹴鞠、連歌などでは権威は貴族たちの掌中にありますが、猿楽はこれからの文化です。自分が一番のパトロンとして権威になることができます。やがて戦国時代になると、茶道が同じような役割を果たすことになるのです。

㊲ 守護大名の誕生

江戸時代の大名たちは領国と将軍のいる江戸を一年ごとに往復していました。皆さんご存じの「参勤交代」の制度ですね。

では室町時代の守護はどこに住んでいたかといえば、ほとんどが将軍のいる京都に館を構えていたのです。

管領職を務める細川、斯波、畠山といった足利一族の名家や、侍所頭人（軍事・警察庁長官）など室町幕府の要職を務める山名、赤松、一色、京極といった有力守護たちは京都に詰めていました。

実際の任地の業務は、その守護の家臣である守護代や、さらにその代理（守護代の家臣、又守護代）が行なっていました。

だから一人で複数国の守護を兼任することもできたわけです。

たとえば美濃（岐阜）・尾張（愛知）・伊勢（三重）の三国の守護を兼任した土岐頼康や、中国地方を中心とした六カ国の守護であった大内義弘。山名氏などは日本全国六十六カ国の内、一族で十一カ国の守護を押さえ、「六分の一衆」と呼ばれていたのでしたね。

守護の権限の拡大

以前にも見ましたが、鎌倉時代の守護の権限は厳しく制限されていました。大犯三箇条のみです。

鎌倉時代に入ると国司はもはやほとんど任地には赴かず（遥任）、受領は見られなくなりました。代わりに目代（もくだい）（中央から派遣されるケースや現地の有力者が任命されるケースがありました）や在庁官人が公領を取り仕切るようになりました。例えるならば、知事が東京にいて知事の仕事を現地の民間人に委託するようなイメージでしょうか。国司は地元から利権が上納されるだけの存在になってしまったのです。それでも武士たちは公領の行政権の範囲には立ち入らないという意識を持っていました。国司が在京の県知事とすれば、守護はいわば現地の県警本部長でした。

ところが鎌倉幕府が滅ぶと、南北朝の内乱、続いて足利尊氏と直義の争い（観応の擾乱）、その余波を受けて内乱が続きます。

あちこちの国で武士たちが北朝についたり南朝についたり、合流したり裏切ったりと入り混じって戦っているわけです。民衆も「野伏（のぶせり）」として参加しました。

そうすると次第に、地域の武士たちを動員して指揮をとる守護の権限が拡大していくことになります。たとえば土地争いに関する幕府の決定に従わせる実力行使の権限（使節遵行（じゅんぎょう））です。

また紛争があちこちで起きると、県警本部長はいろいろ出動する機会が多くなり、「この運転資金はどうするねん」という問題が生じてきます。

そこで一三六八年、幕府は半済令(はんぜいれい)を出します。細川頼之が管領のときです。

半済令とは、各地の荘園や公領で集めていた荘園領主や国司への上納分（年貢）を、半分お前のものにしてええで、資金は現地調達するんやでという話です。

半済令は、激戦の続いていた京都周辺の守護に限定して出したのですが、土地の上がりの半分を守護が持っていってもええんやでという話は全国の県警本部長たちにもあっという間に広がりました。「うちにもけしからん反乱分子がいっぱいいます。やっつけるためにはお金が要りますから、うちも半済でやっていいですよね」と。

米沢市上杉博物館所蔵

『洛中洛外図屏風』に描かれた京都の細川管領屋敷

国人の二極分化

朝廷の国司や荘園領主たちは、領地に対して年貢を徴収する権利を持っていたのですが、鎌倉時代の中頃には、その地域を管轄する地頭に領地の支配と年貢の徴収を任せる例も増えてきていました（地頭請）。

ところが日照りや物入りでと地頭がきちんと領主に年貢を納めないようになってしまうのですね。

そこでこんどは地頭にいうことを聞かせられる実力をもった守護に任せるようになります（守護請）が、守護たちも上がりを自分のポケットに入れてしまうようになっていきます。

こうして守護が国司の「県知事の行政権」を吸収していきます。守護の仕事はもともと世襲ではなく、その都度将軍から任命されるものでしたが、これも次第に世襲化がすすんでいき、各地が守護の「領国」のようになっていきました（守護領国制）。

領国には地元の町村長のような武士（国人）たちがいました。彼らはもともと鎌倉幕府の地頭や御家人だったり、荘園の管理人（荘官）だったりした人たちです。

その国人たちの中には、県警本部長が知事を兼ねるんやったら、早く子分になってかわいがってもらおう、と考える人々がいて、いわば被官グループとして守護の家来になっていきます。

ところが、「今までは知事と県警本部長と二人いたので、権力が分立して、俺たちにも都合が良かった。それが一本化されて力が強くなったら、俺たち自由に動けへんで」と思う人々もいる。

そこで自分たちで大同団結して頑張ろうというグループも当然出てきます。そのグループが、国人一揆をおこすようになります。

一揆は仲間づくり

一揆というと、僕らのイメージは百姓一揆ではないでしょうか。鍬（くわ）や鎌を持って、白土三平のマンガ『カムイ伝』のようにお百姓がワーッと奉行所に押し掛ける。

しかしもともとの一揆の意味は、一味同心ともいわれて、同一目的のために結集した集団のことです。起請文（きしょうもん）を取り交わし、一味神水の儀式を行なって団結を誓う同盟で、参加者は原則として平等でした。

関東では武蔵（埼玉・東京）を中心とした国人たちが団結して「白旗一揆」「平（へい）一揆」という武士団を結成して、南北朝期の戦乱を乗り越えていきました。その後も幕府に対して、一団として対処していきます。

また安芸（広島）の国人一揆が、一四〇四年に起きています。有力守護大名の山名満氏が安芸の守護になって取り仕切ろうとしたときに、毛利光房などの地侍が抵抗して、「そんな強いやつは要らん」と、結局幕府に山名氏の守護任命を取り消させた事件です。

このように南北朝期の国人一揆は戦闘遂行目的で結成され、参加者も地頭クラスの大物が中心です。しかし、室町中後期になると一揆のスタイルがかなり異なってきます。これを国一揆（惣国一揆）と呼んで国人一揆と区別していますが、国一揆の目的は地域の自治です。国一揆には百姓層も含めて幅広い人々が参加しています。つまり、室町中後期になると、惣村（百姓層の自治組織）が成熟してきたのです。

その代表例である一四八五年の山城国一揆はとても有名で、どこの教科書にも出てきます。京都周辺で畠山政長派と義就派の争いが延々と続くのに嫌気がさした人々が、宇治の平等院に集まって、国中掟法というルールを定め、国人たちで八年間自治を行なったのです。

自活する動きは武士階級だけにとどまらず、農民たちにも波及することになりますが、それはまた後でみていきましょう。

さて、このように一部の抵抗はあっても、全体としては守護たちの力が増していきました。こういった有力者たちが京都で将軍を囲んで幕府を運営していたわけです。ときには将軍に意見を通すために守護同士で手を組んで、将軍御所を兵士たちで取り囲んだりもしました（御所巻き）。

守護大名たちに将軍が脅威を感じても不思議ではありません。守護たちが巨大な領国や武士団を持つようになる一方で、将軍には権威はあっても、自分の領地も、身辺を護る武力も少なかったのですから。

土岐氏や山名氏、大内氏などの内輪もめを利用して力を削いだ足利義満のように、その後も歴代将軍は幾度となく守護の力を削るための方策をとることになります。

義満はさらに各地を遊覧することで、「守護より偉いのがいるんやで」と将軍の権威を直接見せつけることまでしていましたね。

ところでその義満の遊覧も富士山ぐらいまでしか行けませんでした。その先の東日本エリアには、幕府とは別の政権が存在していたからです。それが鎌倉府です。次項で詳しくみていきましょう。

㊳ 東日本エリアは別の政権

前項では、守護は京都に詰めて将軍に近侍していたことを話しました。この守護たちというのは、実は箱根以西のメンバーに限られていました。

一方東日本の有力者たちは鎌倉に集まっていました。この時代、鎌倉には京都の将軍（公方）とは別に、鎌倉公方が存在していたのです。


二代目将軍の義詮には基氏という弟がいました。「観応の擾乱」が勃発した際、鎌倉で東日本を統括していた義詮は、基氏と交代するかたちで京都に上ったのでしたね。

義詮は失脚した直義から幕府の政治の実権を引き継ぎ、その後将軍の位を尊氏から受け継ぎました。一方、弟の基氏は「鎌倉公方」として関東足利氏の流れをつくります。

鎌倉公方を頂点とする鎌倉府の所管を見ると、関東八カ国と、伊豆と甲斐です（後に、東北地方も追加されます）。また鎌倉府は京都の幕府による口出しの権利留保はなされていたものの、守護の任命権や所領の安堵権をも持っていました。

よく鎌倉府と比較される鎌倉時代の六波羅探題にはこんな強い権限はありませんでした。

日本を二人で分けた

これが室町幕府の大きな特色です。足利義満ですら富士の遊覧までしか行けなかったのは、その先は俺の管轄やないという意識があったわけです。足利幕府は、日本を東西に分けて統治する政権構造でした（巻末の足利氏系図参照）。

じゃあなぜこれほど大きな権限を鎌倉公方に与えたのかといえば、南朝とのごたごたのせいです。将軍は京都周辺で手いっぱいで、必然的に鎌倉府の権限が大きくなっていったのです。守護の権限が肥大化していったのと同じ現象ですね。

そうすると、鎌倉公方は「日本を京都の将軍と俺の二人で分けたんやで。権限からいっても血統からいっても俺は将軍と同格やで」と思うのも無理はないですよね。

京都の幕府は鎌倉公方の執事兼お目付け役として、足利家代々の家臣である上杉氏を大体において「関東管領」の職に任じていましたが、鎌倉公方はチャンスがあれば京都の将軍の座を狙うようになります。

南北朝の戦乱を生きた基氏は大人しく鎌倉公方の仕事を全うしましたが、二代目鎌倉公方氏満（うじみつ）になると野心を顕（あらわ）にします。

義満の時代に、斯波義将が将軍御所を兵で囲み、細川頼之の管領職罷免を要求して頼之が失脚します（一三七九年、康暦の政変）。

そのとき氏満は、斯波氏に呼応して兵を出そうとしますが、関東管領の上杉憲春（のりはる）が切腹して諌めたので辛うじて思い止まりました。

三代鎌倉公方満兼の時代には、有力守護大名の大内義弘が足利義満の挑発にのって、堺で応永の乱を起こします（一三九九年）。

鎌倉公方の満兼は、義満の救援と称して兵を率いて下野（栃木）の足利に陣を構えました。ところが大内義弘は戦死。満兼は上杉憲定（後の関東管領）に諌められ、空しく鎌倉へ戻ります。

このように鎌倉公方は常にチャンスを狙っていたわけです。そして幕府との間に立って鎌倉公方を諌める関東管領との間には、次第に大きな溝ができていきます。

鎌倉公方の四代目は満兼の嫡子持氏が継ぎます。

持氏が関東管領の上杉禅秀を辞職へ追い込むと、翌一四一六年、禅秀は持氏に対して兵を挙げ、いったんは鎌倉を制圧し、持氏は鎌倉から逃げました（上杉禅秀の乱）。

幕府では鎌倉公方との微妙な関係から対応に迷いますが、四代将軍義持は、「俺は持氏の烏帽子親（名付親）やから見捨てられへんわな」と持氏を支援することにし、追い詰められた禅秀は一七年に自害して果てます。

鎌倉公方vs.くじ引き将軍

足利義持は、嫡子義量に将軍職を譲るも先立たれてしまったことで、政務に復帰しますが、一四二八年、「後継者は決めないから後はよろしく」と宣言して没しました。

義満以降、将軍家のブレーンだった「天下の義者」満済（真言宗醍醐寺の中興の祖）と重臣たちは後継者を岩清水八幡宮の神前でのくじ引きで決めることにし、義満の子ども、義教が選ばれます。義教は出家していましたが、還俗して将軍の職を継ぎました。もっとも、法体の者に官位を与えるのはおかしいという理屈で、義教が正式に将軍に就任したのは髪が伸びた二九年のことでした。

鎌倉公方持氏は、将軍就任の望みを強く持っていました。だから義教が後継者になったことが気に入りませんでした。「くじ引きで決めた将軍より、鎌倉の俺のほうがよほど正統やで」と、義教の権威を徹底的に無視します。

持氏と義教の水面下におけるツノの突き合いは、次第に抜き差しならないものになります。

一四三八年六月、持氏の嫡男が元服して、義久と名乗ります。

鎌倉公方の関東足利氏は、これまで元服の際には京都の将軍から一字を貰うことで両者の上下関係を示していました。持氏の「持」は義持の「持」でしたね。

その慣習を無視して八幡太郎義家にもつながる、将軍家が使う「義」の字を使う。これは足利将軍家への明白な挑戦でした。

関東管領上杉憲実の猛反対の中で、持氏は義久の元服を強行します。八月、憲実は本拠地の上野（群馬）に逃れ持氏が追討のために出陣するに至りました。「永享の乱」です。

関東での内乱の知らせを受けた将軍義教は、持氏追討の軍勢を出し、九月、箱根早川尻の合戦で鎌倉公方方は敗北します。

十一月には持氏は観念して出家し、上杉憲実は助命を懇願するのですが、義教は取り合いませんでした。翌春、持氏と義久は自害し、ここで鎌倉公方の鎌倉府はいったん滅ぶかたちになりました。

その後持氏の遺児春王丸、安王丸らが結城氏に担がれて反乱を起こします（結城合戦。後述）が、鎮圧され四一年四月に彼らも殺されます。

鎌倉府の復活

足利義教はこの機会に京都と鎌倉の東西分割統治の状況を改め、支配を幕府に一元化しようと考えていたようです。

ところが義教自身が同年六月に「嘉吉の変」で殺されてしまうことで、話が振り出しに戻ってしまいます。密かに匿われていた持氏の別の遺児、成氏（しげうじ）が五代鎌倉公方として幕府に承認されて、鎌倉府が復活することになるのです。

新・鎌倉府においても鎌倉公方と関東管領との対立の構造は相変わらずで、一四五四年、成氏は関東管領の上杉憲忠（のりただ）を謀殺します。ここから享徳の乱が始まりました。

幕府は上杉家に肩入れし、翌年成氏は幕府軍に鎌倉から追い出されてしまいました。そこで自分に味方する武士が多かった下総（茨城）の古河（こが）に移り、古河公方と呼ばれます。

幕府は古河公方に対して八代将軍義政の兄政知を関東に送り込みますが、鎌倉には入れず伊豆堀越を本拠としました。これが堀越公方です。

両者の争いは関東各地の国人の争いを巻き込み、一四八二年に古河公方足利成氏と幕府方（堀越公方）との和議が結ばれるまで三十年近くに及びました。

この享徳の乱を、応仁の乱（一四六七～七七年）に先立ち戦国の世のはじまりと見る研究者もいます。

さてこうしてみると義教は分断された東西の統一にあと一歩まで来ていたことがわかりますね。室町幕府の権威のピークは義教だと僕は思いますが、次項でその義教の時代を詳しくみてみましょう。

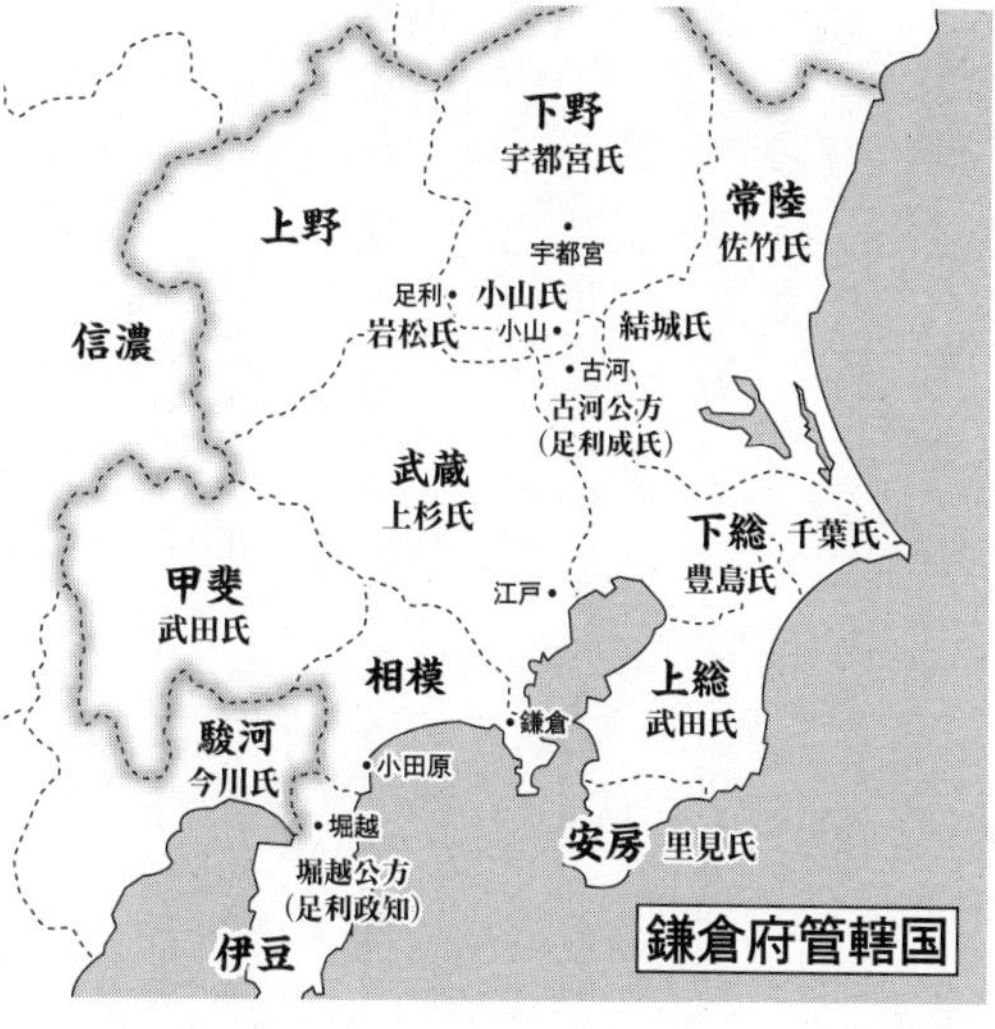

鎌倉府管轄国

㊴ 足利義教——幕府の権威がピークに

六代将軍足利義教は、業績からいえば僕は義満や信長に並ぶ存在じゃないかと思っています。

義教のニックネームは「悪御所」でした。悪には善悪のワルという意味だけではなく、強い、魅力的であるという意味もあります。

なんだかニックネームも信長に似ている感じがしますよね。

さて前述したように、義教は、兄の義持が後継者を指名しないまま死んだので、神前くじ引きで選ばれた将軍でした。

鎌倉公方足利持氏は、「くじ引きで選ばれた将軍だ」と侮っていたのですが、選ばれた義教自身は「神様が俺を選んでくれた」と思っていました。

それだからか、「神の審判」を重く見て、種々の政策もくじで決めようとしたといいます。

例えば後小松院が没し、後花園天皇が喪に服して政務を停止すべきかどうか議論になったときも、結局くじで神意をうかがって、政務を行なうことに決しています。

義満体制を復活

なぜ後花園が喪に服すべきかどうかで揉めたかというと、後花園が後小松の実子ではなく北朝（持明院統）の中でもだいぶ遠い系統から跡を継いだ人だったからです。実は後花園天皇の即位は、将軍に就任する間際の義教が力強いリーダーシップを発揮して実現したのです。

後小松院の子どもの称光天皇が二十八歳で亡くなると、「治天の君」として院政を行なっていた後小松には嗣子が残っていませんでした。

称光天皇が没したときは、足利義満と結んだ両統迭立の約束を裏切られていた南朝側にとっては、皇位を取り戻すチャンスでした。

ところが義教は、北朝の系統の中から伏見宮家の彦仁王を連れてきて、後小松の猶子（養子）にして一四二八年に後花園天皇として即位させます。

南朝方の人々は、「そんな八親等も離れた遠縁から連れてくるんやったら、約束を履行せんかい」と挙兵しますが、義教はすぐに反乱を抑え込みました。ちなみに八親等も離れた皇位の継承は、奈良時代最後の称徳天皇が崩御されたとき以来のことになります。

義教は将軍になったばかりですが、難しい皇位の継承や南北朝のごたごたをビシッと収めているわけです。この後花園天皇が現在の皇室の直接の祖先となります。そして弟の貞常親王（伏見宮四代目）から、戦後に皇籍離脱した十一宮家（旧皇族）が生まれています（巻末の王家系図3を参照）。

もともと義教はとても優秀な人でした。足利義満の五男として生まれ、十歳で天台宗のお寺に入り、二十六歳で比叡山延暦寺のトップである天台座主にまでなっています。

一四二九年、将軍に就任した義教が目指したのは、父、義満のあり方でした。

義教の兄だった将軍義持は一部、義満に反発した政治を行ないました。室町御所から義満以前の三条の御所に移ったり、明との勘合貿易をやめたり、能より田楽を愛好したり……。

ですが、義教は「兄貴よりも親父のほうが将軍としては偉大やで。俺は親父の道を受け継ぐんや」ということで、住処（すみか）も室町御所に戻し、義持が中断した勘合貿易も再開します。

日本は再び外国に向けて開かれた国になりました。有力大名や大寺社も盛んに貿易船を送り出します。寺社は造営料を稼ぐのが目的でした。

義教自身が対明通交には興味津々で、明に渡った船が帰着するときに兵庫まで夫人とともに見に出かけたといいますから、まさに義満そっくりです。

そして遣明船にかかわる外交事務を取り扱う唐船奉行を一四三四年に創設しました。これは勘合貿易が終わる十六世紀半ばまで存続することになります。

万人恐怖す

また義教は、オペレーションを管領に全部任せるのではなく、御前沙汰といって「俺の前で決裁するんやで」と自分でやり始めます。

これは管領が行なってきた裁判を将軍のもとに取り戻そうという意図だったのです。

義満と同じように将軍直属軍（奉公衆）の整備も進めています。なにしろ「俺は神に選ばれた将軍や」と思いこんでいるから、むやみにやる気を出すわけです。そして、鎌倉幕府と比べると室町幕府の将軍の権限ははるかに強大でした。

ただ義教の問題は非常に気が短かったことで、自分のいうことを聞かないからと、見境もなく懲罰を加えることがよくありました。

一四三三年に始まった比叡山延暦寺の衆徒（寺の運営スタッフ）らによる強訴に対しても厳しい弾圧姿勢で臨み、和議のための比叡山からの使者たちについても、言いがかりに近いかたちで処刑してしまいます。

抗議して延暦寺側では根本中堂に火を放ち僧たち二十人が焼身自殺を遂げる事件も起こりました。

京都では延暦寺の話をするなという箝口令（かんこうれい）が出され、路地で噂話をしていた商人が斬首されたといい、この記録を残した貞成（さだふさ）親王は「万人恐怖す、言う莫（なか）れ、言う莫れ」と記しました。ちなみに貞成親王の二人の王子が後花園天皇と貞常親王です。

義教に長男の義勝が誕生したときには、生母の兄の屋敷に祝意を伝えにいった人たちが軒並み義教に処罰される一件もありました。

その兄が義教から譴責を受けた身であるのに、参賀するとは義教に対する挑戦だという理屈でした。その兄も数カ月後、屋敷に何者かに押し入られ、殺されてしまいます。

意に沿わぬ守護に圧力や譴責を加えて、守護職を別の人に交代させるというケースや、はなはだしい場合には暗殺することもありました。

一四四〇年には若狭（福井）、丹後（京都北部）、三河（愛知）三カ国の守護であった一色義貫や伊勢（三重）守護であった土岐持頼を暗殺して、守護職を分割しています。

義教は義満と同様、有力守護の力を削ごうとしていたのですが、ことを性急にまた独善的に進めたので、多くの人々に恐怖を与えていたのです。

将軍暗殺

同年、関東では結城氏が乱を起こします（結城合戦）。前項で見たように鎌倉公方足利持氏が幕府軍によって殺されたあと、鎌倉府はいったん滅亡します。しかし匿われていた遺児春王丸、安王丸らを奉じて、鎌倉公方派が結集して反乱を起こしたのですね。乱は翌一四四一年四月に鎮圧されたのですが、その年六月二十四日、重臣だった赤松満祐の屋敷で開かれた反乱鎮圧の祝賀の宴で義教は殺されてしまいます（嘉吉の変）。

有力守護たちがみな義教に何かしらやられていましたので、赤松満祐は、「次は俺の番や」と恐れていたのですね。実際「次は赤松や」と巷の噂になっていました。

義教を殺した赤松満祐は、幕府軍と戦いますが討滅されます。

現在、学者の間では、室町幕府の権威は三代将軍義満の時代より、義教の時代にピークをつけたのではと考えられています。

義教は北朝断絶の危機を乗り越え（南朝を抑え込み）、守護の勢力を削り、そして東日本の独立政権だった鎌倉公方を滅ぼしたわけですから。

朝廷に対しても、義教は原則として義満の例に倣っています。

義満は太政大臣になりましたが、義持は「俺は武家や」と、内大臣に留まりました。一方、義教は暗殺されるまでに左大臣まで昇っています。太政大臣は臨時の職なので、実際は左大臣が一番上です。

義満の「公武合体」政策を受け継ぎ、義満プラス武断政治で全国を一元的に統治しようとしたのですね。しかし生来の性格の問題から、この狙いは潰えてしまいました。その結末もまた、信長を連想させるところがありますね。

なお、義教が正式に将軍に就任した一四二九年は、沖縄で中山の尚巴志（しょうはし）が山南、中山、山北の三王国を統一して琉球王国を建てた年だといわれてきました。しかし、最近の研究では三山統一の実質的な達成は一四二二年だと考えられています（村井章介『古琉球　海洋アジアの輝ける王国』）。中国の明が海禁政策を採っていたので、琉球王国は中継貿易で大いに栄えました。琉球が明代に朝貢した回数は百七十一回にものぼります。二位の安南の八十九回や日本の十九回と比べると、その突出ぶりがよく分かります。

第7章

下剋上の時代へ

㊵ 義政と「応仁・文明の乱」

京都人が「この前の戦争」というと、それは「応仁・文明の乱」（今はこう呼ばれます）のことだという冗談がありますね。それほど有名な戦争なのに、意外なほど知られていません。呉座勇一さんの新書『応仁の乱』は、そんな読者の疑問に応えた本でしたね。

さて一四四九年、義教の子どもの足利義政が十五歳を迎えて正式に八代将軍に就任しました。七代の幼年将軍、義勝（義政の兄）は在任八カ月で病死していたのです。

この義政に強い影響力を持っていたのは乳母の今参局（いまいりのつぼね）でした。

今参局というのは普通名詞で、「新参の女官」という意味です。でも彼女が世間でめちゃ有名だったので、今参局といったらこの人を指すことになってしまったぐらいです。

当時、義政の側近として大きな影響力を誇った今参局、有馬元家（ありまもといえ）、烏丸資任（からすまるすけとう）が、みんな〝マ〟がつく名前だったので、世間の人は三魔と呼んでいたそうです。

義政は政治を疎かにして文化事業ばかりやっていたといわれていましたが、実はそうではありません。最近の研究では、父の足利義教を強く意識して、「政治は将軍主導でちゃんとやらなあかん」と思っていたと考えられています。たとえば勘合貿易にも積極的でした。

一四五四年には関東で享徳の乱が起こります。鎌倉公方の足利成氏が関東管領の上杉氏と大喧嘩を始めて、古河に移ってしまうわけですが、義教がかつて鎌倉公方を潰したように、義政も成氏追討令をビシッと出し、鎌倉府を潰して権力の一元化を図ろうとしました。ただ義政には父と比べて詰めの甘いところがあって、関東でだらだらと三十年も戦乱を続けてしまうことになったのですね。

最終的にも中途半端な終わり方をして、その辺りが応仁の乱の序曲といわれるところです。

富子と義視の関係は悪くなかった

五五五年に義政は日野富子を正室にします。日野家は藤原北家の流れで、一族は後醍醐天皇に重用されましたが、義満以降は将軍家の正室を出すようになっていました。浄土真宗を開いた親鸞もこの一族の出身です。

その後富子に子どもが生まれますがすぐに死んでしまうと、義政の実母の日野重子（義教室）が、「孫が死んだのは今参局が呪ったからや」と今参局を自害に追い込みました。富子は重子の甥の娘です。

ここで今参局から日野重子に主導権が移ります。

一方で義政の近習、伊勢貞親（さだちか）がだんだん影響力を発揮して、一四六〇年には政所執事としてお側用人の筆頭になります。彼は義政の「御父」と呼ばれるほどの存在になりました。伊勢平氏の一族ですね。

義政は、乳母に十年間仕切られて、次はお母さんに仕切られて、その次はお嫁さんに仕切られるわけです。まるで親族の強い女性にずっと仕切られていた聖武天皇のようですね。

強い女性に引っ張られる性格なので、一四六三年に重子が死ぬと、今度は日野富子が出てくるわけです。お義母さんが死んだら次は私ががんばらなあかん、ということです。

義政には男の子がなかなか生まれず、出家していた異母弟の義視を還俗させて後継者に据えました。

ところが翌一四六五年、富子が義尚を生むのです。

これまでは『応仁記』という後から書かれた記録から、「日野富子がかわいい我が子を将軍職につけるために、有力守護の山名宗全を頼ったせいで戦乱が起こったんや」といわれてきました。けれども、どうもそんな簡単な話ではないことがわかってきました。

なにしろ義尚は生まれたばかりですし、義視の妻は富子の妹です。富子と義視は仲が悪いわけではありません。義政と富子は、義尚がまだ小さいので、義視にまず継がせて、その後を義尚にと考えていた可能性が十分にあります。

ところが先程出てきた側用人、伊勢貞親が、義尚の代父を務めていた。彼は義尚を次の将軍にしたいわけで、義政に告げ口します。「あなたの弟の義視はとんでもないワルで、反乱を企ててますで」と。

近臣にそう密告された義政は弟を殺そうとします。そこで義視は有力守護大名である細川勝元（元管領）や山名宗全らを頼りました。当時勝元と宗全は仲が悪いわけではなく、勝元は宗全の養女を娶っていました。

山名と細川に詰め寄られた義政は「いや俺は伊勢貞親に騙されたんや」ということで、貞親らは京都から逃げ出しました。これが文正の政変（一四六六年）です。

うっかり参戦したために

一方で、細川や山名に並ぶ畠山という名家では、政長と義就のふたりが家督争いを延々と十年以上にわたって続けていました。義就の父持国（もちくに）は、弟の持富（もちとみ）を養子にしていましたが（持富の子どもが政長です）、庶子の義就に家督を譲ったことが争いの発端です。このころ相続は分割相続から単独相続へと切り替わり、惣領（家督）になるかならないかは死活問題だったのです。

一四六七年、政長には細川勝元が、義就には山名宗全が後ろ盾につきます。実は畠山家の争いに関しては、義政は一応、細川勝元が管領の職を譲っていた畠山政長側に軍配を挙げていました。

しかしここで勝元―政長ラインの中央政界に対して、宗全がチャレンジして義就を支援したことで「応仁・文明の乱」が始まることになりました。

ズバリ言えば、山名宗全がこの先これほどの大戦争になるとは思わずに、畠山義就に加勢したことが応仁の乱の一番の原因です。

ただ、ひとり宗全だけではなく、この戦いに乗じて参戦してきた武将たちは皆大乱の結末を考えていなかったのです。そういう意味では、これは第一次世界大戦に似ています。

ヨーロッパ列強の首脳の誰もが大戦争になると思わず、ずるずると戦争を始めたという、クリストファー・クラークの名著『夢遊病者たち』に描かれたのとまったく同じ状況です。

乱が始まると、義政と義視は畠山政長支持の細川勝元につきます。これが東軍です。そうすると畠山義就支持の西軍は押される。

ところが義政は戦争で不安になったのか、側用人の伊勢貞親を復活させて近く

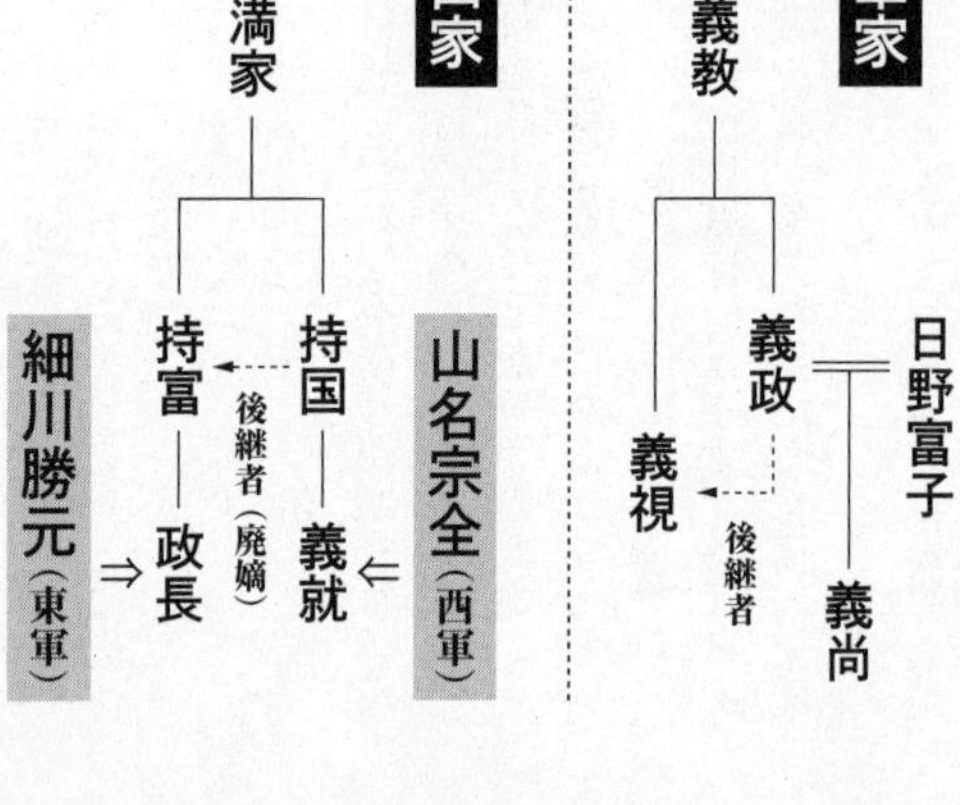

に呼び寄せました。

伊勢貞親は義視にとっては仇敵でしたね。で、義視は東軍を抜け出して西軍へ逃げる。ここで西軍には中国地方の有力守護、大内政弘が加勢してきて、東西互角の争いになりました。さらに西軍は大義名分を掲げるために義視を将軍にします。

二人の将軍がそれぞれ将軍府をつくって争うことになったわけです。これが応仁・文明の乱が長引いた原因だったんですね。

乱が終息しないまま一四七三年に宗全と勝元が他界すると、義政も嫌気がさして嫡男の義尚に将軍を譲ります。翌年には細川政元（まさもと）と山名政豊が和議を結びました。

まだだらだらと戦い続ける畠山両軍が七七年に京都から大阪方面に戦いの場を移し、有力な支援者のいなくなった義視も京都から逃げ出したことで、乱は十一年目に終わることになりました。乱の間、後花園院と後土御門天皇は室町第（だい）（足利家邸宅）に難を避け、将軍家と天皇家の同居状態が生まれていました。いわば、本拠を失った朝廷は自前の組織を失うことになります。後花園院が進めていた勅撰和歌集の編纂は沙汰止みとなり（一四三九年に成立した『新続古今和歌集』が、勅撰二十一代集の最後となりました）、後土御門天皇の大嘗会（だいじょうえ）が中世最後の大嘗会となったのです。京都は荒れ果て、朝廷の規模は縮小の一途を辿っていきました。院政が後花園院を最後として江戸時代の後水尾院まで約百五十年間中断したのは、天皇の譲位式を行なう費用を工面できなかったことが主因だといわれています。

戦国時代のはじまり

この応仁・文明の乱から戦国時代が始まったといわれますが、僕は違うんじゃないかと思っています。

というのは、まだ将軍の権威が健在で、だからこそ西軍側は義視を将軍に据えたわけですね。

一四九三年、細川政元が十代将軍足利義材（後の義稙）を追放して将軍をすげ替える事件（明応の政変）が起きます。奇しくも同じ年、伊勢貞親の親戚筋の伊勢盛時（宗瑞）という、後に北条早雲と呼ばれる男が伊豆で堀越公方を追放しています。将軍と公方はほぼイコールです。部下が将軍（公方）を追放したりクビをすげ替えたりするというのは、将軍の権威がなくなった証拠です。

ここから実力主義の戦国時代がはじまったんやと考えるほうが、すっきりすると僕は思います。

㊶ 現代日本文化の源流　東山山荘

室町時代は、南北朝の戦いにはじまり、観応の擾乱、享徳の乱、応仁・文明の乱など戦争ばかりしていたように見えなくもありません。しかし実はこの時代に、今日の日本文化のほとんどが生まれたのです。

著名な日本文化の研究者ドナルド・キーン氏は〈日本人の美意識や「日本のこころ」について……どの時代にもまして東山時代に形成されたのだった〉（『足利義政と銀閣寺』）と記しました。

その東山時代とは、八代将軍足利義政の住んだ東山山荘からきています。一四七三年に造営が開始された東山山荘は、かつては政治に飽きた義政が隠居のため建てたように考えられてきましたが、義政の祖父、足利義満が北山山荘に政庁を設け、大御所として強大な権力を発揮した例に倣ったものでした。

北山の金閣は一階が寝殿造り、二階が和様、三階が禅宗様と複合的な作りです。日中ミックスで、当時はめちゃ国際性のある建物でした。つまり、公家社会の伝統と大陸文化の融合が北山文化の特徴でした。

水墨画も宋と元の絵画を京都の五山僧（幕府の格付けによって五大禅寺とされたお寺の僧）が持ち帰ってきたもので、相国寺の如拙（じょせつ）（「瓢鮎図（ひょうねんず）」で有名）や周文（しゅうぶん）、東福寺の明（みん）

兆などの禅僧と新興のバサラ大名が北山文化を開花させたのです。この時代には卜部兼好の『徒然草』や『増鏡』『神皇正統記』『梅松論』などの歴史文学、軍記物語である『太平記』などが誕生しました。

しかし両者を比べると東山文化のほうが圧倒的に豊かだといわれています。政治権力と文化のピークには何故かタイムラグが生じるのです。ちなみに、東山文化の時代はイタリア・ルネサンスの時代とほぼ重なります。ボッティチェッリの代表作、『プリマヴェーラ（春）』が描かれたのが一四七七年頃で、義政はメディチ家のロレンツォと同時代を生きていたのです。

三代目でピークになる

トーマス・マンの『ブッデンブローク家の人々』に典型的に描かれているように、文化は熟すのに時間が必要です。

同書は大商人一家の没落の物語です。初代は文化ゼロでひたすら金儲けにがんばりますが、二代目になると、ビジネスと文化がある程度バランスしてきます。初代が自分の子どもに高度な教育を施すからです。初代はビジネス一〇〇パーセント、二代目はビジネス五〇に文化五〇で、ビジネスのピークを迎えます。

三代目以降になるとさらに高雅に育てられるので、今度は文化一〇〇、ビジネスはゼロぐらいになって衰退していく。しかし、この三代目のときに文化の方がピークをつけるわけです。

室町幕府は義満の時代に将軍権力が急上昇し、義満の子の義持、義教の時代でピークをつけます。義教はやりすぎて暗殺されてしまいますが、次代の義政時代まで権力はまだ十分に保たれていました。

ところが不幸なことに、一四六〇年から六一年にかけて室町時代最大の飢饉、寛正の大飢饉が起こります。京中に餓死者が続出し、死者が八万二千人。四条の橋から上流を見ると死体が無数に浮かび、腐臭があたりを覆っていたと伝わります。

この大飢饉や応仁・文明の乱でガタッと将軍の政治権力は落ちていきますが、東山文化のピークはこのあとに訪れます。

東山文化がどれほど革命的かといえば、例えば銀閣寺に東求堂（とうぐどう）がありますね。これは書院造りの典型で、総畳敷きです。

それまでの日本の家屋は、基本はフローリングで畳は人が座るところだけに敷かれていました。間仕切りも移動式のパーティションで区切るだけで、ガランとしていました。そこに襖（ふすま）や障子などで部屋を仕切るようになった。書画や花を飾る床の間もこの時代に生まれています。

前後するように、狩野正信（かのうまさのぶ）の狩野派とか土佐光信（とさみつのぶ）の土佐派とか、これから先に将軍や大寺院などの御殿の襖などを飾る御用絵師になるグループがこの時期に現われてきます。また部屋に飾る生け花も生まれます。一四六二年に池坊専慶（いけのぼうせんけい）が創案した立花（花道）。

ツボに花を飾ることに独自の美意識を加えて現代にも続く一大流派を創出しました。東山文化の特色の一つは、庶民文化の広がりです。上流社会で愛好された猿楽能に加えて田楽能が庶民の間に広まり、同時に盆踊りや念仏踊、風流踊などが流行しました。一寸法師などの『御伽草子（おとぎぞうし）』や小歌集である『閑吟集（かんぎんしゅう）』が編まれました。

文化の地方普及にも目覚ましいものがあり、大内氏の本拠である西の京都、山口のほか、薩南学派（朱子学）を開いた臨済宗の僧、桂庵玄樹（けいあんげんじゅ）や土佐の南学（朱子学）の祖である南村梅軒（みなみむらばいけん）などが活躍しました。一四三二年には関東管領の上杉憲実（のりざね）が関東の最高学府である足利学校や金沢文庫を再興しました。寺院では武士の子どもたちに初級教科書『庭訓往来（ていきんおうらい）』や『貞永式目』などを教材にして読み書きの教育が始まりました。

東山御物

この時代の芸能や工芸の担い手は、河原者（かわらもの）と呼ばれた被差別の人々が中心でした。その河原者の庭師の中で有名なのが善阿弥（ぜんあみ）です。彼が枯山水（かれさんすい）を完成させます。北山文化の金閣寺には池がありますが、白砂で水を象徴的に表す枯山水がこの東山時代のころから完成し始めます。

義政は善阿弥が病気になると特別な薬を用意させたといわれるほど、格別の待遇を与えていました。

この枯山水の庭を愛でながら、書院造りの部屋で何をするかといえば、茶の湯や連歌です。

茶の湯や連歌の会は、「会所」と呼ばれる、集会所で行なわれました。「会所」に入ったら社会で差別されている人々も一切身分の差はないという約束事ができていました。

南北朝時代に、バサラ大名たちが熱中した闘茶という賭けごとのお茶を見ましたね。義政のころになると、村田珠光が心の静けさを求める侘茶を創始しました。この流れから、武野紹鷗を経て、やがて千利休が茶の湯（茶道）を大成することになるのです。

そういった席で将軍が客をもてなすのに使ったのが、現在東山御物として知られている宝物です。

それらは義政ひとりではなく歴代の将軍が、勘合貿易で中国から輸入した宝物がベースになっていました。茶器の初花や九十九茄子など、今でも有名な品々が将軍家に集められていました。絵画の名品だけでも二百八十幅近く、牧谿（百三幅）、梁楷、馬遠、夏珪、徽宗などの唐絵が多くを占めていました。盆、香合、花瓶、香炉、茶碗などもほとんどが「唐物」で、中国からの輸入品だったようです。

こういった品物のチェックや管理は目利きの側近が行なっていました。山口の大内氏の館では雪舟が行なっていましたが、義政の時代の将軍家では能阿弥がチェックしていました。

和物と枯淡美へ

室町時代の価値観は総じて「唐物万能」でした。能阿弥の残した絵師番付では、百五十六人中、日本人画家は中国で客死した一人だけです。

ところが義政の時代になると、日本独特の美意識も生まれてきます。

そもそも義政が愛好した南宋末の画家、牧谿は、中国ではそれほど評価が高くなかったのに、柔らかな画風が日本で愛されて「牧谿の発見」と称されたほどです。

やがて唐絵一辺倒を脱して宗湛（そうたん）などの日本人画家が高く評価されるようになり、雪舟は中国水墨画の模倣を離れて日本独自の水墨画を描きました。この雪舟の山水画の技法を大和絵に取り入れたのが狩野正信・元信父子です。金工では後藤祐乗（ゆうじょう）が出ました。

茶器も青磁・天目などの唐物から、備前焼や信楽焼（しがらきやき）などの国産の陶器に関心が移っていきました。

そこから「枯淡美（こたんび）」への嗜好が生じてきます。連歌師の心敬（しんけい）は「連歌の仕様、枯れかじけて寒かれ」と書き、苅田の朝の薄氷、檜皮（ひわだ）の軒のつらら、枯れた草木の露霜などに美を見出しました。これらの美意識は現代の私たちにも十分理解できますよね。

連歌はみんなで集まって歌をつなげていく遊びでしたが、漂泊の人、宗祇（そうぎ）が『新撰菟玖波集（つくばしゅう）』を撰集して正風（しょうふう）連歌を確立し、山崎宗鑑（そうかん）は自由でユーモラスな俳諧（はいかい）連歌を生み出しました。これが後に俳句へと発展していきます。当代随一の博学、一条兼良（かねよし）は、有職故実書『公事根源』を著し、吉田兼倶は、伊勢神道に対抗して唯一神道（吉田神道）を唱えました。この教えも反本地垂迹説で、神道を根、仏教を花実、儒教を枝葉と位置づけています。

仏教では俗世間を離れた山林などで修行を行なう林下（禅宗）が広まり、曹洞宗の永平寺や総持寺、臨済宗では五山外の大徳寺（一休宗純で有名）や妙心寺などが信仰を集めました。浄土真宗は八世の蓮如が御文（やさしい文章の手紙）によって念仏の教えを説いて近畿、東海、北陸に根を下ろし、日蓮宗は日親が京都で布教して西国への浸透を図りました。

ところで、勘合貿易で輸入したものは、日本人の美意識を刺激した芸術品だけではありませんでした。

人々は綿、コットンを着るようになります。明との勘合貿易では、日本から銅や硫黄や刀を持って行き、明からは生糸を主に輸入していたのですが、この頃には中央アジア原産の木綿も朝鮮から大量に入ってきました。それまで日本には木綿がありませんでした。貴族は絹、庶民は麻を着ていたのですね。

そして永楽通宝という銅銭も大量に輸入していました。この時代、貨幣経済の広がりは庶民にまで浸透していたのです。次項で詳しくみてみましょう。

㊷ 土一揆と村の誕生

義教が将軍職に就いた一四二八年（正長元年）八月に起きた「正長の土一揆」は、当時「日本開闢以来、土民の蜂起これ初めなり」と記録された（尋尊『大乗院日記目録』）ように、幕府や朝廷、僧侶にとっては恐るべき事態でした。そのきっかけは、近江（滋賀）坂本の馬借（運送業者）が徳政（借金棒引き）を要求したことです。これに、同じ下層階級の農民が加わり、金貸し業をしていた土倉、酒屋、寺院を襲ったのです。質物を奪い、借金証文を破り捨てました。

九月下旬には京都市内で暴れ回るようになります。なにしろ当時は年利五〇～七二パーセントという高利貸が行なわれていましたから、飢饉や流行病が重なったこの時期、庶民は借財に苦しんでいたのですね。

幕府はただちに弾圧にかかり、徳政一揆禁止令を出すのですが、土一揆はおさまるどころか奈良から、伊勢（三重）、紀伊（和歌山）へと拡大し空前の規模に達します。

結局、大荘園領主だった興福寺や東大寺は自分から徳政令を出さざるを得なくなりました。

徳政令というのは公権力が出すものだったのですが、ここで「私徳政」が始まるわけです。

金融業の発展

一揆に襲われた土倉というのは、元々は単に土壁の倉のことでした。普通の木造の家と比べると火災や地震に耐え得るので、人々の金銭物品が集められ、管理人がそれを利用して質屋と金貸しを始めたのですね。

酒屋も酒の製造販売で儲けた資金で金融業に進出していました。

寺院や神社でも、所領荘園の年貢を徴収していた下級僧侶や神職の中から、私財を蓄えて高利貸をするものがたくさん出てきました。

その代表的なのが延暦寺を保護者と頼むグループの「山門気風の土蔵（倉）」と呼ばれた人々で、十四世紀初頭には京都に三百軒あった土倉の大半を占めていました。

平清盛が宋銭を本格的に輸入して始まった貨幣の流通は、「お金のやりとりで儲けるのはけしからんで」と初めは朝廷も鎌倉幕府も禁止しようとしましたが、便利なのでどんどん広がっていきました。十三世紀に入ると禁令も出されなくなり、お金持ち（有徳人）は、課税対象とみなされるようになります。土地本位制がくずれつつあったのですね。鎌倉時代には大きな公的行事などの際に、臨時で徴税されるものでしたが、室町時代になると恒常的に徴税されるようになっていきます。

一三九三年になると、土倉と酒屋への税（倉役（くらやく）・酒屋役）が年間六千貫文と定められ、これが幕府の行事のための財源にあてられました。もともと室町幕府の財政は御料所

（関東御領に相当する直轄領）からの収益や、守護、地頭への課税が主なもので、この他に寺社の造営、修理を名目に課税する段銭（田畑一反単位で課税）、棟別銭（建物一軒単位）や関銭（通行税）などがありました。

幕府は臨時の造営費なども有徳銭（酒屋・土倉などの金融業で資産を築いた人々への税金）で賄い、さらには幕府の財政事務まで土倉に任せるようになっていったのです。

またこのころ、京都と地方間のお金のやりとりのために、簡単な為替のようなものが普及しはじめています。割符と呼ばれる流通手形がそれで、地方から京都への年貢納入と、大消費地である京都で必要とされる地方の特産品への支払代金がほぼ見合っていたので機能したのです（戦国時代に入って求心的経済構造と荘園制が崩壊すると、割符は姿を消していきました）。

このように金融システムの担い手たちが、お金の流通回路を握って力をつけてきた。土一揆による債権放棄の訴えはその裏返しの表れなのです。

その意味で時代を画したのが一四四一年（嘉吉元年）に起こった嘉吉の徳政一揆です。将軍足利義教が赤松満祐に謀殺され、幕府が赤松氏を討伐するという「嘉吉の変」のさなか、混乱のスキをついて、数万人もの土民が徳政を要求して蜂起しました。

今回も発端は近江の馬借でした。ただし正長の時とは違い、一揆は京都に集中します。土一揆の勢力は京都の出口を全部塞ぎ、酒屋や土倉を襲いました。

土倉の側では管領細川持之に銭一千貫を送って鎮圧を求めますが、一揆があまりにも大軍なので幕府軍の防戦もままならず、また、一千貫の話を聞いた守護大名たちが出動を拒否したこともあって、細川持之は銭を返し「一揆を防ぐことはできない」と宣告する羽目に陥りました。

公家と武家のための一揆？

幕府としては徳政令を出すしかないと判断して一揆勢と交渉を始めます。すると一揆側は「公家や武家の方々こそ借金でお困りでしょうから、わしらだけではなく公家や武家も徳政の対象にしてください」と妙な申し出を行ないます。

幕府はそれを受け入れて公家や武家をも含む徳政令を発布します。

公家の万里小路時房は「土民だけの徳政やと後で処罰を受けるかもわからんから、公家も武家も対象に加えよと訴えたのやろか」と日記『建内記』に書いています。その後、徳政令によって土倉や酒屋からの税収が少なくなるのを案じた幕府は、債権者・債務者双方から手数料（分一銭）を徴収する分一徳政令を始めるようになり、幕府の権威はますます低下していきました。

一揆の元々の意味は、一味同心ともいわれており、同一目的のために結集した集団のことでしたね。立場は原則として平等でした。だから一揆契状という約束状も署名を円形に並べる「傘連判」としていました。

この一揆の構成員になる条件は、「家」の主人であることでした。主人持ちの小作人ではなく、自分の田畑を耕す小農民や、小領主など、社会各層で生まれた「家」の代表者たちによって様々な一揆が結成されたのです。江戸時代の一揆はほとんどが百姓一揆でしたが、中世の一揆は武士も僧侶も神官も一揆を結んだのです。小農民経営は、農業生産の発展によって可能になりました。中世の農民は耕地を開墾し、自分たちで灌漑用水を整備していきました。

村と座の誕生

しかし小農民は単独では経営を維持できなかった。田植えや稲刈りや灌漑用水の整備には共同作業が必要ですし、山野は「入会地（惣有地）」として共同で利用していました。そこから生じる揉め事を解決するために、「惣村」という自治組織が生まれました。

武士たちが各地で戦争を起こす中で、農民たちも考えるわけです。行政はどうなるかわからへんから、俺たちは自分で守らなあかん、と。村の惣掟（村掟）というルールをまずつくり、みんなで集まります（寄合）。今でも寄合という言葉は残っていますね。指導者は、沙汰人・乙名などと呼ばれた地侍でした。

そして惣村として年貢の納入を請け負いました。これを地下請（百姓請）といいます。「もう地頭なんか要りません。われわれで年貢を払いますから、あとのことは放っておいてください」というわけです。そのうちに、自検断といって、裁判も自分でやりますということになる。この裁判は厳格で、飢饉対策用の食糧を盗んだ者を死刑にした記録が残っています。

簡単に言えば、「県知事も県警本部長も頼りにしません。私たちは自立します」ということです。

ここまできたら、次には自警団（若衆の組織）を持つようになります。そして「村」が誕生します。さらに領国支配を進める守護大名に対抗するために郷や組という連合組織をつくるまでになります。こうした動きが土一揆の背景にあったのです。

こういう動きは農民だけの話ではなくて、前述したように商人も「座」という形で同業組合に集まります。

奈良市教育委員会提供

奈良市柳生町にあるお地蔵さん（左上）。正長元年の土一揆の成果を刻み込んだとされる碑文（右下）

各地から運ばれた米や塩などの商品が市場で取引されるわけですが（連雀（れんじゃく）商人や桂女（かつらめ）などと呼ばれた巡回の行商人も増えました）、商品ごとに営業を独占する「座」ができて、新たに商売に加わろうとする者と争うようになります。座は寺社や公家に納税し、その見返りとして商売の独占権や関銭の免除を認められました。有名な座としては大山崎油座や北野神社麹座があげられます。

瀬戸内の塩を京都の淀の市で売っていた商人たちは、近くの大山崎で新しい塩市場を作ろうという動きがあったときには、石清水八幡宮に籠って抗議し阻止しようとしています。

こうした一揆や座が起こるのも、貨幣が流通し経済活動が普及する一方で、南北朝の動乱や応仁・文明の乱など戦乱が相次ぎ、人々が自力救済を求めたからです。

室町時代が面白いのは、こういった動きから、村や組合といった現代日本にまで続くものの原型ができてきたところです。この頃、食生活も二食から三食へと変わり、禅宗寺院で作られていたうどんや豆腐が一般に広まりました。都の路上では商人が一服一銭でお茶を売り始めました。喫茶店の走りです。人々が自立する社会が広がっていき、戦国大名たちが活躍する時代がやってきます。

㊸ 戦国時代はいつ始まったのか

戦国時代がいつ始まったのかについては、議論があります。享徳の乱（一四五四〜八二年）からやという人もいますし、やっぱり応仁・文明の乱（一四六七〜七七年）からやでという人もいます。前にも触れましたが、僕は幕府の権威がなくなったのはいつかということにもっと注目すべきだと思います。

八代将軍の足利義政は弟の義視を後継者としていましたが、応仁・文明の乱で義視と対立、結局、息子の義尚に将軍を継がせました。しかしこの義尚が、守護大名の六角高頼を征伐に行っている最中に近江で病死してしまいます。まだ二十三歳でした。

翌一四九〇年には義政も没して、美濃に亡命していた義視の子の義材（義稙）が十代目の将軍になります。

義材は、お父さんの義視と共に京都を追われて地方を転々としていたので、「次の将軍を頼みます」といわれても、京都には慣れ親しんだ部下がいない。そうすると、焦りますよね。早く自分の権力基盤をつくらにゃあかん、と。

それで前将軍の義尚ができなかったことを自分はちゃんとやるでと、一四九一年に六角高頼を討伐します。さらに畠山家の内紛も俺が収めてやろうと、前管領、畠山政長に味方して、大阪に出張って陣頭指揮に立ったわけです。

将軍差し替え

京都では管領の細川政元が留守を預かっていました。この人は応仁・文明の乱で東軍の総大将だった管領細川勝元の嫡男です。将軍義材が先頭に立ってリーダーシップを発揮しようとするので、政元は自分もヤバイと思ったのです。そこで日野富子（足利義政の妻）と組んで、一四九三年（明応二年）、足利義澄（十一代将軍）を担いでクーデターを起こします。足利義澄の父は伊豆の初代堀越公方だった足利政知です。政知の父は義教でしたね。

これが「明応の政変」です。クーデターは成功し、幽閉先の龍安寺から逃れた義材はその後各地を転々として「流れ公方」と呼ばれながらも将軍の地位への返り咲きを狙い続けます（後述しますが、一五〇八年に大内義興に担がれて入京し、将軍に返り咲きました）。

関東では足利政知が一四九一年に没すると、廃嫡されていた長子の茶々丸が継母の円満院と異母弟潤童子を殺して堀越公方に収まっていました。

しかし円満院は、将軍義澄の母でした。義澄は母と弟の仇を討つべく、駿河（静岡）にいた伊勢盛時を伊豆に送り、茶々丸を九三年に追放します。

伊勢盛時は出家した際に早雲庵宗瑞と称しました。後に北条早雲と呼ばれる人物です。彼はどこの馬の骨ともしれない一介の浪人から大名に成り上がった下剋上の典型のような人物として語られてきましたが、近年の研究では、幕府の高級官僚で義尚の教育係を務めた政所執事伊勢貞宗（さだむね）の一族だったことが判明しています。

実は「北条」と名乗るのは息子の氏綱から。鎌倉時代にこの地を支配した北条氏にあやかったのですが、現代では両者の区別をつけるため「後北条」氏と呼ぶことがあります。

明応の政変は、義澄に反対する勢力を京都でも関東でも同時に倒したというのが実態だと思います。しかもいずれのケースも家臣が将軍と公方の首をすげ替えたわけです。鎌倉幕府でも北条氏による将軍のすげ替えはありましたが、源頼朝の血が三代で絶えていて、北条氏に都合のいい将軍を形だけ置いていたという事情がありました。しかし、室町幕府では、足利将軍は幕府のトップとして君臨し、実際に政治を行なっていた存在でした。その権威の実が失われたわけですね。

ここから足利幕府は形だけのものになってしまって、実質上「細川政権」が始まることになります。

このちょうど五百年後の一九九三年に、日本新党の細川護熙（もりひろ）（細川氏の末裔です）首相の政権ができていますから、同じ九三年という偶然の暗合は面白いですね。

「魔法使い」政元の細川政権

細川政権は「京兆専制（けいちょう）」とも呼ばれます。細川氏の中でも政元が属する京兆家が政権の実質を握っていたからです。「御前沙汰」も政元邸で開かれたし、そこで決めたことを京兆家の力で実施していきました。京兆家は、京都周辺の国人たちを自分の家来に組み込んでいきました。

細川氏の一族は四国に権力基盤を持っていたので、京都、大阪、淡路島、阿波（徳島）という物流の流れを摑んでいました。大阪の港（堺）を要としていたのですね。堺商人と組んで勘合貿易にも乗り出しています。

政元は管領に就任したり、退任したりを繰り返しましたが、実権は常に政元が握っていました。

管領の地位よりも京兆家の家督のほうが政権にとって重要になっていたのです。まさに北条氏における得宗専制のようなものです。

朝廷の官職を望んだ将軍義澄には「官位があるからといって人が従うわけではないで」と言い放ち（義澄は生前は参議、従三位に留まります）、一方、後柏原天皇が即位式の費用を求めると「即位式をすれば王と思われるわけではないで」と政元は援助を拒否しています。結局、即位式は二十一年後となりました。

この時代の将軍は、政元に指示されるままに政策を承認していただけだと思います。政元は幕府の人事権も、軍隊も握っています。朝廷も動かしていますし、所領争いの仲裁も、賞罰も行なっています。細川政元は当時呼ばれた通り、もはや「半将軍」そのものでした。

政元は滅茶苦茶面白い人で、山伏や仙人に憧れて修行に明け暮れていました。諸国放浪に出たいと言い出したり、天狗の真似をして空を飛ぼうとしたりして、「魔法を使う」と恐れられていたそうです。

政元は男性が好きだったともいわれ、一度も結婚しませんでした。それで養子を取ります。ところがよせばいいのに、養子を三人も取ってしまった。関白九条政基の子澄之、阿波守護の細川家の澄元、和泉（大阪）守護の細川家の高国です。半将軍が養子を三人も取ったらどうなるかといえば、この三人が跡取りの座をめぐって喧嘩するのは目に見えていますよね。

養子の勢力争いに巻き込まれるかたちで、一五〇七年（永正四年）、お風呂場で魔法の準備（潔斎。身を清めること）中だった政元は澄之派の家臣に暗殺されてしまいました。これを「永正の錯乱」といいます。

後継争いは最初に澄之が脱落、政元の後は澄元が継ぎました。しかし澄元の重用した阿波出身の三好之長が出しゃばりだして、反発した人々が高国を担いで一五〇八年に細川家の家督を奪います。この時、高国は前将軍義材（義稙）を擁して上洛した大内義興と手を結びました。二一年には出奔した義稙の後釜に義澄の遺児、義晴を十二代将軍に擁立しました。二六年、細川晴元（澄元の子）が、義晴の弟、義維を担いで高国に反旗を翻します。そして三一年に晴元が高国を倒して京兆家の権力を握ります。義晴は四六年に嫡男義輝に足利十三代の将軍職を譲りました。

「三好政権」の成立

ところがその細川政権も、家臣だった三好長慶（之長の曾孫）によって倒される日が来ます。一五四九年、細川晴元は長慶に敗北、政治の実権を失いました。義晴、義輝親子は近江に難を逃れます。

細川氏は足利氏の一族でしたね。ところが三好氏は阿波の元国人で、細川家の家臣であって足利氏の一族ではありません。

三好長慶は、主人の細川家を傀儡化して、将軍足利義輝を追放し、代わりの将軍を擁立することをしませんでした（その後一五五八年に義輝は三好長慶と和睦して京都に戻りますが、最終的に義輝は一五六五年の永禄の変で三好三人衆などの三好一族に殺されます）。

「三好政権」は摂津（大阪）の芥川山城などを拠点に、幕府機構をパスして、優秀な官僚である松永久秀などを使って独自の力で政治を動かします。

この三好政権が織田信長の登場まで約二十年、畿内（天下）を支配することになりました。しかし、三好長慶が一五六四年に死去すると、三好三人衆（三好長逸、三好政康、岩成友通）と松永久秀が内紛を始め、三好政権は勢いを失います。三好三人衆に担がれた義維の子義栄は、六八年に摂津の富田で十四代将軍となりますが、入京することなく半年で病没しました。

こうして全国で「下剋上」の戦国時代の幕が開きます。

㊹東国のドロヌマ合戦

戦国時代はいわば全国で喧嘩をしていたわけですが、喧嘩のしかたは一様ではありませんでした。実は「東」のほうが、荒れていました。その原因として、東国では足利幕府のスタート時点から、権威が一つではなかったことが挙げられます。まず享徳の乱からみていきましょう。

公方vs.管領、次いで管領家の番頭の争い

鎌倉公方の足利成氏が、一四五四年（享徳三年）、関東管領上杉憲忠を謀殺したことにより、関東での内乱が始まりました。

成氏に味方する勢力は関東の東の古河のほうに多かったので、成氏は鎌倉から古河に本拠を移して、古河公方と呼ばれました。

足利義政は、鎌倉府を自分の庶兄の政知に任そうと思って関東に送り込みますが、政知は鎌倉には入れず伊豆の堀越に拠点をつくります。

こうして関東の公方は堀越公方と古河公方の二頭体制になったわけですね。この両者が三十年近く争ったのが享徳の乱です。この戦乱は一四八三年、幕府と成氏との和睦が成立して（都鄙合体）、ようやく終結しました。

さて関東管領をつとめる上杉氏には、山内（上杉）と扇谷（上杉）という二つの流れがありました。いずれも鎌倉に構えた居館の住所に因んだ名前ですが、山内上杉氏のほうが大きくて本家筋です。その番頭が長尾氏でした。

そして長尾氏にもいくつかの流れが生まれているわけです。

一四七六年、山内上杉氏の番頭の地位をめぐって、その長尾家で内紛が起こります。この乱を鎮めたのが扇谷上杉氏の番頭、太田道灌でした。江戸城をはじめて築いたことで有名ですね。本家の番頭が跡目相続で喧嘩をしていて本家にはそれを収める力がないので、分家の番頭だった太田道灌が頑張って終息させた。ということは太田道灌の力が強くなりますよね。

するとこんな出しゃばった番頭は要らんと、扇谷の上杉定正が太田道灌を謀殺してしまいました。

それが原因となって翌一四八七年（長享元年）には今度は関東管領の山内上杉（顕定）と、扇谷上杉（定正）が殺し合いを始めます（長享の乱）。

山内上杉家にしてみれば、「うちのトラブルを片付けた道灌はええやつや。それを上杉定正が殺すとはとんだ心得違いや」というわけです。

一四九三年に、駿河（静岡）から伊勢盛時（宗瑞／北条早雲）が山内上杉家の勢力圏であった伊豆に乗り込み、堀越公方を追放したときには、扇谷上杉家の関与も考えられています。

さらに伊勢盛時は伊豆から相模（神奈川）へと進出して勢力を伸ばし、やがて小田原城を手に入れます。

盛時は、一五一六年に鎌倉時代からの名族三浦氏を滅亡させて、相模を自分のものにします。

十二世紀以来の三浦水軍の一族を倒したことで、伊勢氏（のちに北条氏）は相模湾から伊豆七島、さらには東京湾をうかがう制海権をも手にしたわけですね。

伊豆と相模を得た伊勢氏（北条氏）は、関東で両上杉家と覇権を争うほどに成長していきました。

三十年後の一五四六年には北条氏康（伊勢盛時の孫）が扇谷上杉朝定と山内上杉憲政、古河公方足利晴氏の連合軍を河越（川越）で破り、扇谷上杉家を滅亡させます。

日本唯一の宗教共和国

これより前、関東で両上杉家が争いだした一四八七年、加賀（石川）守護の富樫政親と一向一揆が戦争を始めます。

一向一揆とは、親鸞を教祖とする浄土真宗（一向宗）の信者たちの集団です。一揆とは「心を一つにする」という意味でしたね。文字通り宗教で心を一つにした集団が、守護による兵粮米や陣夫の徴発に反発して蜂起しました。なお、一向一揆という言葉は江戸時代に出現した新しい言葉です。

政親は二十万ともいわれる一揆勢に包囲され、一四八八年には自刃に追い込まれます。加賀は「百姓ノ持(もち)タル国」となったわけです。一向一揆の勢力は、北陸一帯に広がりました。

その後一五八〇年に柴田勝家が加賀を制圧するまで、一向宗の宗教共和国が百年近く続きます。日本で宗教共和国ができたのはこれが唯一の例だと思います。

一五五三年からは甲斐（山梨）の武田信玄と越後（新潟）の上杉謙信（長尾景虎）が五回にわたって信濃（長野）の川中島で争っています。信濃に着々と支配を広げる武田氏は上杉氏にとって大きな脅威でした。対して信濃を狙う武田氏は、越中（富山）の一向一揆と連携して、謙信を背後から牽制していました。

謙信はもと長尾氏。山内上杉氏の番頭だった家柄ですね。

河越の合戦で北条氏に敗北を喫した関東管領の上杉憲政は、本拠の上野（群馬）にもいられなくなり、越後に逃れて長尾氏を頼りました。そこで謙信を上杉氏の養子にして関東管領の職とともに、家督を譲りました。

謙信は「関東管領たる俺には関東を仕切る資格があるんやで」ということで、何度も関東に出兵を繰り返し、関東の国人たちや北条氏と戦ったわけです。

一方甲斐の武田氏も、信濃を経由して上野へと勢力を伸ばし、何度も関東出兵を繰り返していました。

ご飯を求めて遠征

面白いのは、謙信の十二回の関東出兵のうち八回は冬の出兵だということです。

雪深い越後から二、三カ月、雪の少ない関東に出兵して、小競り合いをする。その期間中は越後の兵隊たちは関東でご飯を食べて、春に越後に帰るわけです。

武田信玄も近隣諸国への侵略を繰り返していましたが、それで領国の民は、豊かになったと喜んでいたといいます。どういうことかといえば、戦争に行った先の隣国からいろいろと略奪していたわけですね。

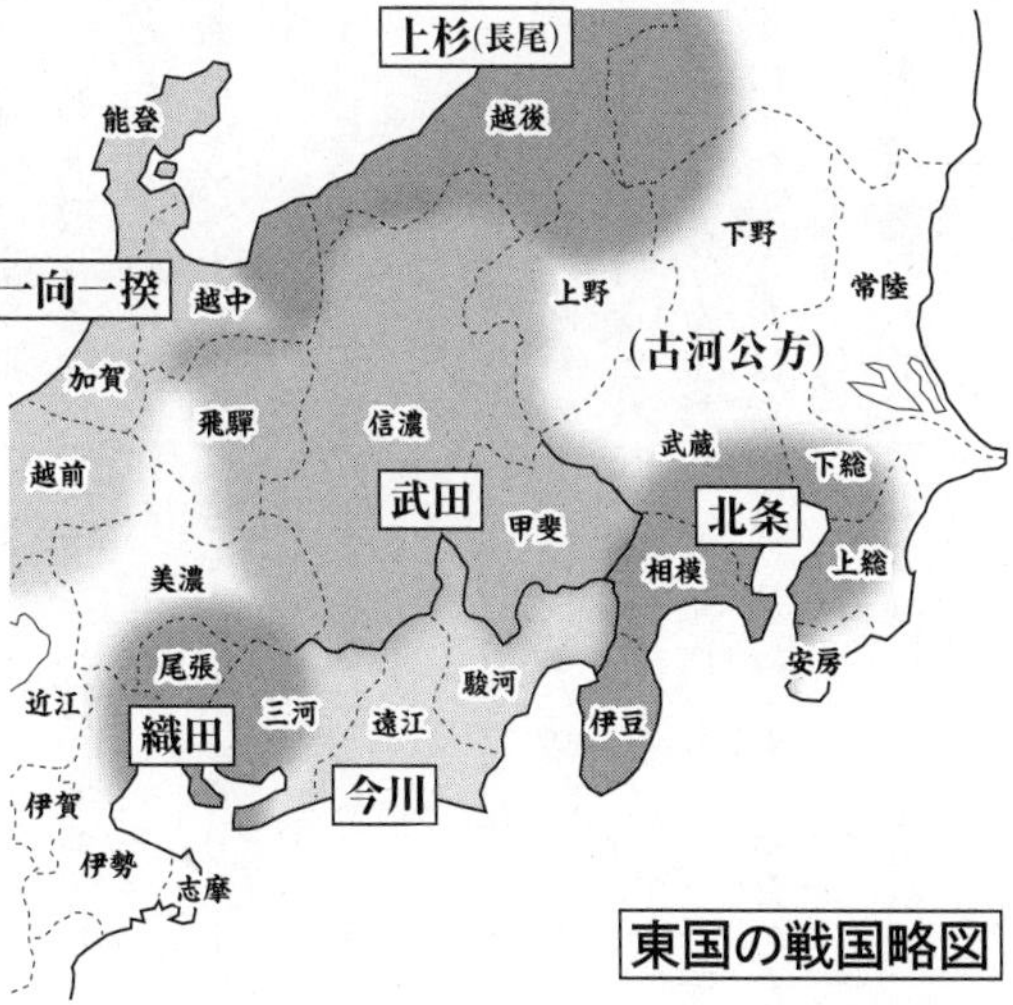

東国の戦国略図

飢饉が続いたので、戦国大名は否応なく他国の富を狙いました。

戦争ではまず米などを分捕るわけですが、人取りといって、人をも狩っていました。人を取ってどうするかというと、奴隷として売るわけです。

例えば上杉謙信の軍は関東で屈強な若者や女性をさらってきて、一人当たり二十文ないし三十文で売っていたといいます。

ただし領土を獲得するという意味では、上杉謙信は信濃でも関東でも成果を挙げられませんでした。

関東は、鎌倉公方や関東管領という旧体制の権威、そして上杉（越後長尾）、北条、武田、鎌倉府との境界を守っていた今川といった、関東の外で成長した戦国大名の力のぶつかり合いの場として、諸勢力の陣取り合戦が行なわれ続けます。

公方と管領上杉氏、あるいは上杉氏同士、はたまた上杉氏と北条氏、さらに上杉氏対武田氏など大きな力の対立の中で、関東の小領主たちはその度に分裂したり糾合したり、あっちに付いたりこっちに味方したりと争いを続けました。

もとはといえば、足利政権が、鎌倉府を置いたことで、関東では権威が二重状態になっていたことが発端でしょう。

地元の権威としてはまず鎌倉公方ですが、遠くには同等以上の権威である足利将軍家が関東管領や東国に置いた直轄の家臣たち（京都扶持衆）を通して介入していたことで、常に不安定な状況が続き、関東では有力な戦国大名が育たなかったのです。

これに対して西国では比較的シンプルに大きなブロック単位の戦国大名が成立していきます。次項で詳しくみていきましょう。

㊺ 西国の勝ち抜き合戦

前項では東国の様子をみました。鎌倉公方と、室町幕府からのお目付役である関東管領との対立が長く続いたことで、関東の国人たちはその争いに動員されて有力な大名が成長せず、やがて周辺に生まれた諸大名の勢力争いの戦場として関東では長く戦乱が続いたのでしたね。

一方、西日本では比較的シンプルに大きな大名が生まれていきます。

西国で突出した力を持っていた守護大名は、山口と北九州を押さえていた大内氏です。明との勘合貿易を、主に博多商人と組んで幕府に代わって行なっていました。大内義興(よしおき)は一五〇八年に足利義材(よしき)を擁して上京し、細川高国と組んで、細川大内連合政権を樹立しました。

義材は明応の政変(一四九三年)で管領細川政元に追放された将軍でしたね。その後各地を放浪して、復権を目指していました。

そして細川政元が一五〇七年に永正の錯乱で殺されたことで、義材にチャンスが回ってきたわけです。

政元の養子だった澄元と高国が争い、一度は後継者となった澄元を、大内氏と組んだ高国が追い落とします。その過程で、政元、澄元が擁していた義澄は廃され、義材が将軍に返り咲きました（のち義稙に改名）。

大内義興は義稙を擁して、細川政権を京都で十年支えます。義稙は一五一六年、大内義興に遣明船の永代管掌を認めました。実利の伴うお礼をしたわけですね。

足利将軍を傀儡化した「細川政権」といっても、一皮むくと、そんな内実があったのです。

ところが大内義興は一五一八年、尼子氏の安芸（広島）・石見（島根）への進出に対応するため帰国します。

尼子氏は、在京守護の京極氏の守護代として、出雲（島根）の現地支配を行なっていた家柄でした。

ところが十五世紀の後半、京極家にお家騒動が起きると、尼子氏は京極氏から独立し、税金の納入を怠ったり、公家や寺社の領地を奪ったりして、出雲を領国化していきました。

尼子氏にとっては、お隣の巨人大内氏が京都の政治にうつつをぬかしていたのが、地元で勢力を拡大するチャンスだったのですね。

連続する下剋上

本拠の山口に戻った義興は、大内氏の勢力圏に侵入してくる尼子氏を撃退することに力を注ぎます。一五二三年には、寧波で大内船が細川船を襲撃する寧波の乱が起こりましたが、義興は事後処理を巧みに行ない日明貿易を独占することに成功しました。義興は一五二八年に病死し、嫡男の義隆（よしたか）が家督を継ぎました。

大内義隆は重臣の陶（すえ）氏にサポートされながら、北九州の豪族たちを押さえ込み、領国支配をより強固にしていきました。

しかし一五四三年、尼子氏との戦いで敗北を喫した後、義隆は軍事や政治に消極的になりました。

「もう戦はええで。これからは文化なんやで」となったのです。

ところが文化にはお金がかかります。庶民は重税に苦しみました。そこで五一年、義隆に愛想をつかした武断派の重臣陶隆房（たかふさ）（のち晴賢（はるかた）と改名）がクーデターを起こし、義隆は自害に追い込まれ、実子も殺されました。

陶晴賢の手によって、大内氏は義隆の養子だった義長が継ぎますが、当然、これは陶晴賢の傀儡です。

一度は天下を取った大内氏も、下剋上に遭ったわけです。

しかしお隣の安芸の国人衆は、次第に有力な国人であった毛利元就（もとなり）の下に結集して、陶晴賢に対抗するようになっていきました。

一五五五年、反抗的な毛利氏を討つべく安芸に大軍を率いて出陣した陶晴賢は、厳島の戦いで毛利勢の返り討ちにあい、晴賢は自刃します。

さらに勢いをかって毛利氏は大内氏の本拠を奪いとり、大内義長を自害させます。

こうして西国の名門大内氏は滅んで、山口の土地は毛利氏が最終獲得者となりました。下剋上が二回続いたわけです。

九州では大内氏が滅びるやいなや、豊後（大分）の大友宗麟がこれ幸いとばかりに、大内氏の領地だった九州北部の地を奪い取りました。

どちらも大内氏の領土を奪い取った毛利氏と大友氏は、関門海峡を挟んでいがみ合います。

しかし将軍義輝の仲介で、一五六四年に和議がなると、毛利元就は山陰地方の攻略に力を入れて、六六年に尼子氏を破りました。その結果、石見銀山を入手した毛利氏は中国地方全体を取り仕切る大大名へと成長します。

かたや大友宗麟も、福岡、大分の地を押さえますが、佐賀のほうでは龍造寺隆信が周囲の国人たちを倒して、がんばっていました。

そして九州の南の地域では、島津氏が、島津家内での内紛を時々起こしながらも、領国支配を着実に強化していきました。

薩摩、大隅（ともに鹿児島）、日向（宮崎）の守護職を長く務めていた島津氏は、戦国大名の中でも一番古い家柄といわれています。

先祖は源頼朝の子どもだという伝説が伝えられています。一〇〇パーセント嘘だとは思いますが、島津氏自身は九州の南端で「うちは頼朝の血筋やで」と誇っていたのです。

九州は大友、龍造寺、島津の三つ巴となり、最終的には一五七八年の耳川の戦いで大友宗麟を破った島津義久(よしひさ)が勝つことになりました。

四国はどうか。

一五八五年、四国をほぼ統一した長宗我部元親(ちょうそかべもとちか)は、もとは土佐(高知)の国人でした。土佐には貴族の出ながら大名化していた一条家が、土佐の国人たちの上に君臨していました。その主人の一条家を、力をつけた長宗我部氏が一五七五年に傀儡化して、土佐全域を制圧するにいたります。

面白いのは、毛利元就が自分の子どもを、安芸の国人の吉川家、小早川家の養子に入れて毛利家の支えとする体制を作ったのと同じように、長宗我部元親も自分の弟や息子に周辺国人領主家の名跡を継がせ、四国平定の戦いで各方面司令官として協力させたことです。

ただ、毛利氏は国人から戦国大名へと成長する中、かつて同じ立場にいた国人たちとの同盟関係を温存していたのに対し、長宗我部氏はライバルの国人たちを容赦なく倒していきました。

鉄砲とキリスト教

この間、一五四三年には種子島に鉄砲が伝来しました。

僕たちの習った歴史の教科書ではポルトガル人の乗った船が種子島にやってきて、地元の領主が鉄砲を買い取ったという話でしたね。

しかし、実際には王直（おうちょく）という後期倭寇の頭領で平戸や五島列島を拠点にしていた中国人が「鉄砲は内乱中の日本でめちゃ需要があるで」と日本に持ち込んできたのでした。

そこで劇的に演出するために、自分の船にポルトガル人を乗せてやってきた。「見たこともない異人が、見たこともない新兵器を持ってきたんやで！」とショーアップしたわけです。鉄砲は城郭構造を激変させました。城は頑丈な石垣を備えるようになり、籠城戦が可能となりました。他方、兵農分離が進んだことにより、長期の包囲戦もまた可能となったのです。戦国時代には戦争の在り方自体が大きく変化したのです。

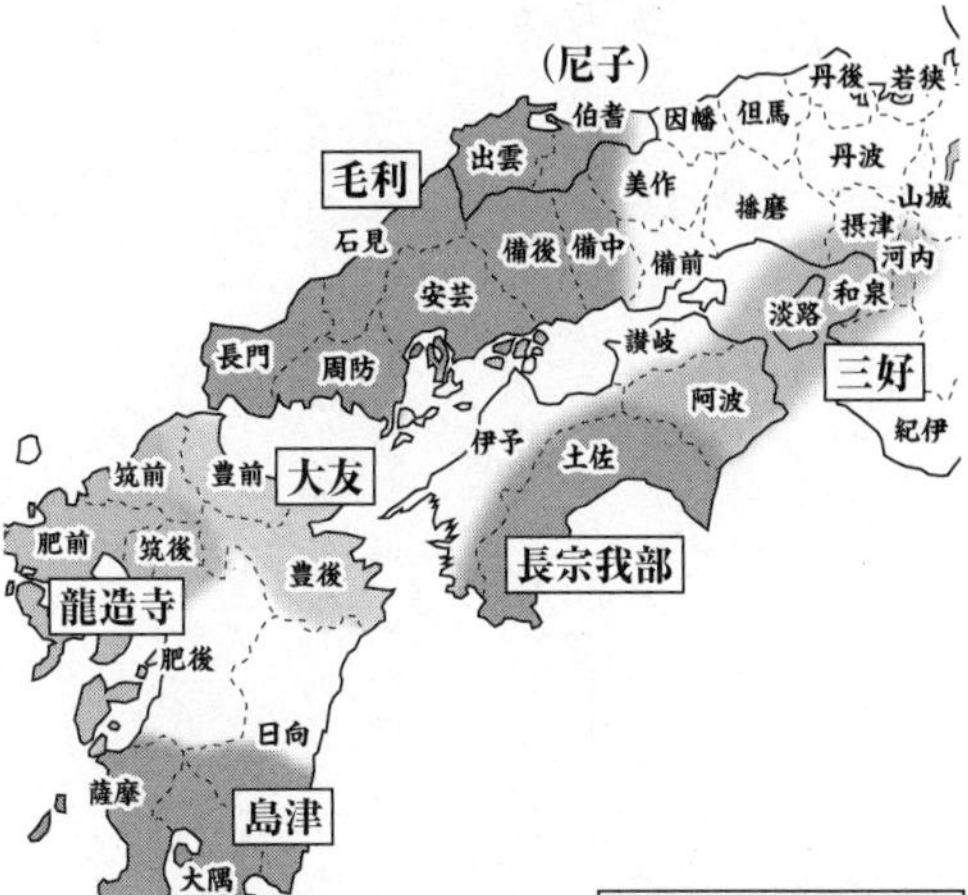

西国の戦国略図

一五四九年にはイエズス会の宣教師フランシスコ・ザビエルが来日してキリスト教を日本に伝えました。

マラッカから鹿児島に着いたザビエルは、京都に上り、その荒廃を見て、山口や大分での布教を目指しました。

さてこうしてみると、西日本ではわりとシンプルに、実力のある有力者が主人を打倒し周囲を打ち負かして、各ブロックの代表的な大大名へと勝ち上がったことがわかります。

東国のようにグチャグチャしていません。これは京都の統一政権のほかに鎌倉府のような出先の権威がなく、現場が単純な実力勝負となったからだと思います。

あとは「天下布武」の織田信長の登場を待つばかりになります。

㊻ 戦国大名とは何だったか

戦国時代は、時代劇や小説、ゲームなどで頻繁に取り上げられるだけに、僕らにとって馴染みの深い大名の名前がたくさん出てきます。

戦国大名たちの出自は様々です。

まず守護大名から戦国大名へと自然成長した家。東海地方の雄今川氏や、源氏の末裔武田氏、関門海峡を押さえた大内氏、九州の古豪島津氏、東北の伊達（だて）氏などです。

細川氏や山名氏などの有力守護は在京していて、任地には守護代を置いていました。この守護代が大名になったケースも多くみられます。むしろ守護代が戦国大名の主流です。

尾張（愛知）の織田氏や出雲（島根）の尼子氏、越後（新潟）の長尾氏（のち上杉氏に改称）などです。三好政権を打ち立てた三好長慶の家も、もとは細川氏に仕える阿波（徳島）の守護代でした。

それから国人、要するに在地のおじさんたち。安芸（広島）の毛利氏、土佐（高知）の長宗我部氏や三河（愛知県の東側）の松平（のち徳川）氏など。先年ＮＨＫの大河ドラマ『真田丸』が取り上げた真田信繁（のぶしげ）（幸村）も、このクラスの出身者でした。

変わったところでは室町幕府の官僚の出自だった伊勢（後北条）氏、農家出身の豊臣秀吉といった人もいます。まさに下剋上を繰り返して大大名、天下人になった人たちです。

前項でみてきたように、彼らは各地で勢力争いを繰り広げていたわけですが、彼らの領国支配もそれまでとは大きく変わってきます。

「分国法」の制定

以前、守護が「守護大名」化した経緯を見ました。

簡単にいえば将軍に任命された県警本部長である守護が、任地の町村長を部下にして、いつの間にか県知事にもなってしまったで、という話でした。さらに「戦国大名」になると、将軍の権威によるのではなく大名自身の自力による支配となり、領内がいわば独立国家と化していったと考えたらいいと思います。

ですから戦国大名の大きな特徴はなにかといえば、領内における司法、行政、立法の大名自身のもとでの一元化といえるでしょう。

それまで地方の人々はみなそれぞれ中央と縦に繋がっていました。

京都に朝廷があって国司がいる。京都に貴族がいて、その荘園がある。奈良に大きなお寺がありその寺の荘園がある。そして将軍や守護がいて地頭（武士）がいる。こういう社会の仕組み、関係性が要するに権門体制です。

このように大名の領国には親分を別にする縦の人たちがたくさんいた。国司は院、あるいは藤原氏が上司だと思っている。守護や地頭は将軍（公方）が上司だと思っている。神社は神社で、春日大社が偉いと思っている。お寺はお寺で東大寺や延暦寺が偉いと思っている。

そういう人々の縦の支配のつながりを断ち切って、戦国大名は自分の家臣にしていくわけですね。

「お前、東大寺や延暦寺というても、そんな遠くから助けてくれへんで。オレの家来になれや」とか、「藤原氏はもう落ちぶれてるで」というように、国中の有力者を順次自分の「家中」に構成していくわけです。新しい家臣は、寄親（よりおや）・寄子（よりこ）制といって、古くからの有力家臣に預けるという形で組織していきました。

その支配の一端が、戦国大名による「分国法」の制定です（もっとも分国法自体は大内氏や大友氏が鎌倉時代から作っています）。

それまでは朝廷の律令や武家の御成敗式目などが、併存しながら全国一律の法律としてそれぞれに機能していました。

どういうことかといえば、朝廷や国司は律令に、武家は御成敗式目に、また東大寺など大寺院の荘園はそれぞれの寺の定めに従っていた。一つの国の中でも従う法規が人や領域によって全部異なっていたのです。

分国法は、そのゴチャゴチャした状況から、領内一律に戦国大名へと従わせる法令だったのです。

たとえば、今川氏が制定した分国法「かな目録」では、「将軍が守護を任免していた時代は、将軍の指図で守護の命令の届かない場所（守護使不入地）もあったけれど、いま領内を安定させているのはオレの実力や。オレの命令の届かない場所は領内にあってはならないんやで」（追加第二十条）と書いています。

分国法の中身は、地域や定めた大名の事情で様々ですが、その多くは、喧嘩や私戦を禁じて大名のもとに訴え出るように定めています。

オレに無断で、自力で決着つけたらあかんでというわけです。要は、地域の自立を禁じて中央集権化しようとしたのです。

土地を銭で数える

また、この時代になると全国に貨幣経済が行き渡っていました。

ですから、大名が分国を支配する時には、貫高制といって、この家臣の知行地は何貫文の価値があるかと、銅銭に換算して計算していました。貫高が軍役賦課の基準となるわけです。

黒田基樹さんの『百姓から見た戦国大名』では、当時、大名がどのように分国を支配して徴税をしていたかを北条氏を例に紹介しています。

実は、北条氏は戦国大名の中で、領内の税体系が現代に伝わるほとんど唯一の事例だと思われます。

それによれば、検地によって計測した農地面積に対して、田一反（〇・一ヘクタール弱）あたり五百文、畠一反あたり百六十五文が収穫できるものと計算していました。

そこから合計金額が算出されて、地主や村人側の取り分などが控除されて、税金の金額が決定されていたのです。

ここで使われていたのが中国から輸入されていた銅銭です。永楽通宝、洪武通宝など輸入銅銭の種類は様々ですが、一枚が一文、千文が一貫文と決められていました。

平安時代から鎌倉時代にかけて、農民たちは税を支配者に現物で納めていました。それが、室町時代から戦国時代になると、今度は銭で納めるようになったわけです。

その後、銅銭の使用が普及し明が銅銭の輸出を禁じたことから流通量が不足するようになると、自分で銅銭をつくって儲けることを狙った、質の悪い私鋳銭（ビタ銭）が市中に出回るようになりました。

良貨での納税が難しくなっていく中で、納税はまた現物（お米）へと戻ることになります。

とはいえ戦国大名は、領国内の色々な事情のある土地を、等しくお金の価値に置き換えて支配していたのです。

支配の正統性をもとめて

戦国時代の最初の頃は、いわば都道府県単位の大名だったのに、順次、有力者が成長し、最後は道州ブロックの代表のような大大名に成長していきました。加えて分国支配の面でも中央からのいろんな糸を断ち切って、分国内を、大名を中心とした権力関係に置き換えていきました。

しかしその大名がなんでそこを統治しているんやという正統性の根拠を、中世に生きる人々はなかなか見つけられませんでした。

「オレは自力でここを支配しているんやで」と分国内で宣言しても、隣国の大名や分国内で下剋上を狙う反対派からは「そんなん知らんで」と言われてしまう。

ですから結局、大内氏を傀儡化した陶晴賢や、斯波氏を立てた尾張時代の織田信長のように、旧主家の坊っちゃんを形式的に担いだり、あるいは長尾景虎（謙信）のように、主君上杉氏の家名と職（関東管領）を受け継いだり、毛利氏のように朝廷にお金を貢いで国司などの職位を貰ったりしていました。また、戦国時代には大名同士の争いの間隙を縫って都市の自治が始まりました。会合衆(えごうしゅう)が指導した堺や年行司(ねんぎょうじ)が差配した博多が有名ですが、伊勢の桑名や安濃津のような港町や宇治山田のような門前町でも自治組織を持った町が生まれつつあったのです。

そういった動きが大きなうねりとなって、やがて日本再統一へとつながることになります。それは近世篇で話すことにしましょう。

第8章

中世篇まとめ

天皇、公家そして武家

㊼ 院政の伝統

さてここで三回に分けて中世篇をまとめてみましょう。まず中世は「院政」とともに始まります。

日本の天皇制は「万世一系」といわれていますが、不思議なことに実は昔から天皇を退位した上皇が権力を持つ伝統の方が長いのです。

古代篇のおさらいとなりますが、院政がはじまる前、日本の政治を動かしていたのは、藤原氏による摂関政治でしたね。藤原氏は天皇の外戚（母親の父、一族）になることによって権力を握りました。

外戚は偶然にめちゃ左右される立場です。娘を皇室に入れても、男の子が生まれないと権力を保てないからです。にもかかわらず、なぜ藤原氏の権勢が長く続いたかといえば、藤原氏が他氏を排斥するだけではなく、一族内でもバトルロワイヤルを繰り広げ、兄弟同士で競ったからです。兄弟の誰かの娘には男の孫が生まれますからね。

権力の絶頂に達した藤原道長が、「こんな骨肉の争いはもう嫌や」と、自分の目の黒いうちに嫡男の頼通に権力を譲り頼通を後見して、バトルロワイヤルは終わりを告げました。その後頼通は半世紀にわたって政界のトップに立ち続け、娘を皇室に入れて何とか皇子を産ませようとしたのですが、ついに生まれず藤原氏の外戚関係は終わってしまいました。

一〇六八年、後三条天皇が即位します。母親が藤原氏ではない天皇は百八十年ぶりでした。

後三条は皇太子時代から頼通とは距離があったこともあり、天皇親政を行ないました。数年後には二十歳の白河天皇に譲位して自分は上皇として家政機関の院庁を設けますが、翌年病死してしまいます。後三条が院政を志向していたかどうかはいまも議論があります。

一般に院政が始まったとされているのは、白河天皇が一〇八六年に堀河天皇に譲位して上皇となったときからです。院（上皇）は天皇の父親ですから、娘が男の子を産んでくれるかどうかとやきもきするまでもなく、初めから厳然として天皇の父親としての地位があるわけです。

奈良時代は上皇が強かった

ところでこの摂関政治の前の奈良時代を見ると、実は上皇が天皇よりも強い権力を有していました。

もっと以前に遡ると、天皇は皇族の中で比較的年長で、一番資質の優れた人が男女を問わず重臣たちの推挙を受けてなるものでした。ところがこの伝統に変化が起こります。

「幼くか弱い天皇」の登場です。

天武天皇の皇后鸕野讃良は、天武の死後、確実に自分の子どもの血筋に天皇の位を継がせるべく、自分が持統天皇として即位します（在位六九〇〜六九七年）。

というのも息子の草壁皇子が早くに亡くなってしまい、孫の軽皇子はまだ幼子だったからでした。そして軽皇子が十五歳になったところで、文武天皇として即位させます。

この即位はそれまでの天皇の伝統からみれば、幼すぎたのですが、持統天皇が藤原不比等の助けを受けつつ自分が「太上天皇（上皇）」という立場で後見することで強行したわけです。

これが、日本における太上天皇の始まりです（譲位はそれまでにもありましたが）。

その文武天皇も二十そこそこで亡くなってしまい、息子の首皇子（のちの聖武天皇）も幼かったため、奈良時代にかけて幼くか弱い天皇を元明や元正といった優秀な女性上皇が後見する体制が続きました。かつては奈良時代の女性天皇は「男性天皇の間の繋ぎ」という視点で説かれていましたが、実際には上皇として長い期間、強い権力を握り続けていたのです。

摂関時代＝上皇が権力を放棄した期間

この「天皇より強い上皇」というポジションを放棄したのが、嵯峨天皇（在位八〇九〜八二三年）でした。そのきっかけになったのが、八一〇年の「平城太上天皇の変（薬子の変）」です。嵯峨天皇の兄、平城天皇は譲位して太上天皇になりますが、譲位を後悔してか翌年、武力で政権に復帰しようとします。

嵯峨天皇側の素早い対応により変は鎮圧されますが、嵯峨天皇に苦々しい思いを残したのでしょう。

嵯峨天皇は自身が譲位するときに、太上天皇の大権を自ら放棄しました。ここから「上皇は政治に関わらない」という先例が生まれ、代わりに外戚が力を振るうようになったのです。

摂関政治のもとでは、幼少の天皇が恒常化していきます。幼少の方が藤原氏の思うように政治を動かせて都合が良かったわけです。しかしこれは天皇の父が政治を動かす場合にも都合が良いということになりますね。

治天の君

白河上皇は堀河天皇（七歳）、鳥羽天皇（四歳）、崇徳天皇（三歳）と、直系の幼い子孫を次々に即位させて、その後見人として実権を握り続けました。

上皇は朝廷に介入して貴族の人事も取り仕切ります。この時代、上級幹部職はほとんどが藤原氏の中でも限られた家の世襲になっていましたが、院の側近たちは実入りのいい国を知行国として受け取り、名より実をとることができました。

藤原摂関家が各地に荘園を設け、朝廷の支配の及ばない巨大な収入源を得たのに対抗して、院も広大な荘園を全国に立荘し始めます。

　こうして律令体制は変質しましたが、王家は藤原氏から権力の一部を取り戻したかたちになりました。

　しかし院が複数生まれると、どの院がイニシアチブを握る（「治天の君」）のかで争いが生じるようになります。後白河天皇と崇徳上皇との間で争われた「保元の乱」（一一五六年）などがその典型です。そういった争いの際に武力として用いられたのが、平氏や源氏といった武家でした。

　台頭した武家がやがて幕府を開きますが、その後も院政は続きました。王家、貴族たちは、寺社や武家と並ぶ三大権門のひとつとして、中世を支配する権力であり続けました。そしてその長が、「院」だったのですね。

　後鳥羽院らの起こした「承久の乱」（一二二一年）の後、王家は鎌倉幕府からの介入を受けるようになり、持明院統と大覚寺統の両統迭立、建武の新政、南北朝の戦乱を経るなかで、王家の権力は次第に武家に吸収されていきますが、江戸時代になっても院政は行なわれています。

　つまるところ院政という制度は、後醍醐天皇など天皇親政を志向した幾人か、また戦国時代に財政上の都合から譲位することができなかった天皇の場合を除いて、ずっと続いていました。

　天皇は公的な地位ですから、権威があると同時に法律（律令）に規制されます。しかし院は「天皇の父」という私的な存在であり何にも規制されません。各種の官僚機構を抱える律令による政治は、当時の朝廷にとっては少し大きすぎました。少数の側近がいればいい院政は色々と都合の良いシステムだったのですね。

最後の光格院政は一八一七年に始まり、一八四〇年、光格の死によって幕を閉じました。

明治時代以降は天皇の譲位自体がなくなり、院政は消滅したわけですが、二〇一九年、明仁天皇が皇太子に譲位し、上皇となられましたね。上皇位の復活は実に百八十年ぶりのことです。

生前退位が日本の天皇制の長い伝統でした。いわば日本の伝統が復活したのを、僕たちは見ることができたのです。

㊽ 中世日本を支配した公家と武家

一般に中世から武士の時代が始まったといわれてきました。「武士の出身なのに貴族化した平氏を、武士代表の源頼朝が破ったんや。それで鎌倉に幕府を開いて、日本は武士の世の中になったんやで」と。しかし今の歴史研究ではこういうシンプルな見方はまず成立しません。

鎌倉幕府は将軍に従った主に東日本に広がる武士たち（御家人）を支配下におきましたが、一方で、王家と貴族たちはこれまで通り朝廷での政治を執り行なっていたからです。王家や公家の持つ荘園には、彼らに仕える武士がいました。

いわば京都、西日本を中心とした朝廷（公家）と、鎌倉、東日本を中心にした幕府（武家）というふたつの勢力に、日本はまだら状に二分されていたのですね。この二つの勢力と、延暦寺や奈良の興福寺などの宗教界、寺社勢力の三つが、中世の全国を支配していた三大権門と称されます。

鎌倉幕府の発展

源頼朝が開いた鎌倉幕府（一一八五年）は、先行する平氏政権から政策の多くを引き継いでいました。全国の軍事警察権を朝廷から獲得し、守護や地頭を全国に設置する、トップは福原にいて京都の朝廷とは距離を置く……などは、平清盛が描いたグランドデザインです。ですから僕は平清盛こそ、中世日本のチェンジメーカー、スティーブ・ジョブズじゃないかと思っています。

鎌倉幕府は、軍事・警察権、御家人の統率権以上のことを望まず、これまで通り京都の朝廷に面倒な政治や外交などは取り仕切ってもらおうというスタンスでした。

ところがかつて唯一の支配者だった朝廷は、これが不満でした。後鳥羽院は幕府に一部を取られた権力を取り戻そうとします。「承久の乱」（一二二一年）の勃発です。

戦いは鎌倉幕府の圧勝、その結果、幕府は後鳥羽院たちを隠岐島などに配流し、彼らの所有していた西日本の荘園およそ三千カ所を没収し、そこに東国の御家人たちを地頭として配置しました（西遷御家人）。この西日本の御家人の面倒を見ることと朝廷を監視するため、京都に六波羅探題を置いたことで、初めて鎌倉幕府は全国政権となったのです。

幕府の力は王家に対しても優位となり、王家のほうでも天皇の代替わりには幕府に伺いを立てるようになります。それでも鎌倉幕府の基本スタンスは、幕府は軍事・警察の司であって、政治・外交は朝廷にお任せするというものでした。

しかし、一二七四年、八一年の「モンゴル戦争」でこのスタンスは大きな変更を余儀なくされます。

その頃のモンゴル帝国（大元ウルス）は、兄弟国とともに世界帝国を築いていました。

貿易も盛んで日本にも交易を求めてきました。モンゴルからの使者の手紙を朝廷は幕府に回送しますが、朝廷と幕府のキャッチボールの中で結局、日本はモンゴルに返事をしませんでした。

こうしてモンゴルは日本に侵攻してきます。この時に、国難ということで鎌倉幕府は全国の軍事警察権を一気通貫させます。

それまでは武士、王家、寺社の各領分に権力が分散していたのですが、戦争をするために寺社による祈禱や朝廷に仕える武士たちも全部幕府が動員して指揮したのです。

こうして幕府は朝廷権門と寺社権門に並ぶ地位を脱して、他を圧するポジションになっていくのです。

後醍醐天皇の試み

その状況をひっくり返したのが後醍醐天皇でした。後醍醐は当時最新の学問、朱子学を勉強して中国のような皇帝がすべてを独裁する強い政権を作ろうと夢見ました。「公家も武家も(当然寺社も)、天皇のオレの支配下に入るべきやで」ということです。これが「建武の新政」(一三三三年)です。

ところが後醍醐は「公武の合体」という理念はあったのですが、実務には全く疎かったのです。

朝令暮改と恩賞の遅延が続き、後醍醐に従っていた足利尊氏も「こりゃあかん」ということで、結局、後醍醐を京都から追い出して、自分に協力的な天皇を担ぎ室町幕府を作ることになります。

建武の新政や室町幕府は、悪党やその後生まれたバサラ大名に象徴される、貨幣経済でのし上がった新興勢力が支持基盤でした。

その典型が後醍醐天皇の配下だった楠正成や、尊氏の配下であった高師直や佐々木道誉でしたね。

後醍醐は京都の南、吉野に逃げて「正統な天皇はオレや」と抵抗を続けたことで（南朝）、全国を巻き込んだ南北朝の戦乱が始まりました。

その後室町幕府の中で、新興の荒々しい人々に担がれた尊氏と、そこに眉をひそめて「やっぱり秩序は大事やで。ロックンローラーばかりでは国はまとまらへんで」という、保守本流的な弟の直義との二派の間で戦乱が生じ、南朝勢力は長く生き延びることができたのです。

権門体制の終わり

室町幕府も当初は、鎌倉幕府のオリジナルなスタンスにならっていました。つまり「武家の統率は幕府が行ないます。面倒な儀式や政治は朝廷がやってください」というものでした。これは幕府の開設当初、兄の尊氏をリードしていた直義の保守的な理想によるものだともいわれています。

しかし戦乱の続く中で北朝の天皇を守る室町幕府は京都を離れられず、次第に武家の権威と朝廷の権威の一体化が進んでいきました。そして三代将軍の足利義満は武家にとっては面倒な朝廷の儀式や慣習を軽々とこなして、准三后、太政大臣と位人臣を極めます。

義満は武家だけではなく朝廷の指揮命令系統の上にも君臨し、さらに南北朝の分裂をも統一して、後醍醐天皇が夢見て実現できなかった「公武の合体」を、武家のほうから実現させたのです。寺社勢力も取り込みました。

義満は中国の秦の始皇帝のように、馬鹿でかい建物をつくったり、全国各地にきらびやかな巡行を行なって、「オレがナンバー1なんやで」という事実を見せつけました。

このように義満が武家と王家にまたがる中央の権威を一身にまとおうとしたのには、切実な理由もありました。大きな実力をもつ守護たちが、京都の将軍の周囲を取り囲んでいたのです。

南北朝の争い以来ずっと戦争が続くなかで、貴族や寺社の荘園に対する武士の侵食が広がっていきます。また武士たちを指揮する守護の権限も大きくなり、任地の武士たちを家臣に組み込むことで、任地の領国化が進みました。

歴代の将軍たちは守護の力を削ごうと内輪揉めや相続に介入したり、甚だしくは守護を暗殺したりといった方策を取りますが、結局守護の強大化が進んでいくのですね。

「応仁・文明の乱」（一四六七〜七七年）で京都が荒廃した後は、将軍に近侍していた守護たちも京都を離れ、また将軍家も一四九三年に細川管領家に傀儡化されたことで、中央の権威は有名無実化しました。

各国大名たちは領内の武士たちだけではなく、残っていた貴族の荘園や寺社など伝統的な中央とのつながりの糸を断ち切って、「ここはオレが治めているショバや」と自身による力の支配に再編していきます。こうして中世の「権門」による支配体制は終わり、戦国大名が競い合う時代が始まるのです。

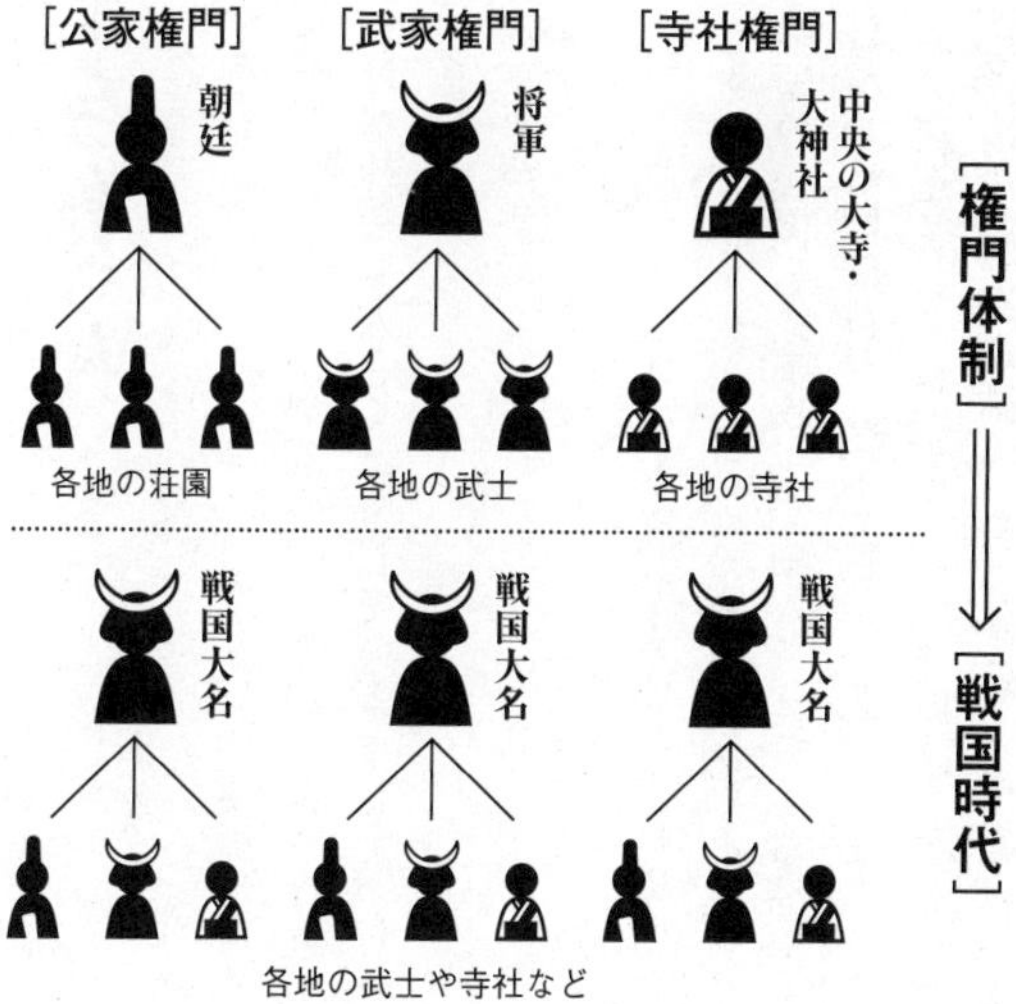

㊾ 貨幣経済の浸透で現代日本とつながった

中世は武家が公家の支配から抜けでて幕府を打ち立て、独立した新しい支配者グループ（武家権門）として世に立ち現われた時代でした。やがてその武家が公家や寺社の領分を侵していきます。加えてこの時代、日本社会も大きく変質していきました。貨幣経済の浸透です。

その起爆装置のボタンを押した人物は、平清盛でした。

平清盛はしっかりした経済センスをもっていました。おそらく九州を統括する長官（大宰大弐）となり貿易の実利を知ったことで、市場のセンスが培われたのでしょう。九州の博多津は貴族たちが珍重する中国の奢侈（しゃし）品（唐物）が輸入されてくる港でもあり、当時から大変に栄えていました。日本からは硫黄や砂金が輸出されていました。そして高級グッズだけではなく、中国で鋳造された銅銭（宋銭）も輸入されるようになっていたのですね。これが日本に貨幣経済が始まる嚆矢（こうし）となります。清盛は「これや」と思ったことでしょう。宋銭を本格的に日本に輸入し国内で流通させることで、巨万の富を得ました。

高島正憲さんの『経済成長の日本史』によれば、九〇〇年の日本の人口が推計六百四十万人で、一一五〇年が同六百八十万人です。横這いであまり増えていませんね。

一人当たりＧＤＰは七三〇年が三八八ドル（一九九〇年の国際ドルベース）でした。ちなみに当時の先進国イラクは九二〇ドルです。

九五〇年が五九六ドル。一一五〇年が五七二ドルと、ＧＤＰで見ても日本はほとんど成長しない国だったのです。古代・中世を通じての成長率は〇・〇六パーセントで、世界の最貧国の一つといってもいい状態でした。

この停滞から脱して成長を始めるきっかけになったのが、清盛による日宋貿易、なかんずく宋銭の大量輸入だったのです。

それまで日本でも奈良、平安時代には「皇朝十二銭」などを鋳造していましたが、鋳造量が少なくてほとんど流通しなかったのですね。

土地よりお金！

十二世紀の日本では荘園公領制といって、朝廷、貴族や武家、寺社がそれぞれの土地に責任者を置いて税をとる、土地本位の統治が行なわれていました。お米や麻布などを徴収していたのです。

そこに大量のお金が入ってくると、土地ベースではなくお金ベースで生きていこうとする人々が生まれてきます。有徳人や悪党がそれで、土倉や酒屋、問丸などとして商売を始めます。

土倉は言葉どおりに土壁の蔵のことですが、火災に強く財産の保管所として利用されているうちに、管理人が質屋と金貸しを始めて、金融業者を意味するようになりました。酒屋は酒を造る蔵元で、土倉を兼ねる者がたくさんいました。問丸は港湾都市の倉庫業、流通業者です。塩、材木、薪炭、栗、大豆などの各地の特産品が、流通網の拡大によって有力商品に成長していき、現金を握った問丸も金融業を始めます。

一方で御家人は領地からの上がりで生活していましたが、土地を担保にお金を借りて、土地を取られてしまうケースも出てきます。

一二六七年、鎌倉幕府が所領売買の禁止令を初めて出します。鎌倉幕府は荘園公領制の中で守護や地頭を置いて政権を維持してきましたから、土地を売ったらあかんという禁止令をこれ以降、何回も出します。

でも、御家人もお金に困ってついつい自分の土地を売ってしまう。そこには相続の問題もありました。この時代は全員均等相続だったので、相続の度に土地が小さくなっていきます。そのため困窮して、質に入れたり売ったりするようになる。こうして土地をベースとした御家人が弱体化していきます。

鎌倉幕府は法令で「悪党」の鎮圧を命じています。幕府が安堵している御家人の領地を、幕府以外の別の力（例えばお金や、公的な権威によらない武力など）で取り上げるのが、幕府には海賊や山賊と同じ悪党に見えたということです。

やがて悪党は楠正成や赤松則村など、鎌倉幕府を倒す勢力へと育つ一方で、鎌倉幕府の支持基盤はどんどん揺らいでいったわけです。

徳政令では追いつかない

一二九七年に北条貞時が「永仁の徳政令」を出します。売ったり質に入れたりして土地を失った御家人たちのために借金棒引きを宣言して救おうとしたのです。でも「徳政令」で強制的に土地を戻したとしても、一時しのぎに過ぎず大きな流れを食い止めることはできませんでした。

室町時代になると、京都の町には土倉が三百軒以上あったといわれています。またお金のある寺社も積極的に高利貸しを行なっていました。

この頃になると幕府も土倉に恒常的に課税し、彼らを大事な徴税源とみなすようになっていました。

それどころか幕府は有力な土倉に幕府の財政事務を丸投げしたりしていました。お金の扱いはお金のプロに任せる、いわば財務省の運営を金融機関に民間委託しているような状況ですね。

また荘園では現物から銭で領主へ年貢を納めるようになっていきました（代銭納）。

そこで農民たちもいろいろと物入りとなり、金貸しからお金を借りるようになりますが、当時は飢饉が多くて収穫のばらつきも大きく、借りたお金を返すのにも困るようになったのです。

こうして一四二八年の「正長の土一揆」を皮切りに、室町時代には借金に困った農民や馬借（輸送業者）たちが徳政を要求する大規模な土一揆を起こしました。いってみれば、お金によって上から下まで社会が動くようになっていった一つの表われです。

中世半ばの一二八〇年から一四五〇年にかけて、日本の農業、手工業、商業生産の大幅な増加が見られたことはデータ上からも明らかです（『経済成長の日本史』）。この著しい生産性の向上は中世後半（一四五〇〜一六〇〇年）まで持続していきます。

これは全国各地で戦国大名による領国支配が進み、国力を上げるために各地で農業や商業を奨励していった結果でもありました。

宋との交流、銅銭の輸入に始まった貨幣経済によって、日本が成長を始め、お金のやりとりの習慣が浸透していくにつれて、民衆の力も強くなっていったわけですね。

そして近世へ

室町時代から戦国時代にかけて、現代の日本につながる様々なものが生まれてきました。床の間を持った和室の設え（しつら）や、そこに飾るための生け花や書画の美意識、あるいは茶道や俳句などの源流もこの時代に求められます。

この時代の能や狂言の発展は、その後、エンターテインメント性を増した江戸時代の人形浄瑠璃や歌舞伎などに受け継がれていきます。

一方農民も、領主にバラバラに従っていた存在から、自分たちで村の自治を行なうようになり（惣村）、ちょっと前まで日本の各地で見られた村の景色が生まれてきました。

様々な面で、現代の日本社会の有り様と地続きになったのが、この時代だといえるでしょう。

こうして時代は近世につながっていきます。それは世界的な大きなうねりとリンクしていました。

「中世を学べば現代がわかる」

対談

出口治明×呉座勇一

複雑で全体像が摑みにくい「超難解な時代」を理解することは、現代を知ることに繫がる。ベストセラー『応仁の乱』著者と語り合う、中世から学ぶべき視点とは。

ござゆういち／一九八〇年東京都生まれ。東京大学文学部卒、同大学大学院博士課程単位取得退学。現在、信州大学特任助教、国際日本文化研究センター機関研究員。他著に『一揆の原理』『戦争の日本中世史』（角川財団学芸賞受賞）などがある

出口　呉座先生の『応仁の乱』（中公新書）は累計五十万部に近づく大ベストセラーですね。読んでまず連想したのが、『夢遊病者たち』（クリストファー・クラーク著・みすず書房）という本でした。これは第一次世界大戦を描いた本ですが、関係諸国が誤算を重ねることによって、ズルズルと悲惨な大戦へと引き込まれていく過程を見事に描いています。大戦の発端はオーストリアの皇位継承者がサラエボでセルビア人に暗殺された

ことですから、もし戦争をするとしてもオーストリアとセルビア間で収まったはず。いまのわれわれからすると、なんでヨーロッパ中が殺し合いをしたのや、と思いますよね。指導者が確固とした見通しもなく、まるで夢遊病者のように逡巡しているうちにあれだけの大惨事になってしまった。そこに応仁・文明の乱と似たところがある気がしました。

呉座　実は『応仁の乱』を書いているとき、私の念頭にも同じく第一次世界大戦を描いた『八月の砲声』（バーバラ・W・タックマン著・ちくま学芸文庫）があったんです。第一次世界大戦は「まさか」の連続なんですよね。サラエボ事件後、ドイツはオーストリアに絶対的な支持を約束しましたが、それはロシアの軍事介入を防ぐための措置で、決してロシアと戦いたいわけではなかった。だけどオーストリアは、ドイツが支えてくれるからと、セルビアに宣戦布告してしまった。そうするともうロシアもドイツも参戦するしかないという誤算の連鎖によって、結局、欧州の列強を全部巻き込んでしまったわけです。

応仁の乱も同様に、西軍の山名宗全、東軍の細川勝元いずれも互いに全面戦争を企んだわけではなく、畠山家の家督争いに介入して短期決戦をやるつもりだったのが、読み違いが重なっていくうちに、気がつけば全ての有力大名が参戦することになってしまった。

出口　そこが歴史の面白さのような気がします。先生から見て、中世の魅力というのは一言でいうとどういうものでしょうか。

呉座　中世は、軸となるものがなく、非常に多極的な世界です。例えば古代でしたら、いわゆる律令国家で、朝廷中心の政治の仕組みがある。江戸時代でしたら、幕府中心の秩序がある。近代以降はもちろん政府がある。ところが中世の場合は、そういう主軸になるものがありません。一般的には、天皇の父である院が政治をしきる「院政」の成立が中世の開始と言われています。その後は武家政権へと移行して、武士が政治の中心になったと見られがちですが、現実には朝廷、公家も影響力を残していますし、寺院や神社といった宗教勢力も武力・経済力を持っている。

出口　いわゆる「権門体制」ですね。それと、宋銭の流入によって貨幣経済が活発になり、安土桃山時代へ向かって権力の上の方だけではなく庶民たちが成長していく社会ですよね。だから実は夢があった。

呉座　そうです。民衆も力をつけてきているし、どの勢力がメインだと一概には言えない。地理的にも京都中心とは言い切れなくて、鎌倉にも求心力がある。われわれ後世の人間からすると、武家政治になってやがて江戸幕府が成立していくのが歴史の必然であったように見えますが、当時の人たちはたぶんそこまでわかっていませんでした。どう社会が変わっていくのか見通しが利かない中、どっちにも転ぶ可能性があったという躍動感が、中世の一番の魅力じゃないかと私は考えています。

出口　ダイバーシティ（多様性）があって、それぞれの主体が好き勝手なことができて、しかも先がどうなるかわからない社会というのは、すごく面白いですね。

呉座　私は学部三年生のときに日本史学研究室に入ったのですけど、それが二〇〇一年だったんです。あの九・一一米同時多発テロが起きました。これから世界はどうなってしまうのだろうと不安を覚えざるを得なかった。私が国際政治学を専攻していたら直接研究したのでしょうけど、日本史を選んでいたので、先の見えないこの時代に雰囲気が似ているのはどこだろうと考えたとき、それは中世じゃないかと思ったんです。

背伸びをしていた奈良時代

出口　なるほど。僕が中世は面白いと思ったのは、まずバサラ大名の存在ですね。

僕は戦後のベビーブーマー世代で、個性を出すより協調性を大事にし、ルールを守りましょうという、製造業の工場のコンベアの前で黙って働くのをよしとするような教育を受けてきたので、日本人は個性のないおとなしい人々だという思い込みがありました。ところが、佐々木道誉などのバサラ大名はキンキラキンのイメージで、かつてこんなに面白い日本人がいたんだ、とびっくりしました。信長もかっこいいですよね。

世界史を参照すると、ギリシャ・ローマの輝ける太陽のような文明と、暗黒の中世と

庶民たちが成長していく社会ですよね。だから実は夢があった。

出口治明

いう対比があります。日本でも輝く天平文化と薄暗い中世という対照的なイメージがありますが、これはヨーロッパ史のアナロジーでそう思い込んでいるだけではないかと思うようになりました。天平文化というと輝かしいイメージですが、実は奈良時代は疫病で人がバタバタ死んだりして、結構暗い時代ですよね。

呉座　奈良時代というのは、基本的に無理している時代なわけです。隣に唐という超大国があって、もしかしたら攻めてくるかもしれないという緊張感の中で、中央集権国家をつくらねばと、律令という法律を導入し、例えば道路にしても真っ直ぐで軍用になる道をつくっています。当時の日本の国力からしたらかなり背伸びしているんです。

出口　中国では律令を原則、皇帝の代替わりごとに作り直しますが、日本は本格的な律令は大宝・養老律令の一回しか作れなかった。でも、律令をちゃんと作る能力がなかったからこそ、逆に院政があんなに力を持てたともいえますよね。

呉座　明仁天皇が生前譲位されましたが、院政は、とくに戦前においては非常にネガティブに評価されてきました。律令体制から外れた、法律違反行為みたいな感じです。一つには、明治政府が院政を否定した、つまり天皇を終身制にして、上皇を置かないことに決めた、という明治以降のルールが影響しています。

しかし最近は、律令で法治国家をつくろうとした奈良、それを維持しようとした平安時代にそもそも無理があり、日本の実情に合う政治体制を模索していたのが中世、その象徴が院政である、と肯定的な評価に変わってきています。

「院政」が男系社会の出発点

出口　国際情勢の変化で唐が怖くなくなったので、もう好きにやろうやと、ぴったりとした中国式の胡服から、ゆったりとした和服に変わっていったように、政治も身の丈に合ったかたちにしたわけですね。

もうひとつ、奈良時代までは天皇は男性でも女性でも構わない、どちらかといえば双系に近い社会でしたね。その後、摂関政治の下で幼帝が続き、外祖父の摂政関白が政治を取り仕切りますが、これは女系の社会です。ところが藤原頼通に孫が生まれなかったことから、父である上皇の男系へと権力が移っていく。

呉座　中世はまさに男系の社会になっていきますが、その出発点が院政なのです。後に武家の北条政子や、応仁の乱の時期に将軍であった足利義政の妻・日野富子も権力を握りましたが、それは、権力者の後家としてなんですね。夫が死んでから力を持っている。古代の女帝とはちょっと違います。

出口　権力が男系に移ったのは、中国の儒教の影響もあるのでしょうか。

中世はまさに男系の社会になっていきますが、その出発点が院政なのです。

呉座勇一

呉座　男系で継承する、いわゆる「家」というものができるのが、中世なんです。それまでは共通の祖先を奉じる「氏」が中心で、氏族集団なのですけど、中世になると近衛家や九条家、さらにもっと下位の貴族に至るまでそれぞれ家をつくっていきます。武士もそうです。そして中国と違うのは、日本ではほとんど血縁がないような養子にも簡単に家を継がせていることです。

出口　中国では血のつながりをすごく重視しますね。一方で日本は大名家でも結構養子を取っている。

呉座　家がなくなると家臣たちが路頭に迷うので、従業員のために創業家を切って会社を存続させるのに似たところがあります。日本の家は、とくに上級の公家や武家の場合、ただの私的な集団ではなくて、国家的な業務を請け負う存在ですから。例えば鎌倉幕府の将軍家は、軍事警察部門を担当する家であるわけです。

出口　安倍家が陰陽師をやり、飛鳥井家が蹴鞠をやり、藤原定家の家が和歌をやるのと一緒で、中世になると家が職能ギルドになっていくんですね。

呉座　朝廷から官職をもらった官僚が仕事をするのが古代律令制のやり方なんですけど、中世では家が国家的な業務を担当する。だから、その知識も家の中で継承されていって、政府にはノウハウが蓄積されません。

出口　それで貴族の日記があんなに大事にされるわけですね。政府にアーカイブをつくる能力がないので、各々の家が職能のアーカイブをつくる。その家が潰れたらアーカイブもなくなるので、血を繋ぐよりも家を残しておかなあかん、ということになった。

呉座　鎌倉将軍家も、源頼朝の血が絶えた後も、将軍家は続かないと困るので、皇族の宮様を連れてきて将軍の座に据えていますね。

出口　じゃあ、いまの日本で業界団体がいろいろ政府の仕事の代わりをしたり、業界内を取り仕切ったりしているのも、中世に遡る伝統的なかたちといえるのかもしれませんね（笑）。

呉座「権門体制」というと大層な国家統治システムのようですけど、無数の家がそれぞれの職務を果たして、それを天皇が緩やかに束ねている、非常に分権的な社会と理解したらわかりやすいと思います。

鎌倉幕府の謎

出口　モンゴル戦争（文永の役一二七四年、弘安の役一二八一年）についてお聞きしたいことがあります。最初にモンゴルが日本に持ってきた国書は、「仲良くして商売をやろうや」という話で、そう無茶なことは書いてなかったと思うのですが、鎌倉幕府はモンゴルの使者を斬ったりして、かなり乱暴ですね。なんでこんな対応をしたのでしょうか。

呉座　一つは、外交権は朝廷にあるというのが当時の日本の建前だったことが原因です。ところが朝廷が結論を出せない。幕府は軍事権門、要するに軍部なので、朝廷がモンゴルと国交を結ぶという明確な意思を示してくれない以上、彼らとしては戦う準備をする以外の選択肢はなかったわけです。

出口　本来、外務省が決めるべきことを軍部に丸投げしたら、軍部としては斬るしかないわな、という理解でいいんですね。ただ、鎌倉幕府は北条義時が後鳥羽院を破った承久の乱（一二二一年）以降、朝廷に対して実力では圧倒していたと思うのですが、それでいてもなおかつ外交は朝廷の管轄だと割り切れたのですか？　そこがよくわからないんですが。

呉座　これが中世のわかりにくさなんですね。われわれは、軍事力があればどんどん権力を拡大させるはずだと思うじゃないですか。でも幕府を見ていると、そういうスタンスじゃないんです。むしろ外交に限らず内政でも、公家から話を持ち込まれると、「いや、それはうちでは扱いません。朝廷でお決めになることです」と、なるべく朝廷がやるべきことに口を出したくないという印象を受けます。幕府側が積極的に朝廷の権力を奪いにいくということがないんです。不思議といえば不思議なんですけど。

出口　幕府は御家人の管理ができていればそれでいいということですか。

呉座　そう、幕府に仕える武士の権利が保護できればいいので、そこからさらに公家や寺社や民衆を管理するなんて面倒くさいことはやりたくなかった。

出口　全国統治には興味がなかったんですね。

呉座　はい。そしてこれが、まさにモンゴルとの戦争を通じて転換していくわけです。モンゴルと戦うために、幕府は御家人ではない武士も動員して、挙国一致体制をつくっていかねばならなくなる。その過程で、幕府は全国を統治する存在であるという意識を強く持つようになるのです。

出口　しかし、その後また鎌倉幕府後期になると、得宗（執権嫡流）一族は全国統治のことを忘れてしまっている感じがありますね。

呉座　幕府の中でも、路線対立がありました。全国統治を幕府が推進するべきという意見もあれば、そんなことは幕府がやるべきじゃない、御家人の利益さえ守ればいいのだという意見もあって、結局、そこを整理してきちんと結論を出すことができないまま鎌倉幕府は滅んでしまいました。

出口　では、室町幕府はそこの整理をどうつけたんでしょうか。

呉座　室町幕府は鎌倉幕府に比べると、最初から全国統治の志向が強い。それには京都に拠点を置いたことが大きく作用した面もあります。ただ、これは私の意見ですけれども、足利尊氏はたぶん、後醍醐天皇が政治をやって、自分は軍事・警察の責任者でいいと考えていたんじゃないかなと。

出口　そのように見えますよね。

呉座　だけど結局それじゃうまくいかなくて、やはり武家政権をつくって、全国を統治する方向しかないということになった。結果を知っている現代の私たちからすると、武家政治こそが歴史の必然で、「建武の新政」という天皇中心の政治なんてうまくいくはずがないと思うでしょう。

出口　歴史の流れに対する反動に見えますよね。
呉座　そう。でも、それは結果論で、建武の新政がうまくいった可能性は十分あると私は思っています。日本においても、中国や朝鮮のように文官優位の政治体制が確立されても、全然おかしくなかったんです。当時、尊氏が勝つと確信していた人は誰もいないわけで、尊氏自身も後醍醐天皇と何度も和解しようとしていますから。
出口　尊氏はずっと後醍醐天皇を尊敬していましたしね。じゃあ極論すれば、後醍醐天皇がもう少ししっかりしてくれていたら、足利尊氏は「私たちは鎌倉に引っ越します」と言った可能性もあったわけですね。
呉座　あったと思います。尊氏は京都にいましたが、弟の直義は鎌倉を拠点に関東を支配していましたし。
出口　さて、中世の後は江戸幕府になったわけですが、他の可能性としてはどういう展開がありえたのでしょうか。
呉座　鎖国しないで、海外に展開していく可能性もありました。豊臣政権下の日本は、世界でも有数の鉄砲保有国だったといわれていますから。
出口　銀も世界の三分の一の産出量があったといわれていますね。
呉座　実際、日本は海外進出をやりかけていました。秀吉がやった文禄・慶長の役（一五九二〜九八年）は、本来朝鮮を攻めることではなくて、その先の明を征服するのが目的でした。誇大妄想と評されますが、日本軍を撃退した明は一六四四年に満洲族という北方異民族によって滅ぼされています。それを考えると、秀吉の発想はそれほど突飛なものではなかった。

「応仁の乱」で生まれた原風景

出口　確かに清を打ちたてた当時の満洲族の人口と富と、石見銀山を持っていた日本の人口と富を比べたら、どうなっていたかはわかりませんね。

呉座　やり方が下手で秀吉の試みは失敗しましたが、成功していたら、まったく違った日本になっていたかもしれません。

出口　時代は少し下って、朱印船でタイへ渡った山田長政は、日本では別に有名な家の出でもないけれど、タイに行って陸軍の次官ぐらいの地位を得ましたね。普通の人でもそれだけの活力があったのだから、この時代にどんどん海外に進出していれば、今の東南アジアの華僑のように、和僑の世界ができていたという可能性も考えられますね。

呉座　実際、倭寇の活動もあったし、江戸時代が終わると日本人はどんどん移民で世界に出ていくわけですから、「日本人は閉鎖的で島国根性だ」とは言えないと思います。日本は村社会と言いますけれども、中世初期は散村といって、山間部にバラバラに離れて住んでいました。粗放的で、おのおのが適当にやっていたのです。それが、一つの地域に密集して、みんなで低湿地開発や用水管理をやる、農作業も共同でやる、侵略に備えて自治自衛するという、われわれが普通にイメージする村へと変わるのは、室町時代、とくに応仁の乱以降なんです。そうしないと生き残れないからそうなった。現在の村で、応仁の乱までさかのぼれる村が結構ありますが、実は鎌倉時代までさかのぼれるところは、あんまりないのです。

出口 応仁・文明の乱は一つの大きな転換期で、現在の日本の地方の原風景が出来上がってくる時期と考えたらいいんですね。それにしても、中世の日本にはたくさんの可能性があったと想像すると、すごく楽しい。これからの日本も、もう一度中世のような分権的な世界をつくって、可能性がいっぱいある社会を目指そうよ、といいたくなりますね。最後になりましたが、『陰謀の日本中世史』（角川新書）、感動しました。史実とフィクションは明確に違いますよね。トンデモ説や陰謀論の誤りを最新の学説で徹底論破されているこの本こそ、歴史に興味を持つ全ての人に読んでほしいと思いました。

王家系図1

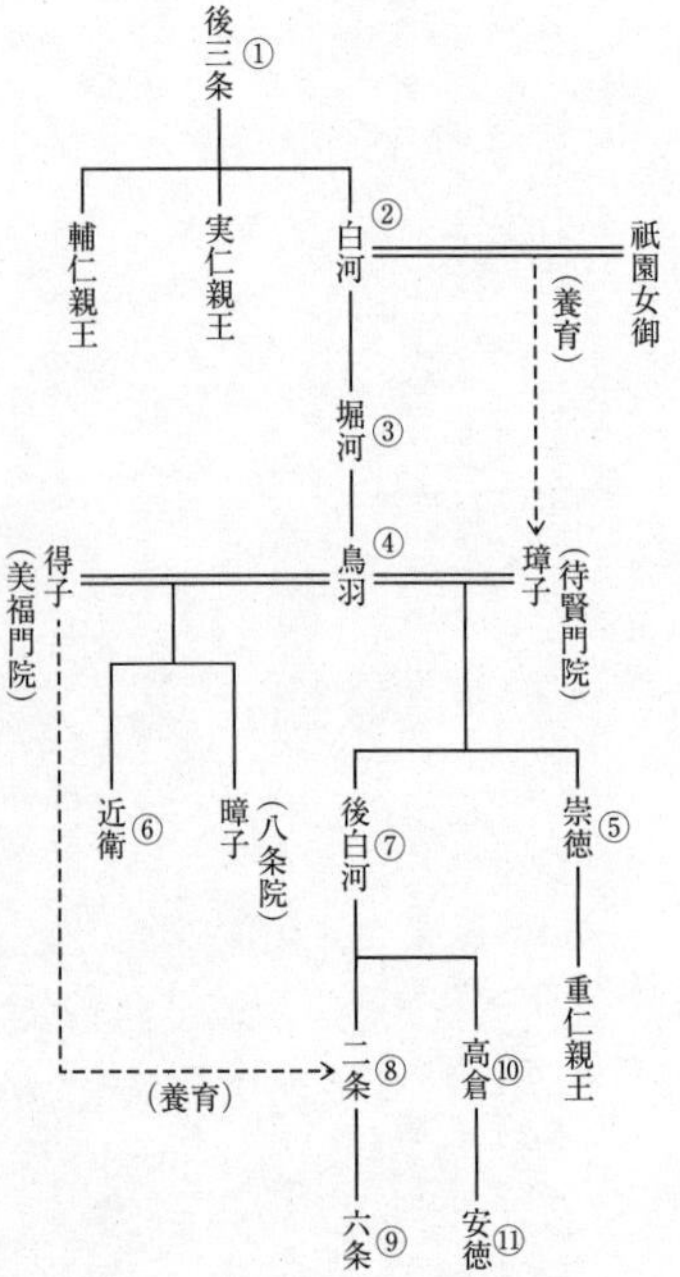

○数字は天皇即位順

王家系図２

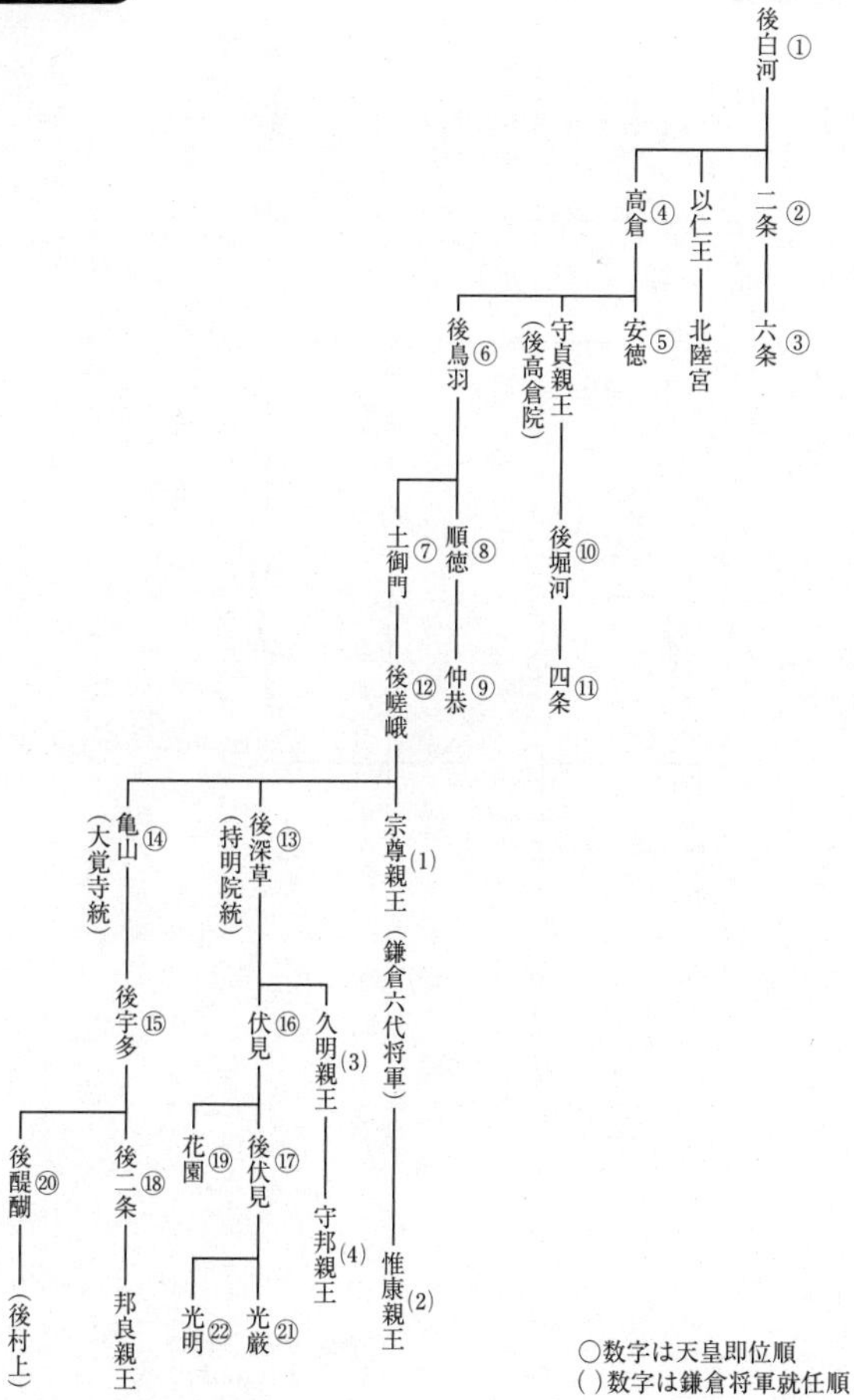

後白河①
二条②
以仁王
高倉④
六条③
北陸宮
安徳⑤
守貞親王（後高倉院）
後鳥羽⑥
後堀河⑩
四条⑪
順徳⑧
仲恭⑨
土御門⑦
後嵯峨⑫
宗尊親王(1)（鎌倉六代将軍）
惟康親王(2)
後深草⑬（持明院統）
久明親王(3)
守邦親王(4)
伏見⑯
後伏見⑰
花園⑲
光厳㉑
光明㉒
亀山⑭（大覚寺統）
後宇多⑮
後二条⑱
邦良親王
後醍醐⑳
（後村上）
○数字は天皇即位順
( )数字は鎌倉将軍就任順

王家系図3

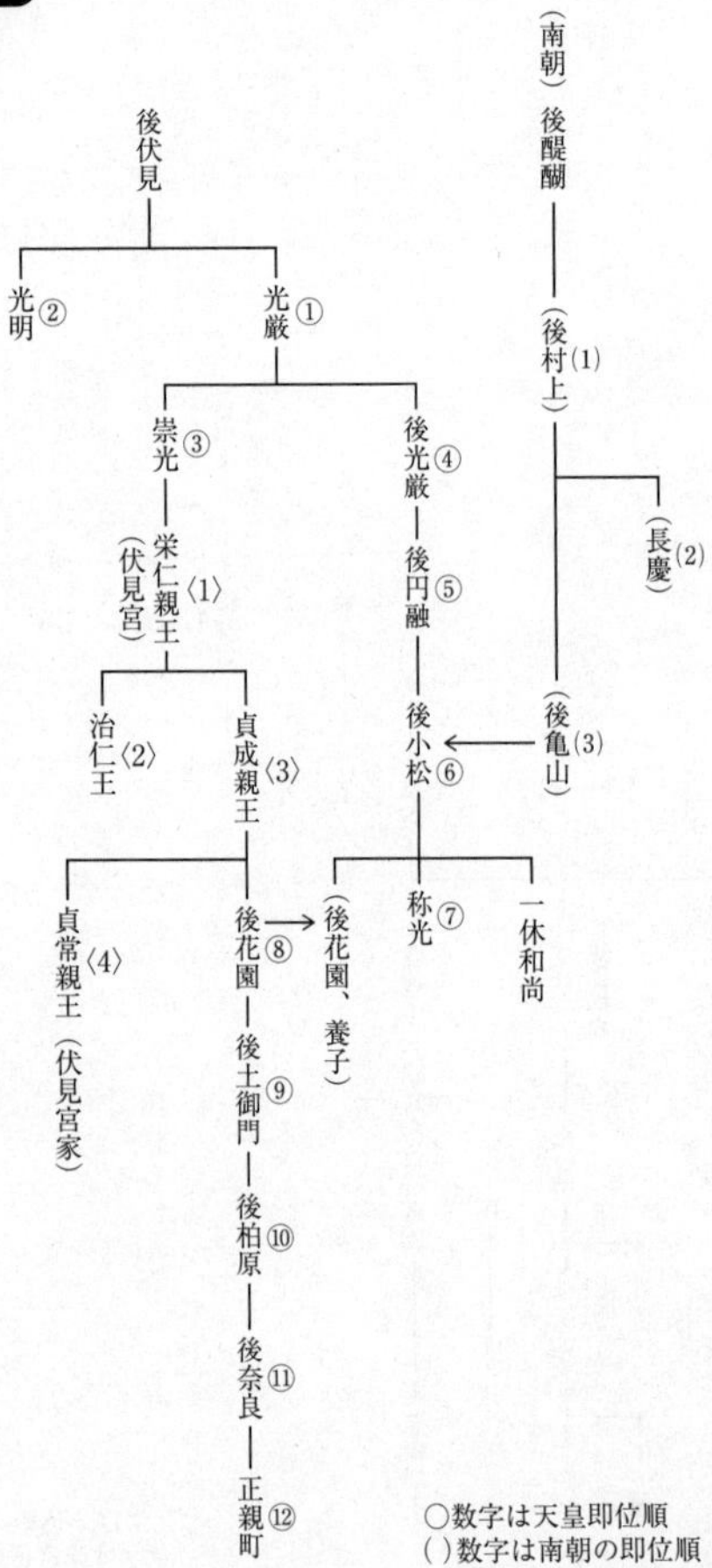

○数字は天皇即位順
( )数字は南朝の即位順
〈 〉数字は伏見宮の継承順

藤原氏（北家）系図1

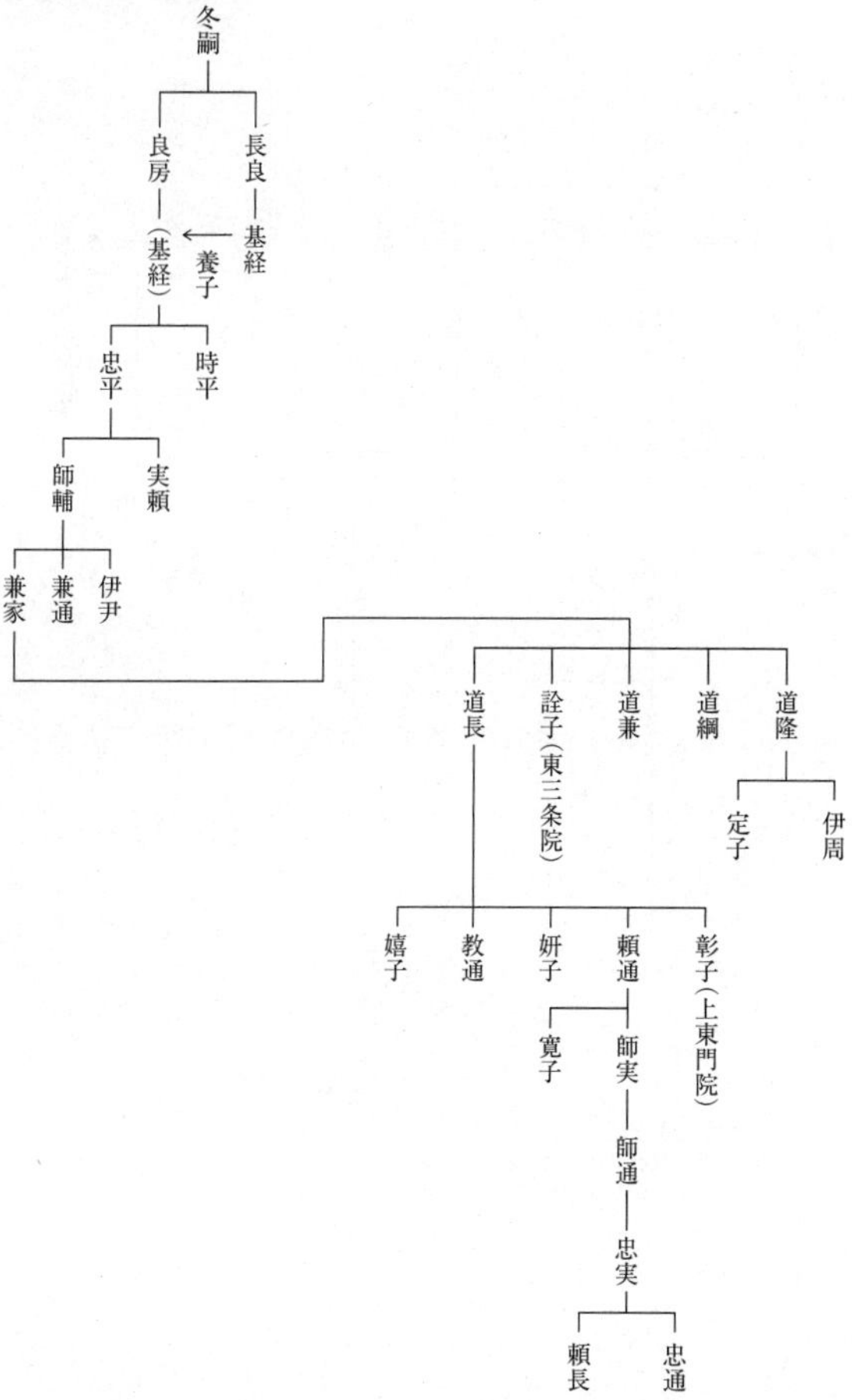
冬嗣
良房
長良
基経
養子
（基経）
忠平
時平
師輔
実頼
兼家
兼通
伊尹
道長
詮子（東三条院）
道兼
道綱
道隆
定子
伊周
嬉子
教通
妍子
頼通
彰子（上東門院）
寛子
師実
師通
忠実
頼長
忠通

藤原氏（北家）系図2

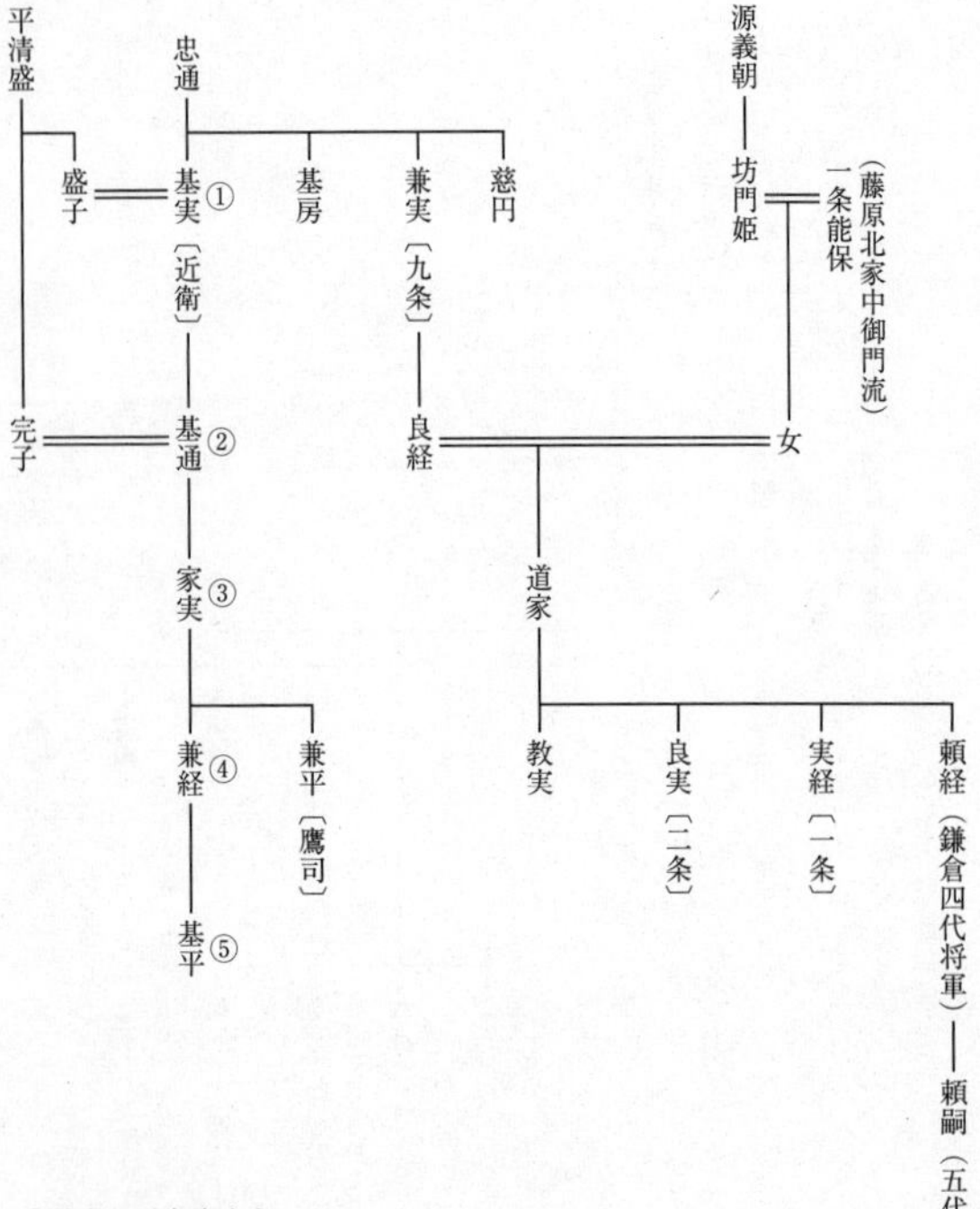

○数字は近衛家当主
〔 〕は公家の家格の頂点に立つ五摂家

平氏系図

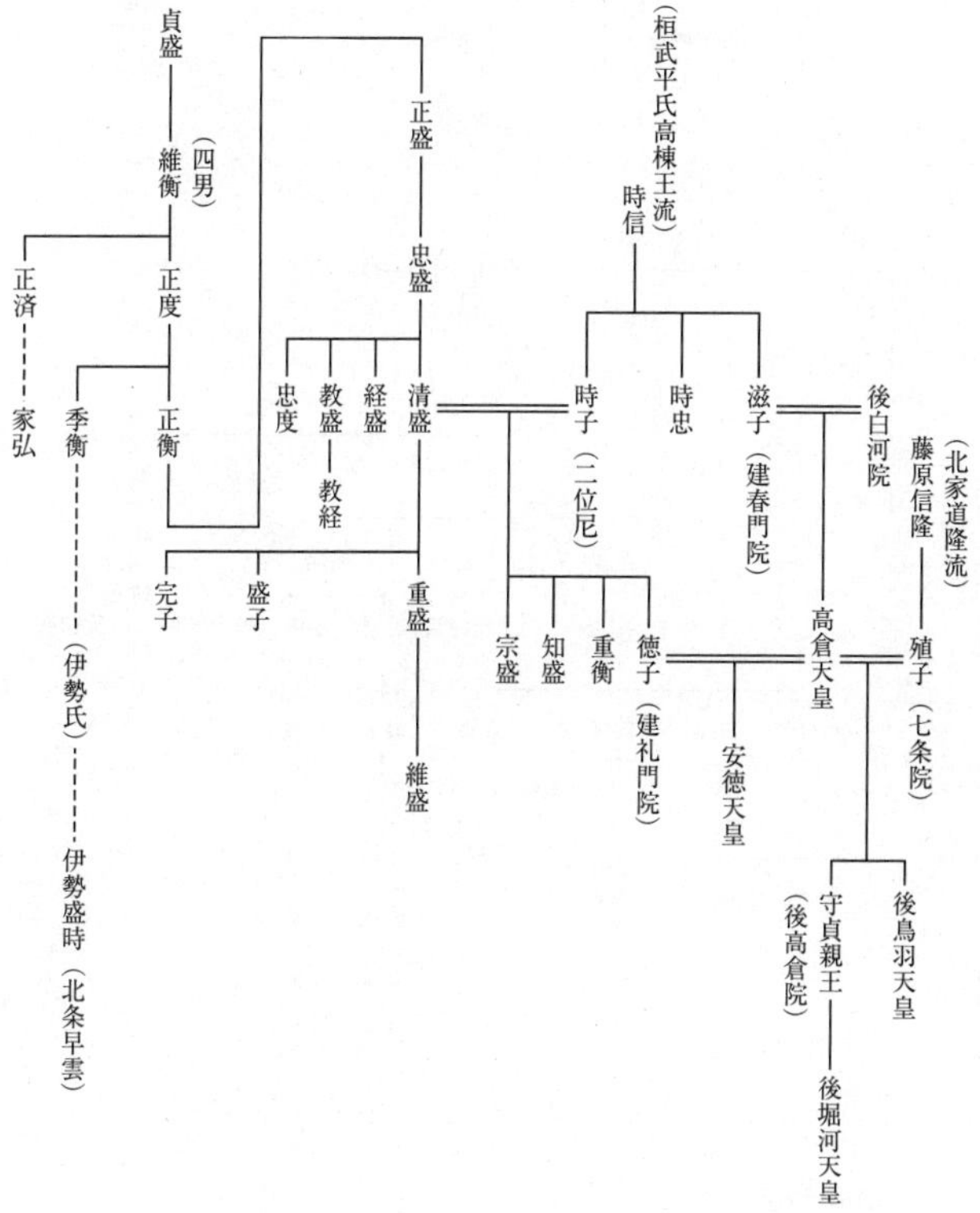
（桓武平氏高棟王流）
時信
時子
（二位尼）
時忠
滋子
（建春門院）
後白河院
（北家道隆流）
藤原信隆
殖子
（七条院）
高倉天皇
後鳥羽天皇
守貞親王
（後高倉院）
後堀河天皇
徳子
（建礼門院）
安徳天皇
重衡
知盛
宗盛
正盛
忠盛
清盛
経盛
教盛
教経
忠度
重盛
維盛
盛子
完子
貞盛
維衡
（四男）
正度
正済
家弘
正衡
季衡
（伊勢氏）
伊勢盛時
（北条早雲）

源氏系図1

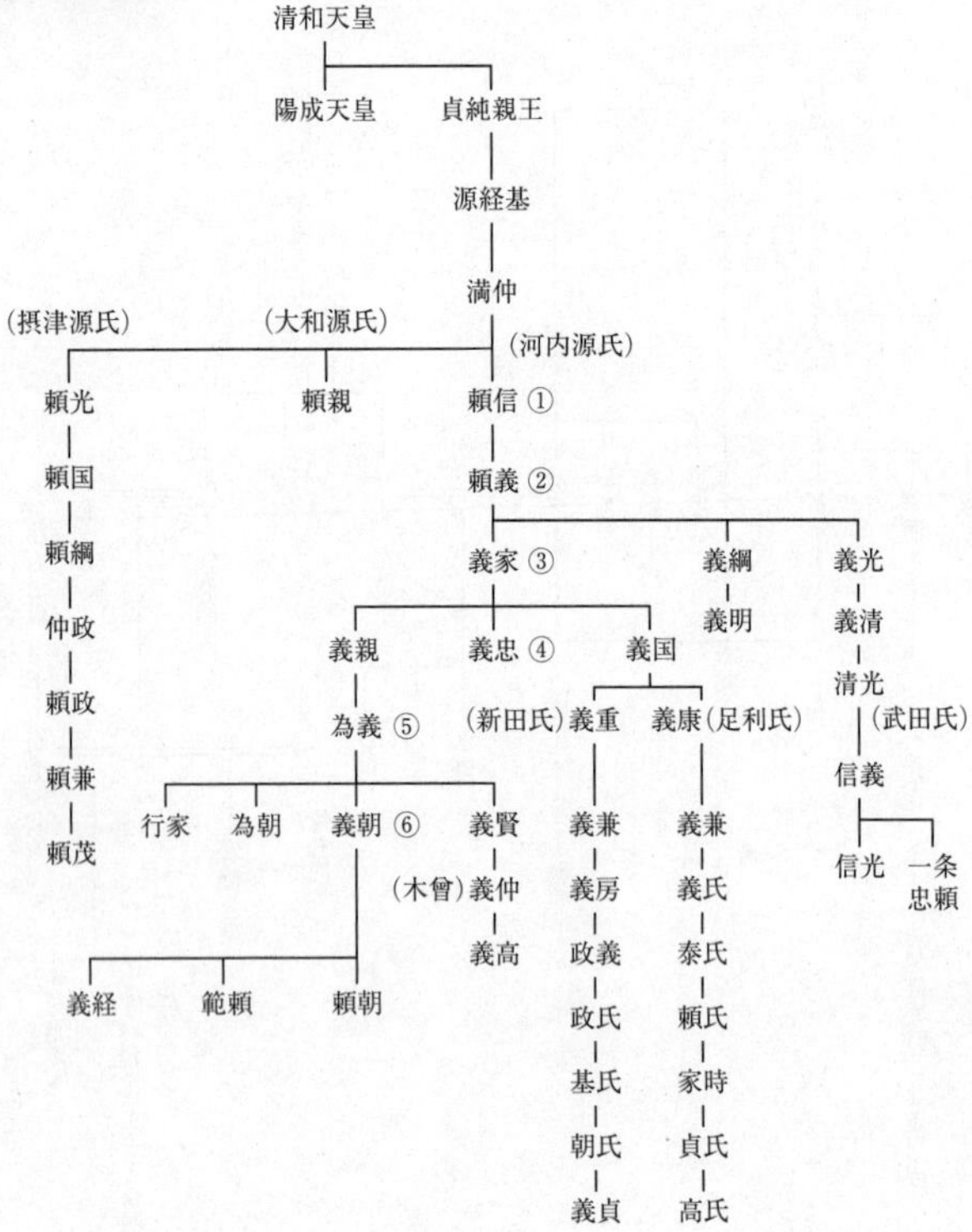

○数字は河内源氏棟梁

源氏系図2

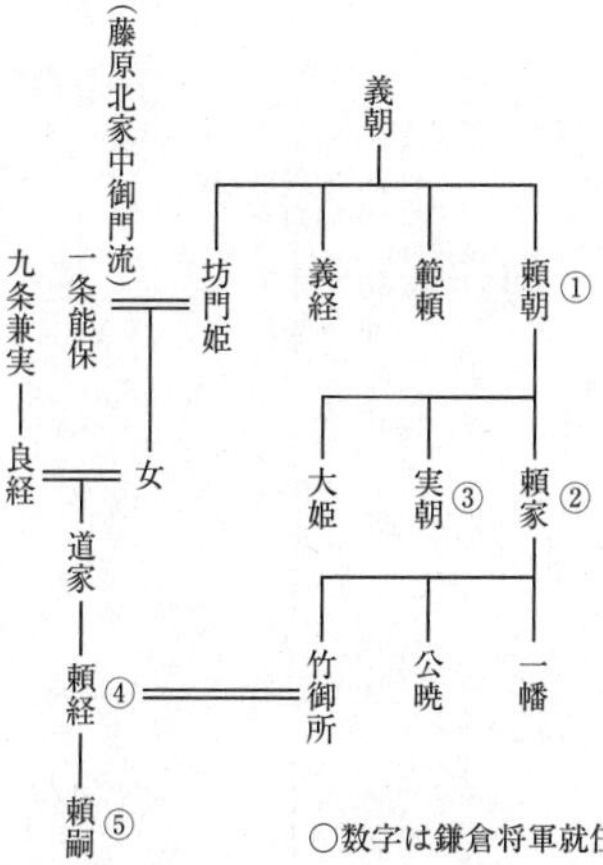

○数字は鎌倉将軍就任順

北条氏系図

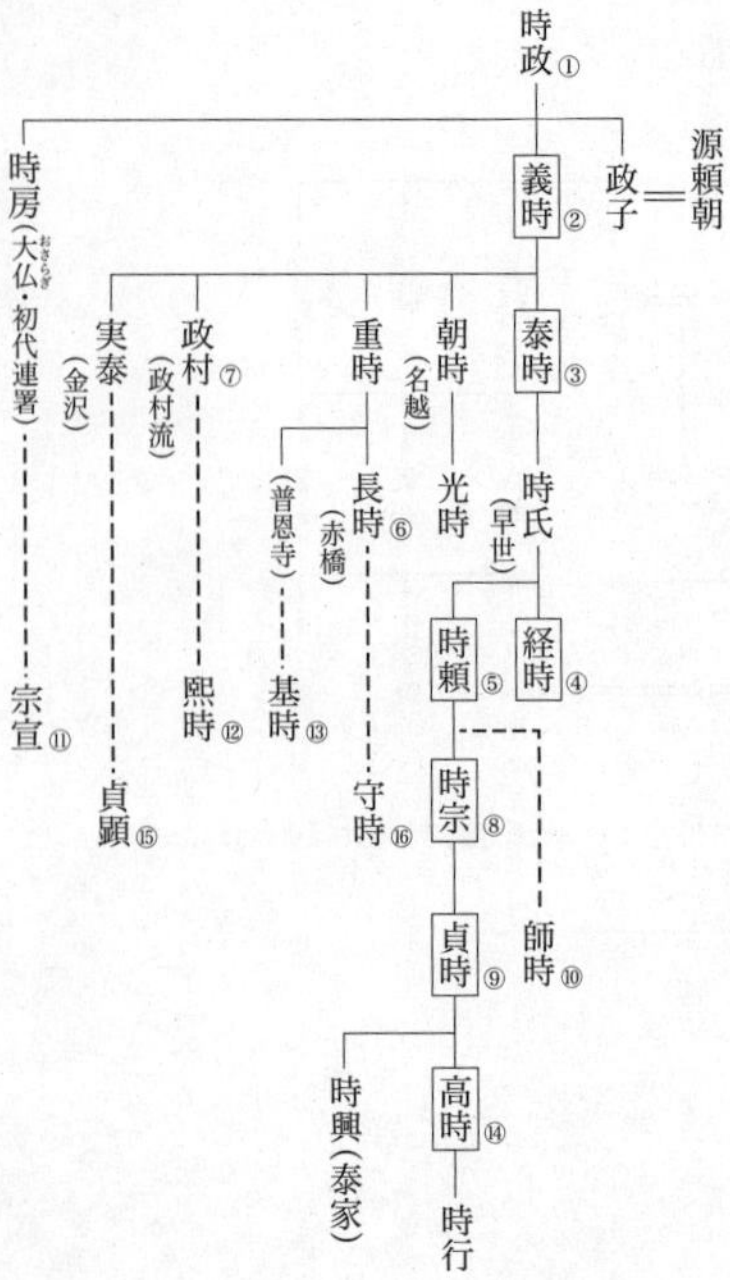

□は得宗
○数字は執権就任順

足利氏系図

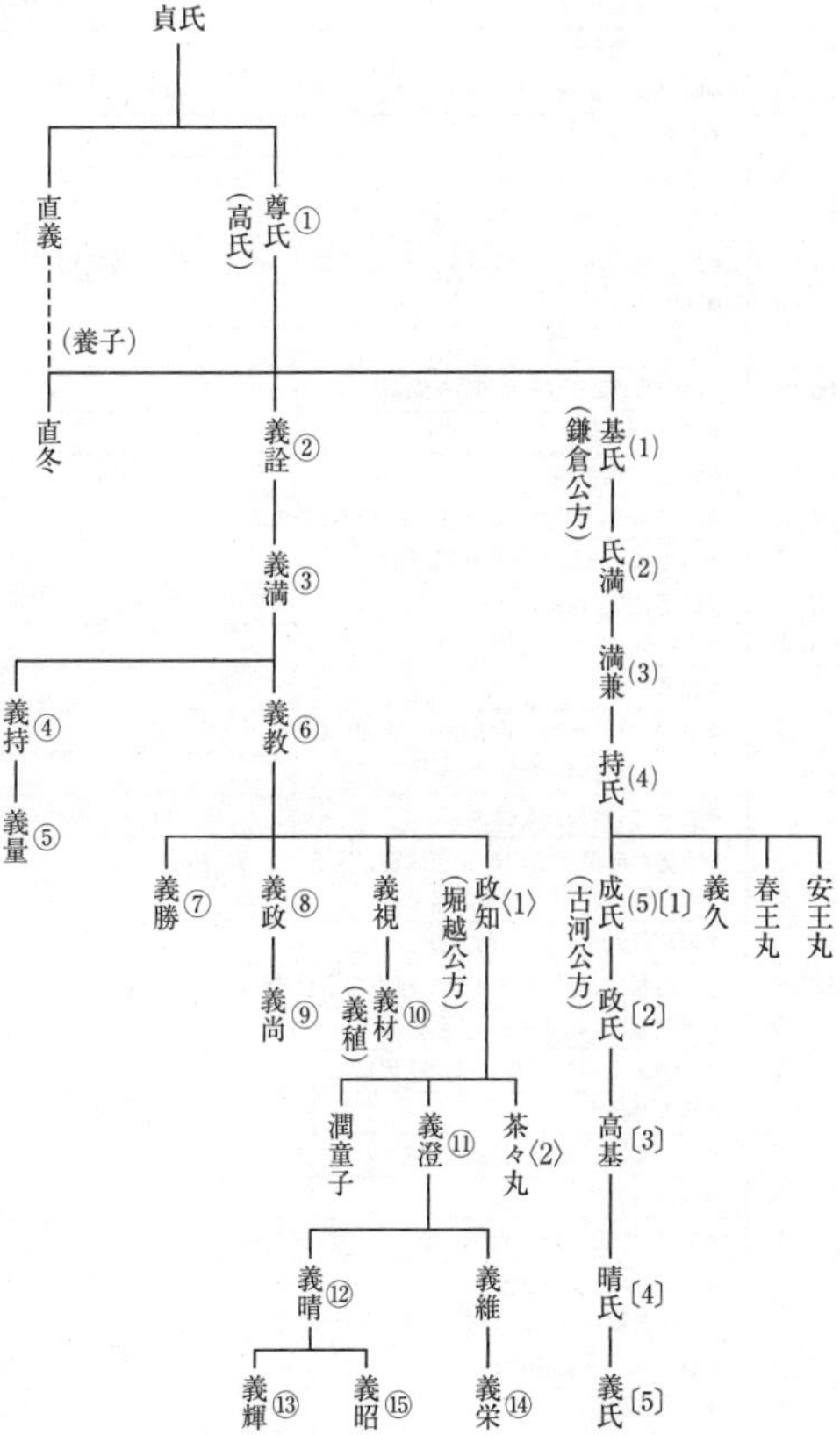

○数字は室町将軍就任順
( )数字は鎌倉公方就任順
〔 〕数字は古河公方就任順
〈 〉数字は堀越公方就任順

＊年表はP359からの左開きです。

	1429年	●義教、正式に将軍就任
	1432年	●勘合貿易再開
	1433年	●延暦寺衆徒による強訴
	1434年	●唐船奉行創設
	1438年	●永享の乱
	1440年	●結城合戦
	1441年	●嘉吉の変。嘉吉の徳政一揆
	1443年	●足利義勝没。足利義政が八代将軍に（1449年に正式に就任）
	1454年	●享徳の乱
	1455年	●日野富子、義政の正室に
	1462年	●池坊専慶が立花（花道）を創案
	1466年	●文正の政変
	1467年	●応仁・文明の乱
	1473年	●山名宗全、細川勝元没。東山山荘（のちの銀閣寺）造営
	1474年	●山名政豊と細川政元が和議を結ぶ
	1483年	●都鄙合体（享徳の乱終了）
	1485年	●山城国一揆
	1487年	●長享の乱
	1488年	●富樫政親、一向一揆と戦って自刃（加賀は一向宗の国に）
	1490年	●足利義材（のち義稙）が十代将軍に
	1491年	●義材、六角高頼を征伐
細川政権	1493年	●明応の政変で細川政元が政権を握る（細川政権～1549年）。 足利義澄が十一代将軍に
細川政権	1507年	●細川政元没（永正の錯乱）
細川政権	1508年	●大内義興、細川高国と連立政権を組む。義稙が将軍に復帰
細川政権	1516年	●伊勢盛時（北条早雲）、相模平定
細川政権	1521年	●高国が足利義晴を十二代将軍に
細川政権	1523年	●寧波の乱
細川政権	1531年	●細川晴元が細川京兆家当主に
細川政権	1543年	●鉄砲伝来
細川政権	1546年	●義晴、嫡男の足利義輝に十三代の将軍職を譲る
三好政権	1549年	●フランシスコ・ザビエル来日。 三好長慶、三好政権樹立。義晴と義輝、京を追われる
三好政権	1553年	●第一次川中島の戦い
三好政権	1555年	●厳島の戦い
三好政権	1558年	●義輝、長慶と和睦して京都に戻る
三好政権	1564年	●毛利元就と大友宗麟が和議を結ぶ
三好政権	1565年	●永禄の変
三好政権	1568年	●織田信長が入洛

《中世篇●年表》

	1331年	●元弘の乱。光厳天皇即位(〜1333年)
建武の新政	1333年	●鎌倉幕府滅亡、建武の新政
	1334年	●二条河原の落書
	1335年	●中先代の乱。足利尊氏、征東将軍に
室町時代	1336年	●後醍醐天皇が譲位し、光明天皇即位(〜1348年)。 建武式目制定、室町幕府成立
	1338年	●尊氏、征夷大将軍に
	1339年	●後醍醐天皇没
	1349年	●第一次観応の擾乱
	1351年	●第二次観応の擾乱。正平の一統
	1352年	●足利直義没。後光厳天皇即位(〜1371年)
	1358年	●尊氏没
	1361年	●懐良親王が大宰府を制圧(1372年、今川貞世が大宰府奪回)
	1366年	●貞治の変
	1367年	●足利義詮没。足利義満が三代将軍に
	1368年	●半済令。明建国
	1371年	●懐良親王が明から「日本国王」の冊封を受ける
	1373年	●遣明使を送る(応安度船)
	1379年	●康暦の政変
	1380年	●康暦度船
	1381年	●義満邸「花の御所」室町に完成。義満内大臣に(翌年左大臣)
	1383年	●義満、源氏の氏の長者に。准三后の宣下を受ける
	1384年	●世阿弥が観世大夫に
	1385年	●義満が諸国遊覧開始
	1387年	●土岐氏の乱(〜1390年)
	1389年	●明徳の乱(〜1391年)
	1392年	●李氏朝鮮建国。南北朝統一
	1394年	●義満、太政大臣に
	1395年	●義満、出家(道義と改名)
	1397年	●北山山荘(のちの金閣寺)造営
	1399年	●応永の乱
	1401年	●義満、明に使いを送り「日本国王」として認定される
	1404年	●安芸の国人一揆。勘合貿易開始
	1408年	●義満没。足利義持が四代将軍に
	1411年	●勘合貿易中断
	1416年	●上杉禅秀の乱
	1422年	●尚巴志が琉球王国建国
	1428年	●義持没。足利義教が五代将軍に。 後花園天皇即位(〜1464年)。正長の土一揆

鎌倉時代	12世紀後半	●朱熹が朱子学を創始
	1203年	●比企能員の変。源実朝が将軍に。北条時政が初代執権に
	1205年	●牧氏事件。北条義時が二代執権に。『新古今和歌集』成立
	1206年	●チンギス・カアン即位(〜1227年)
	1213年	●和田合戦
	1219年	●三代将軍実朝、暗殺される。藤原頼経が四代将軍に
	1221年	●承久の乱。六波羅探題を設置
	1224年	●義時没。北条泰時、三代執権に
	1225年	●北条政子没。評定衆を設置
	1230年	●寛喜の大飢饉
	1232年	●御成敗式目制定
	1242年	●モンゴルの第一次大旋回
	1246年	●宮騒動。この頃から得宗専制始まる
	1247年	●宝治合戦
	1249年	●引付衆を設置
	1252年	●宗尊親王を六代将軍に(宮将軍の始まり)
	1260年	●モンゴルの第二次大旋回。クビライ・カアン即位。 日蓮が「立正安国論」を提出
	1267年	●所領売買の禁止令
	1268年	●モンゴルから国書到着
	1271年	●三別抄の牒状が届く。異国警固番役を設置。 クビライ、国号をモンゴルから「大元ウルス」に改める
	1274年	●後宇多天皇即位(〜1287年)、亀山院政に。 第一次モンゴル戦争(文永の役)
	1275年	●異国降伏祈禱。執権時宗が両統迭立を裁定
	1276年	●南宋が滅亡
	1281年	●第二次モンゴル戦争(弘安の役)
	1284年	●北条時宗没。弘安徳政
	1285年	●弘安書札礼などの弘安礼節を制定。霜月騒動
	1287年	●伏見天皇即位(〜1298年)、後深草院政に
	1293年	●平禅門の乱。鎮西探題を設置
	1297年	●永仁の徳政令
	1298年	●後伏見天皇即位(〜1301年)、伏見院政に
	1301年	●後二条天皇即位(〜1308年)、後宇多院政に
	1308年	●花園天皇即位(〜1318年)、伏見院政(のちに後伏見院政)に
	1317年	●文保の和談
	1318年	●後醍醐天皇即位(〜1339年)、後宇多院政に
	1324年	●正中の変
	1325年	●建長寺船派遣

《中世篇●年表》

平安時代	907年	●大唐世界帝国滅亡
	960年	●宋が中国を統一
	995年	●藤原道長が一条天皇(986〜1011年)の内覧に
	1016年	●道長が後一条天皇(〜1036年)の摂政に。翌年、頼通に摂政を譲る
	1027年	●道長没
	1051年	●前九年合戦開始
	1068年	●後三条天皇即位(〜1072年)
	1069年	●荘園整理令発布
	1071年	●一国平均役を課す
	1072年	●白河天皇即位(〜1086年)
	1083年	●後三年合戦開始
	1086年	●堀河天皇即位(〜1107年)、白河院政に
	1096年	●白河院、出家して法皇に
	1107年	●鳥羽天皇即位(〜1123年)。白河院政本格的に始まる
	1108年	●藤原清衡、平泉に中尊寺の造営開始
	1123年	●崇徳天皇即位(〜1142年)
	1129年	●白河院崩御。鳥羽院政に
	1142年	●近衛天皇即位(〜1155年)
	1155年	●後白河天皇即位(〜1158年)
	1156年	●保元の乱
	1158年	●二条天皇即位(〜1165年)、後白河院政に
	1160年	●平治の乱
	1165年	●六条天皇即位(〜1168年)
	1166年	●平清盛、内大臣に。翌年、太政大臣
平氏政権	1167年	●平重盛に東山道、東海道、山陽道、南海諸道の治安警察権を委任
	1168年	●高倉天皇即位(〜1180年)。平清盛、出家
	1177年	●鹿ヶ谷の陰謀
	1179年	●治承三年の政変
	1180年	●安徳天皇即位(〜1185年)。治承・寿永の内乱
	1181年	●清盛没。養和の大飢饉
	1183年	●平氏都落ち。寿永二年十月宣旨
	1185年	●壇ノ浦の合戦で平氏滅亡。文治の勅許。鎌倉幕府成立
	1192年	●源頼朝、征夷大将軍に
	1199年	●頼朝没、源頼家が継ぐ。御家人13人の合議制に
	1200年	●梶原景時の変

参考文献

岩波講座『日本通史』全25巻(岩波書店　1993〜96)
岩波講座『日本歴史』全22巻(岩波書店　2013〜16)
『義経記』(岩波文庫　1997)
『九条家本　玉葉』全14巻(明治書院　1994〜2013)
『現代語訳　応仁記』(志村有弘訳・ちくま学芸文庫　2017)
『源平盛衰記』全8巻(勉誠出版　2005)
『新日本史』(山川出版社　2014)
『日本史史料(2)中世』(岩波書店　1998)
『日本史年表　第5版』(岩波書店　2017)
『新日本古典文学大系　古事談・続古事談』(岩波書店　2005)
『新日本古典文学大系　とはずがたり　たまきはる』(岩波書店　2018)
『新日本古典文学大系　平家物語』上下(岩波書店　1991〜93)
『太平記』(岩波文庫　2014〜16)
『日本思想大系8(傀儡子記)』(岩波書店　1979)
秋山哲雄『鎌倉幕府滅亡と北条氏一族』(吉川弘文館　2013)
秋山哲雄『都市鎌倉の中世史』(吉川弘文館　2010)
阿仏尼『十六夜日記』(岩波文庫　1957)
天野忠幸『松永久秀と下剋上』(平凡社　2018)
天野文雄『世阿弥がいた場所』(ぺりかん社　2007)
網野善彦『蒙古襲来』(小学館文庫　2000)
新井孝重『蒙古襲来』(吉川弘文館　2007)
荒木浩『かくして「源氏物語」が誕生する』(笠間書院　2014)
池享『戦国大名と一揆』(吉川弘文館　2009)
石田晴男『応仁・文明の乱』(吉川弘文館　2008)
石母田正『中世的世界の形成』(岩波文庫　1985)

市村高男『東国の戦国合戦』(吉川弘文館　2009)
入間田宣夫・坂井秀弥編、横手市監修『前九年・後三年合戦　11世紀の城と館』(高志書院　2011)
上島享『日本中世社会の形成と王権』(名古屋大学出版会　2010)
上杉和彦『源平の争乱』(吉川弘文館　2007)
上横手雅敬『北条泰時』(吉川弘文館　1958)
上横手雅敬・元木泰雄・勝山清次『日本の中世8　院政と平氏、鎌倉政権』(中央公論新社　2002)
榎本渉『東アジア海域と日中交流』(吉川弘文館　2007)
榎原雅治『室町幕府と地方の社会』(岩波新書　2016)
榎原雅治編『一揆の時代』(吉川弘文館　2003)
榎原雅治・清水克行編『室町幕府将軍列伝』(戎光祥出版　2017)
小川剛生『足利義満』(中公新書　2012)
沖本幸子『乱舞の中世』(吉川弘文館　2016)
小国浩寿『鎌倉府と室町幕府』(吉川弘文館　2013)
朧谷寿『藤原道長』(ミネルヴァ書房　2007)
海津一朗『楠木正成と悪党』(ちくま新書　1999)
亀田俊和『足利直義　下知、件のごとし』(ミネルヴァ書房　2016)
亀田俊和『観応の擾乱』(中公新書　2017)
亀田俊和『高師直』(吉川弘文館　2015)
鴨長明『方丈記』(岩波文庫　1989)
河合正治『足利義政と東山文化』(吉川弘文館　2016)
川合康『源平合戦の虚像を剝ぐ』(講談社学術文庫　2010)
川合康『源平の内乱と公武政権』(吉川弘文館　2009)
川岡勉『山城国一揆と戦国社会』(吉川弘文館　2012)
神田千里『宗教で読む戦国時代』(講談社選書メチエ　2010)
北畠親房『現代語訳　神皇正統記』(今谷明訳・KADOKAWA　2015)

参考文献

木村茂光『日本中世の歴史1　中世社会の成り立ち』(吉川弘文館　2009)
グザヴィエ・バラル・イ・アルテ著、杉崎泰一郎監修、遠藤ゆかり訳『サンティアゴ・デ・コンポステーラと巡礼の道』(創元社　2013)
クリストファー・クラーク『夢遊病者たち』(みすず書房　2017)
黒田俊雄『権門体制論』(法蔵館　1994)
黒田俊雄『日本中世の国家と宗教』(岩波書店　1975)
黒田日出男『国宝神護寺三像とは何か』(角川選書　2012)
黒田基樹『百姓から見た戦国大名』(ちくま新書　2006)
黒田基樹『戦国大名』(平凡社新書　2014)
兼好法師『徒然草』(小川剛生訳注・角川ソフィア文庫　2015)
呉座勇一『応仁の乱』(中公新書　2016)
呉座勇一編『南朝研究の最前線』(洋泉社　2016)
小島毅『朱子学と陽明学』(ちくま学芸文庫　2013)
後白河院『梁塵秘抄』(植木朝子編・角川ソフィア文庫　2009)
小林一岳『元寇と南北朝の動乱』(吉川弘文館　2009)
五味文彦『平清盛』(吉川弘文館　1999)
五味文彦『中世社会のはじまり』(岩波新書　2016)
五味文彦他編『現代語訳　吾妻鏡』全17巻(吉川弘文館　2007〜16)
小山靖憲『熊野古道』(岩波新書　2000)
近藤成一『鎌倉幕府と朝廷』(岩波新書　2016)
佐伯智広『皇位継承の中世史』(吉川弘文館　2019)
桜井英治『室町人の精神』(講談社学術文庫　2009)
佐藤進一『南北朝の動乱』(中公文庫　2005)
慈円『愚管抄　全現代語訳』(大隅和雄訳・講談社学術文庫　2012)
清水克行『足利尊氏と関東』(吉川弘文館　2013)

清水克行『戦国大名と分国法』（岩波新書　２０１８）
荘園史研究会編『荘園史研究ハンドブック』（東京堂出版　２０１３）
ジョン・ルカーチ『歴史学の将来』（みすず書房　２０１３）
鈴木大拙『日本的霊性』（岩波文庫　１９７２）
世阿弥『風姿花伝』（岩波文庫　１９５８）
清少納言『枕草子』（岩波文庫　１９６２）
関口崇史編『征夷大将軍研究の最前線』（歴史新書y　２０１８）
関哲行『スペイン巡礼史』（講談社現代新書　２００６）
関幸彦『承久の乱と後鳥羽院』（吉川弘文館　２０１２）
関幸彦『武士の誕生』（講談社学術文庫　２０１３）
関幸彦編著『悪の歴史　日本編　上』（清水書院　２０１７）
高島正憲『経済成長の日本史　古代から近世の超長期GDP推計730―1874』（名古屋大学出版会　２０１７）
髙橋昌明『平家と六波羅幕府』（東京大学出版会　２０１３）
髙森玲子＋熊野古道女子部編著『熊野古道　巡礼の旅』（説話社　２０１７）
田中大喜『新田一族の中世』（吉川弘文館　２０１５）
田端泰子『足利義政と日野富子』（山川出版社　２０１１）
角田文衞『待賢門院璋子の生涯』（朝日選書　１９８５）
遠山美都男『名前でよむ天皇の歴史』（朝日新書　２０１５）
ドナルド・キーン『足利義政と銀閣寺』（中公文庫　２００８）
永原慶二『日本の歴史10　下剋上の時代』（中公文庫　１９７４）
新田一郎『太平記の時代』（講談社学術文庫　２００９）
服部英雄『蒙古襲来』（山川出版社　２０１４）
服部英雄『蒙古襲来と神風』（中公新書　２０１７）
早島大祐『室町幕府論』（講談社選書メチエ　２０１０）
樋口知志『前九年・後三年合戦と奥州藤原氏』（高志書院　２０１１）

樋口知志編『前九年・後三年合戦と兵の時代』（吉川弘文館　2016）
福島克彦『畿内・近国の戦国合戦』（吉川弘文館　2009）
服藤早苗『古代・中世の芸能と買売春』（明石書店　2012）
藤原実資『現代語訳　小右記』全16巻（吉川弘文館　2015〜刊行中）
古瀬奈津子『摂関政治』（岩波新書　2011）
マルコ・ポーロ『東方見聞録2』（愛宕松男訳注・平凡社ライブラリー　2000）
美川圭『院政』（中公新書　2006）
美川圭『後三条天皇』（山川出版社　2016）
美川圭『後白河天皇』（ミネルヴァ書房　2015）
美川圭『白河法皇』（角川ソフィア文庫　2013）
峰岸純夫『享徳の乱　中世東国の「三十年戦争」』（講談社選書メチエ　2017）
明恵上人『明恵上人夢記 訳注』（勉誠出版　2015）
夢窓国師『夢中問答集』（川瀬一馬校注、現代語訳・講談社学術文庫　2000）
村井章介『古琉球　海洋アジアの輝ける王国』（角川選書　2019）
村井章介『分裂から天下統一へ』（岩波新書　2016）
村井章介『分裂する王権と社会』（中央公論新社　2003）
元木泰雄『平清盛と後白河院』（角川選書　2012）
元木泰雄『藤原忠実』（吉川弘文館 人物叢書　2000）
元木泰雄『保元・平治の乱』（角川ソフィア文庫　2012）
元木泰雄編『中世の人物　京・鎌倉の時代編　第1巻　保元・平治の乱と平氏の栄華』（清文堂出版　2014）
桃崎有一郎『武士の起源を解きあかす』（ちくま新書　2018）
森茂暁『足利尊氏』（角川選書　2017）
森茂暁『皇子たちの南北朝』（中公文庫　2007）
森茂暁『後醍醐天皇』（中公新書　2000）
森茂暁『満済　天下の義者、公方ことに御周章』（ミネルヴァ書房　2004）

森茂暁『室町幕府崩壊』（角川ソフィア文庫　2017）
山内晋次『日宋貿易と「硫黄の道」』（山川出版社　2009）
山田邦明『戦国の活力』（小学館　2008）
山田邦明『室町の平和』（吉川弘文館　2009）
山本浩樹『西国の戦国合戦』（吉川弘文館　2007）
出口治明『仕事に効く　教養としての「世界史」Ⅱ』（祥伝社　2016）
出口治明『世界史の10人』（文藝春秋　2015）
出口治明『0から学ぶ「日本史」講義　古代篇』（文藝春秋　2018）
出口治明『「全世界史」講義Ⅰ』（新潮社　2016）

単行本　二〇一九年六月　文藝春秋刊
構成　神長倉伸義
DTP制作　エヴリ・シンク

文春文庫

0（ゼロ）から学（まな）ぶ「日本史（にほんし）」講義（こうぎ）
中世篇（ちゅうせいへん）

定価はカバーに表示してあります

2023年2月10日　第1刷

著　者　出口治明（でぐちはるあき）
発行者　大沼貴之
発行所　株式会社 文藝春秋

東京都千代田区紀尾井町 3-23　〒102-8008
TEL 03・3265・1211(代)
文藝春秋ホームページ　http://www.bunshun.co.jp

落丁、乱丁本は、お手数ですが小社製作部宛お送り下さい。送料小社負担でお取替致します。

印刷製本・凸版印刷
Printed in Japan
ISBN978-4-16-792005-0